마틴 로이드 존스 평전

Martyn Lloyd - Jones, Preacher

by John Peters

Copyright © 1986 John Peters

Published by THE PATERNOSTER PRESS
9 Holdom Avenue, MILTON KEYNES, MK1 1QR, United Kingdom
All Rights Reserved.

Korean Translation copyright © 2007 by Jipyung Publishing Company

본 저작물의 한국어판 저작권은 SEND THE LIGHT LTD와의 독점계약으로 지평서원이 소유합니다. 저작권법에 의하여 한국 내에서 보호를 받는 저작물이므로 무단 전재와 무단 복제를 금합니다.

마틴 로이드 존스 평전

차 례

추천의 글 베단 로이드 존스(Bethan Lloyd-Jones) 6

지은이 머리말 존 피터스(John Peters) 8

로이드 존스 주요 연표 10

로이드 존스 가계도 13

1장 설교자 마틴 로이드 존스 15

2장 로이드 존스의 생애 23
출생과 어린 시절 / 성 바돌로매 병원에서의 의학 수련 / 목회자로서의 소명 /
베단 필립스와의 결혼/ 애버라본에서의 목회 사역 / 웨스트민스터 채플에서의 청빙 /
전쟁 / 웨스트민스터 채플 / 목회직에서의 은퇴 / 출판 활동과 저서 /
그의 죽음과 그에게 쏟아진 찬사들

3장 로이드 존스의 사역과 그 의미 77
설교 사역 / 목회 사역 / 학생들을 위한 목회 사역

4장 로이드 존스의 관점과 논쟁 121
대규모의 복음 전도 운동 / 성령의 인치심에 대한 가르침 / 기독교 연합의 초석 /
복음주의 내에서의 관계와 갈등

5장 로이드 존스에 대한 평가들 153

철저한 복음주의자가 말하는 로이드 존스 / 학계의 권위자가 말하는 로이드 존스 / 웨일즈 개혁주의자가 말하는 로이드 존스 / 그와 다른 길을 선택한 사람이 말하는 로이드 존스 / 간헐적인 만남을 가진 사람이 말하는 로이드 존스 / 웨스트민스터 채플의 평신도가 말하는 로이드 존스 / 오랜 친분을 가진 사람이 말하는 로이드 존스 / 복음주의 세계를 정확히 관찰한 친구가 말하는 로이드 존스 / 다양한 사례들 속에 나타난 일관된 평가

6장 마틴 로이드 존스, 그의 위대한 유산 185

한 인간으로서의 로이드 존스 / 그리스도인으로서의 로이드 존스 / 복음주의 지도자로서의 로이드 존스 / 설교자로서의 로이드 존스 / 로이드 존스 유산

부 록 1 영어로 된 로이드 존스 목사의 저작 목록 **221**
     2 '박사'와 웨일즈의 국제대학생회(Inter-Varsty Fellowship) **229**
     3 성령의 인치심(The Sealing of the Spirit) **233**
     4 영국 국교회에서 이탈한 한 사람의 증언 **241**
     5 인명 색인 **248**

옮긴이의 글 서문강 **252**

추천의 글

찬사와 비판이 어우러진 진정한 평전

베단 로이드 존스
(Bethan Lloyd-Jones)

　수년 전의 어느 날 밤, 한 젊은이로부터 전화가 걸려 왔습니다. 자신이 내 남편에 관한 책을 쓰려고 한다는 것이었습니다. 지금 생각해 보니 그때 그 젊은이에게 썩 마음 내키는 격려를 하지 못한 것이 면구스럽습니다.
　당시 이미 공표되었던 바대로, 이안 머레이(Iain Murray)가 쓴 내 남편의 전기(傳記)가 선을 보일 참이었습니다. 또한 우리의 맏외손자 크리스토퍼 캐더우드(Cristopher Catherwood)가 『5인의 복음주의 지도자』(*Five Evangelical Leaders*)라는 책을 출판할 계획을 세웠는데, 그곳에 남편의 전기(傳記)라기보다는 그를 높이 기리는 간략한 평론(appreciation)을 게재할 뜻을 계획하고 있었습니다.
　그래서 전화를 받자마자 '개인적으로 안면이 없는 이 젊은이가 내 남편에 대해 저술된 기존의 책들 이외에 무엇을 더 할 수 있단 말인가?' 라는 생각이 떠오른 것입니다. 그래서 저는 즉시 그 젊은이의 복안(腹案)을 단념시키려 하고 있었습니다.

그러나 그것은 제 실수였습니다. 존 피터스가 책을 쓰려는 그의 결심을 달가워하지 않는 제 반응에 낙심하여 의욕을 꺾지 않은 것이 기쁩니다. 이 책은 매우 훌륭합니다. 그리고 이렇게 온기 가득한 츠천의 글을 쓰게 되어서 행복합니다. 저의 가족들도 저와 똑같은 마음입니다.

이 책의 저자는 로이드 존스에 대한 자신의 관점을 아주 확실하게 견지하면서도, 아울러 제 남편에 대한 찬사뿐 아니라 혹평들까지도 두려워하지 않고 제시하고 있습니다. 저자가 제 남편의 책들을 아는 정통성의 정도가 저를 깜짝 놀라게 하였습니다. 그의 다양한 논평들과 각주도 매우 유용합니다.

저는 이 책을 읽으면서 매우 즐거웠습니다. 또한 이 책을 읽는 독자들이 저와 같은 경험을 하게 되기를 기도합니다.

주님께서 이 책과 저자에게 복을 주시고, 주님의 영광을 위해서 이 책을 사용하여 주시옵소서.

지은이 머리말

박사로부터 받은 감화가 이 책을 쓰게 해

존 피터스
(John Peters)

저의 기독교 신앙에 대한 이해를 형성하는 데 있어서 가장 큰 영향력을 끼친 두 분은 루이스(C.S. Lewis)와 마틴 로이드 존스(Martyn Lloyd-Jones)입니다. 루이스에게서 받은 은혜의 빚은 1985년 10월에 'Paternoster Press' 가 발행한 『C.S. 루이스, 그 사람됨과 업적』(C.S. Lewis, The Man and His Achievement)에서 분명하게 밝혔습니다.

이제 마틴 로이드 존스 목사님이 저에게 미친 감화의 정확한 본질을 평가할 수 있게 되어 기쁩니다.

로이드 존스 목사님의 책들을 발행한 출판사들(Banner of Truth Trust, Evangelical Press of Wales, Hodder & Stoughton, Inter-Vasity Press, Kingsway, Marshall Pickering)이 그 책들을 인용할 수 있도록 허락하여 준 것을 고맙게 여기고 있습니다.

이 책을 내기 위한 작업을 하면서 아주 많은 분들의 도움을 받았습니다.

많은 분들이 인터뷰 요청을 허락하며 기꺼이 시간을 내 주었습니다. 그분들의 이름을 일일이 다 밝히며 감사하는 것은 어려운 일이기에 몇 분들의 이름만을 들어 감사의 말씀을 전합니다.

흔쾌히 추천의 글을 써 주신 로이드 존스 목사님의 미망인이신 베단은 카디프에서 뵈었는데, 어느 날 오전 시간 전체를 저에게 할애하여 주시면서 여러 개의 중요한 소논문들을 빌려 주셨습니다. 피터 커즌스(Peter Cousins)는 출판의 복잡한 과정을 이해하지 못하는, 경험 없는 저를 이끌어 주셨습니다.

끝으로 제 아내 엘리자베스(Elisabeth)와 제 자녀들(Daniel, Katherine, Joanna)이 저를 부단히 격려해 준 것을 감사하게 여깁니다. 특별히 이들은 글을 써 나가는 작업이 아주 더디어 낙심될 때 격려해 주었습니다. 또한 그들은 글을 쓰기 위해 자리를 피하여 다른 방으로 사라지는 저의 모습에 익숙하였습니다. 그들이 그러한 그들의 희생이 가치 있었다고 생각하기를 바랍니다.

마틴 로이드 존스의 주요 연표(年表)

1899년 11월 20일, 영국 남웨일즈(Sothern Wales) 카디프(Cardiff)에서 삼 형제 중 둘째로 출생.

1906년 봄, 카디간셔(Cardiganshire)에 가까운 랭게이토 (Llangeitho)로 이사함.

1908년 11월, 런던을 처음으로 방문함.

1911년 트레가론 카운티 스쿨(Tregaron County School)에 입학.

1914년 10월, 로이드 존스 가정 전체가 런던으로 이사하여 웨스트민스터 리젠시(Westminster Regency) 7번가에 정착.

1914년 성 바돌로매 병원(St. Bartholomew's Hospital)에서 의과대학생으로 의학 수업을 받기 시작함. 같은 날, 후에 로이드 존스 목사의 부인이 될 베단(Bethan)은 유니버시티 칼리지(University College)에서 의학 수업을 받기 시작함.

1921년 7월, M.R.C.S.(Member of the Royal College of Surgeons, 왕립 외과 대학 회원 자격)과 L.R.C.P.(왕립 내과 의사 자격)을 획득함.
10월, 약학사(M.B.)와 의학사(B.S.) 학위를 취득함.
호더의 청소년과 의사(Horder's Junior House Physician)가 됨.

1925년 M.R.C.P.(왕립 의학 협회가 주는 의학계 최고의 권위를 자랑하는 학위) 취득. 이는 그가 계속 의학계에 남아 있었더라면 의학계에서의 성공적인 삶을 보장해 주는 전도양양한 사건임.

1926년 11월 2일, 먼모스셔(Monmuthshire)의 뉴포트(Newport)에서 웨일즈에서의 최초의 설교를 함.

11월 28일, 남웨일즈의 샌드필즈(Sandfields)에 있는 베들레헴 선진 운동(Bethlehem Forward Movement) 교회에서 처음 설교하였는데, 오전에는 고린도전서 2장 9절 본문을 중심으로, 저녁에는 고린도전서 2장 2절을 중심으로 설교함.

12월 12일, 다시 샌드필즈에서 설교하게 되는데, 약혼녀 베단(Bethan)을 대동함. 베단이 로이드 존스의 설교를 최초로 듣는 기회였음.

12월 20일, 샌드필즈 교회의 공식적인 청빙서를 가지고 리스(E.T. Rees)가 로이드 존스 목사를 방문함.

1927년　1월 8일, 런던의 췌링 크로스 채플(Charing Cross Chapel)에서 베단 필립스(Bethan Phillips)와 결혼식을 거행함.

2월 1일, 토키(Torquay)에서 신혼여행을 보낸 신혼부부가 애버라본에 도착함.

12월, 첫 딸 엘리자베스(Elizabeth) 출생.

1932년　생애 최초로 미국을 방문함.

1937년　둘째 딸 앤(Ann) 출생.

1938년　5월 1일, 샌드필즈에서의 목회직 사임 의사 표명.

웨스트민스터 채플(Westminster Chapel)로부터 청빙을 받음.

'매년 6개월씩 서로 나누어 사역하지 않겠느냐' 는 캠벨 모간(Campbell Morgan) 박사의 제안을 수락하고, 7월에 애버라본을 떠남.

1939년　4월, 웨스트민스터 채플의 전임(專任) 목사직 청빙 수락. 당시는 2차 세계대전이 진행 중이었으며, 로이드 존스 가족은 서레이(Surrey)의 헤이즐미어(Haslemere)에서 살았음.

1943년	캠벨 모간 박사가 은퇴하면서 로이드 존스 목사가 그 교회의 단독 목회자가 됨.
1968년	웨스트민스터 채플의 담임 목사직을 사임함.
1969년	미국 웨스트민스터 신학교(Westminster Theological Seminary)에서 연속 강좌를 하게 되는데, 1971년에 그 내용이 『목사와 설교』(Preaching and Preachers)라는 책으로 출간됨.
1979년	병세가 악화됨.
1980년	6월 8일, 바콤브 침례교회(Barcombe Baptist Chapel)의 설립 예배에서 생애 마지막 설교를 행함.
1981년	3월 1일, 잠든 중에 평화롭게 운명함.
	3월 6일, 뉴캐슬 앰륀(Newcatle Emlyn)에 장사됨.
	4월 6일, 웨스트민스터 채플에서 감사 예배를 드림.
1982년	로이드 존스의 공인된 첫 번째 전기인 이안 머레이(Iain Murray)의 『마틴 로이드 존스의 초기 40년』(D. MartynLloyd-Jones : The First FortyYears 1899-1939)이 출간됨.[1]

---

1. 역자주 – 이 책이 이안 머레이의 두 번째 책 D. Martyn Lloyd-Jones: The Fight of Faith, 1939-1981이 출간되기 이전에 출간되었기에 이 부분은 언급되지 않았습니다.

마틴 로이드 존스의 가계도

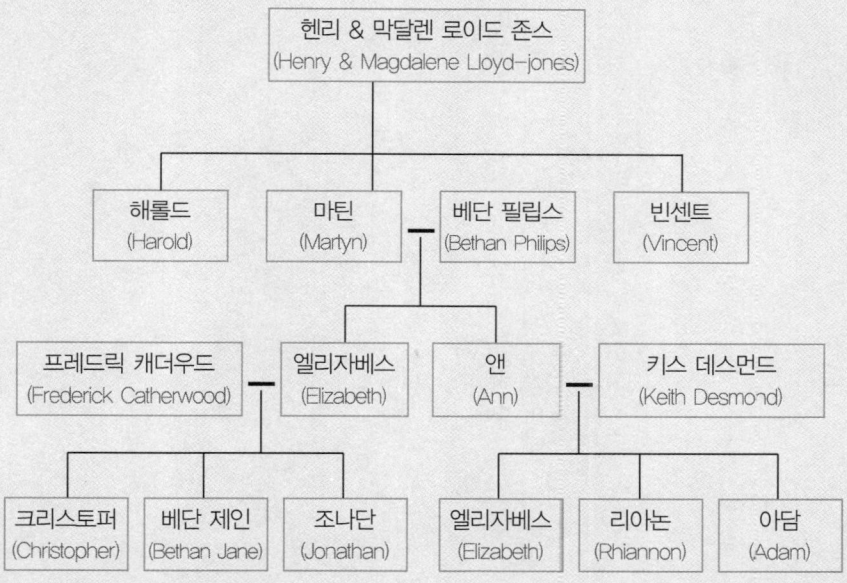

설교자 마틴 로이드 존스

"우리가 체험한 것들이 얼마나 놀라웠습니까! 설교자에게 있어서 설교할 때 성령의 기름 부음을 느끼는 일, 그리고 그 설교를 듣는 영혼들이 죄에 대한 각성(conviction of sin)과 거듭남을 체험하였다는 것을 듣는 일보다 더 놀라운 것이 무엇이겠습니까! 하나님께 감사하게도 우리는 그러한 체험을 자주 하였습니다."

1장

설교자 마틴 로이드 존스

데이비드 마틴 로이드 존스(David Martyn Lloyd-Jones) 박사는 1981년 3월 1일, 성 다윗(St. David) 기념일에 운명하였습니다. 웨스트민스터 채플(Westminster Chapel)[1]의 목사로서 로마서 14장 17절을 본문으로 한 마지막 설교를 한 지, 만 11년이 되는 날이었습니다.

그는 40여 년간 설교자로 섬겼습니다. '설교자' 라는 단어가 그에게 잘 어울리는 것은, 그가 스스로 자신을 묘사하고 싶어하던 모습과 아주 잘 맞기 때문입니다. 그는 하나님께서 자기에게 소명을 주시어 맡기신 역할이 바로 설교를 하는 것이고, 그 역할을 위해서 자신을 무장시키셨다고 확신했습니다. 그는, 설교하는 것이야말로 '교회에 가장 긴박하게 필요한 일' 이며, 뿐만

---

1. 역자주 – 영국에서는 국교인 성공회에 소속되지 않는 비국교도(non-confirmity) 교회의 이름에 대체로 'Chapel' 이라는 말을 사용합니다.

아니라 '세상이 가장 크게 필요로 하는 것'도 설교라고 믿었습니다.[2] 그는 다른 일에 눈을 돌릴 겨를 없이 자신을 온전히 설교하는 일에 드렸습니다. 설교자의 역할이 자기 존재, 곧 자기 전체, 개성과 지성과 활력을 모두 포함한 전인의 차원에서 스스로를 감사하게 하였습니다.

그것은 1968년 5월 30일에 쓴 편지에 잘 묻어납니다. 그 편지에서 그는 웨스트민스터 채플 성도들에게 자신이 9월에 목회직에서 물러날 것이라는 의사를 밝히면서 이렇게 말합니다.

"우리가 체험한 것들이 얼마나 놀라웠습니까! 설교자에게 있어서 설교할 때 성령의 기름 부음을 느끼는 일, 그리고 그 설교를 듣는 영혼들이 죄에 대한 각성(conviction of sin)과 거듭남을 체험하였다는 것을 듣는 일보다 더 놀라운 것이 무엇이겠습니까! 하나님께 감사하게도 우리는 그러한 체험을 자주 하였습니다."[3]

그의 죽음은 복음주의 세계에서 가장 권위 있고도 가장 큰 능력을 가진 연단된 지도자 한 사람을 빼앗아 갔습니다. 그가 봉직했던 교회는 두 곳이었는데, 하나는 웨일즈에, 다른 하나는 런던의 중심가에 위치해 있었습니다. 그러나 그가 끼친 영향력은 전 세계로 확산되었습니다. 역사적인 시각을 가진 사람들은 그를 '최상의 설교자'로 묘사하며, 또 어떤 이들은 그를 '20세기의 사도'라고 평가합니다. 그러나 그는 자신의 역할이 '하나님의 말씀을 설교하고 강해하는 일', 곧 교회의 최우선적 임무를 수행하는 것일 뿐이라고 여겼습니다.

---

2. 역자주 – 『목사와 설교』(Preaching and Preachers) 1장 '설교의 우위성(The Primacy of Preaching)'을 참고하십시오.

3. 역자주 – 본서 2장에 이 편지 전문(全文)이 소개되어 있습니다.

많은 이들이 여러 가지 그의 견해들에 찬동하지 않는 것은 이상한 일이 아닙니다. 어떤 의미에서 그는 생애의 많은 시간을 고독하게 서 있었으며, 때로는 논란에 휩싸이기도 했습니다.[4] 그는 당대의 많은 신학 풍조들에 맞서는 주장을 했습니다. 그럼에도 불구하고 교파적 특성이나 교단적 배경이 다른 전 세계의 수를 헤아릴 수 없는 수천 수만의 그리스도인들은 그를 통해 위로와 격려와 힘을 얻었습니다.

그는 자신이 죽고 나면 세대적 어떤 간격(gap)을 남길 수도 있겠다는 염려를 하였을지도 모릅니다. 그러나 그는 하나님의 은혜는 멈추는 것이 아니라 세대를 따라 계속된다는 깊은 확신을 가지고 있었습니다. 평론가 그레함 해리슨(Graham Harrison)은, 로이드 존스 목사는 자신이 죽기 전에 웨스트민스터 협의회(Westminster Fellowship, 같은 사고방식을 가진 목사들의 모임)가 바로 그러한 진리를 상기하도록 하기 위해 늘 애를 썼다고 합니다.

"불과 몇 년 전, 자신의 건강이 좋지 않다는 것을 알고 오랫동안 웨스트민스터 협의회에 참석하지 못하게 될 것임을 직감한 그가 우리에게 들려준 이야기가 있다. 그때 어떤 이들은 그 이야기를 들으면서 여기에 심상치 않은 의미가 있다는 것을 느끼게 되었다. 지금 생각해 보니 그는 자신이 하고 있는 일이 무엇인지를 알고 있었고, 그래서 마음먹고 그 이야기를 했던 것이 분명하다.

그가 했던 이야기는 1800년대 말에서 1910년대까지 칼빈주의 메소디스트(Calvinstic Methodist)[5] 진영의 훈도(訓導, exhorter)로 큰 지도력을 발휘하였

---

4. 본서 4장에서 그의 생애에서 겪어야 했던 논쟁의 주요한 영역을 다루게 됩니다.
5. 역자주 – 메소디스트(Methodist)를 우리나라에서는 아무 생각 없이 감리교라고 부르는데, 그렇게 하면 오해를 살 수가 있습니다. 당시 영국에서 이 명칭은 신앙 방식을 중요하게 여겼던 조지 휫필드나 웨슬리 같은 이들의 신앙 양태를 가리키는 데에서 생긴 칭호입니다. 우리나라의 감리교가 웨슬리의 신학과 신앙을

던 에벤에셀 모리스(Ebenezer Morris)에 관한 것이었다(그는 나이가 들어서 목사가 되었다). 그는 병들어 죽을 지경이 되자, 머지않아 세상을 떠나야 한다는 생각에 두려워졌다. 사람들이 크게 곤란해하고 앞으로 어떻게 될 것인지를 두려워하면서 그를 문병하였다.

그때 그가 부축을 받아 일어나서는 한 편의 설교를 하였다. 본문은 히브리서 8장 1절 말씀이었다. '이제 하는 말의 중요한 것은 이러한 대제사장이 우리에게 있는 것이라.' 에벤에셀 모리스는 말했다. '내가 죽더라도 걱정하지 마세요. 이러한 대제사장이 우리에게 있습니다.' 그리고 나서 문병 온 이들에게 구약에서 대제사장의 임무가 무엇이었느냐고 물었다. 그리고 제단의 불이 항상 타고 있게 하고, 등잔의 불이 꺼지지 않게 항상 지키는 것이라고 친히 답변했다."[6]

1899년에서부터 1939년까지의 로이드 존스의 생애를 다룬 공식적인 전기의 첫 권이 이미 출간되었습니다.[7] 이 책에서 이안 머레이(Iain H. Murray)는 기품 있고도 학자적인 방식으로, 로이드 존스 목사의 출생에서부터 웨스트민스터 채플로 전임한 첫 해의 마지막 시점까지의 이야기를 연대순으로 묘사하였습니다.

많은 이들이 출간되기를 간절하게 고대하고 있는 두 번째 책은, 1940년부

따르고 있다고 해서 이 칭호를 그냥 감리교로 번역하면, 메소디스트를 웨슬리 식의 신학과 신앙을 견지하던 이들로만 여기기가 십상입니다. 그러나 철저한 칼빈주의자였던 조지 휫필드도 메소디스트였습니다.
6. *The Evangelical Magaxine of Wales* (April 1981), pp.45-47.
7. *D. Martyn Lloyd-Jones : The First Forty Years 1899-1939* (The Banner of Truth Trust, 1982).
역자주 - 우리나라에서는 『로이드 존스의 초기 40년』이라는 제목으로 본 역자에 의해 번역되어 출간되었습니다.

터 1981년까지의 일을 다루는 것으로, 한 영적 거인에게 적합한 기념비를 마무리할 것입니다.8 어떤 이들에게는 그 책의 분량(첫 권이 400페이지에 달했으니 두 번째 책도 그에 준하는 분량일 것입니다)9이 부담이 될 수도 있을 것입니다. 물론 아놀드 댈리모어(Arnold Dallimore)가 쓴 휫필드 전기(George Whitefield Vol.1,2)의 막대한 분량에 비하면 적겠지만 말입니다.

저는 1984년 1월의 어느 쌀쌀한 날에 '박사' 10에 대한 글을 쓰기 시작하면서 그 목적을 분명하게 정했습니다. '나와 같은 보통의 독자들을 위해서' 그의 긴 생애의 중요성과 의미에 초점을 맞추리라고 말입니다. 아울러 출간된 그의 설교집들이 가진 힘과 영향력을 제시하면서 글을 써 나가리라고 작정하였습니다. 그 설교문들은 대부분 웨스트민스터 채플의 목회직에서 물러난 후에 선을 보인 것들입니다. 이 글이 결국은 이렇게 더 확장된 저작으로 자라게 되었습니다.

이미 독자들은 이 책을 쓰기 시작한 중요한 동기가 마틴 로이드 존스 목사에게 감사하는 마음 때문이라는 것을 쉽게 알 수 있을 것입니다. 그분은 '영광스러운 복음'에 대한 저의 이해와 사상과 인식의 틀을 형성하는 데 큰 영향을 끼친 이들 중의 한 분입니다. 제가 개인적으로 그분의 은혜에 보답해야겠다는 생각을 하게 된 것은 11년 전의 일입니다. 그리고 10년간 그러한 마음

---

8. 역자주 - 본서가 쓰인 이후 *Life of D. Martin Lloyd-Jones Vol 2*(The Banner of Truth, Trust, 1990)로 출간되었으며, 우리나라에서는 그중 일부인 1959년까지의 일을 다룬 『마틴 로이드 존스 중기(1939-1959)』가 번역, 출간되었습니다.

9. 역자주 - 실제로 두 번째 책은 첫 번째 책의 거의 두 배 분량입니다.

10. 이 책에서 로이드 존스는 '박사(the Doctor)', '그는(he)' '로이드 존스(MLJ-J)'라는 칭호로 불릴 것입니다. '박사(the Doctor)'는 로이드 존스에게 붙은 애칭으로서, 그가 설교자가 되기 전에 의사였고 의학박사 학위를 가졌다는 데서 왔으며, 설교에 있어서 가히 학문적인 학위 이상의 경지에 들어가 있었다는 것을 알려 줍니다.

을 품고 있다가 결국 이렇게 이 책을 쓰게 된 것입니다.

저는 이미 출간된 그분의 로마서 6장 강해설교를 읽고 그분께 감사의 편지를 보냈습니다. 그분에게서 답장이 올 것은 기대하지 않았습니다. 그런데 그분은 편지를 받자마자 친필로 서명한 다음과 같은 정중한 편지를 저에게 보내왔습니다.

"저는 귀하께서 제게 보낸 정말 친절하고도 용기를 주는 편지에 대하여 감사의 말씀을 드립니다. 귀하의 편지는 제 마음을 뜨겁게 하였고, 이러한 책들을 출간하는 일을 계속하도록 저에게 용기를 주었습니다.

저는 이미 로마서 6장 강해의 다음 책인 로마서 7장 강해의 내용과 문장들을 교정(校訂)하고 있습니다. 에베소서 강해서들도 금년에 선을 보이기를 희망합니다.

하나님께서 귀하의 모든 일 속에서 귀하에게 크게 복 주시기를 원합니다.

1973년 1월 10일
당신을 사랑하는 로이드 존스."

이 책을 통해서 로이드 존스의 전기적인 깊이를 제공하는 것을 최상의 목적으로 삼지 않기에 이안 머레이의 전기물처럼 깊고도 철저하게 다루지는 않을 것이지만, 불가피하게 이 책의 어떤 부분들은 그가 이미 다른 근거들 중 일부분을 공유하게 될 것입니다. 그러하기에 저는 독자들의 양해와 인내를 구합니다.

균형을 잡기 위해서 필연적으로 로이드 존스의 생애와 경력에 대한 진술에서부터 시작하겠습니다.

로이드 존스의 생애

"나는 여러 해 동안 그리스도인이 아니었음에도 불구하고 내 자신이 그리스도인인 것같이 생각하고 있었다. 내가 그리스도인이 된 적이 없었다는 것을 한참 후에 알게 되었고, 그제야 비로소 그리스도인이 된 것이다. 그러나 그리스도인이 아니었을 때도 나는 한 교회의 지체였고, 정규적으로 그 예배에 출석하였다. 그래서 거의 모든 설교자들이 그러하듯이, 어느 누구나 나를 그리스도인이라고 단정했다. 거짓된 단정을 하고 있었던 것이다."

2장

로이드 존스의 생애

81세에 하나님의 부르심을 받은 로이드 존스는, 그의 생애 동안 영국 역사에서 가장 획기적이고도 극적인 몇 시대를 거친 인물입니다.

그는 빅토리아 시대 말과 에드워드 왕조 시대, 1936년 말 에드워드 8세가 왕위 계승권을 포기함으로써 야기된 헌법적 대 격동, 두 번의 세계대전과 그로 인한 가공할 만한 인명 손실과 지구의 일부를 불가피하게 싸움에 말려들게 한 그 참담한 상황, 1930년대의 대 실업 사태로 일어난 경제공황(經濟恐慌)을 겪었습니다.

또한 1945년 이후의 경제적 궁핍과 교회 출석율의 하락, 일반적으로 조직화된 종교, 시간이 흘러가면서 음란물이 확산되고 그로 인한 방종이 사회 속에 만연하며 부도덕한 표준들이 용인되는 상황, 그리고 염세주의 철학, 이혼을 원하는 사람들의 급증, 이러한 영국의 도덕성의 추락에 대한 대안을 제시할 능력이 없는 교회 성직자들과 경찰들의 실상 등을 보고 겪어야 했습니다.

실로 '박사'는 매우 오래 살았습니다. 그는, 빅토리아 통치 기간의 마지막 2년[1], 에드워드 7세 (1901-1910)와 조지 5세 (1910-1936), 에드워드 8세(1936)와 조지 6세(1936-1952)의 통치 기간, 그리고 1952년 이후부터 1981년에 죽기까지 29년의 엘리자베스 2세의 재위 기간에 걸쳐 살았습니다.

또한 그는 열 여덟 명이나 되는 사람들이 수상(首相)의 자리에 오르는 정치적인 행운을 잡는 것도 목격하였습니다. 그중에 스탠리 볼드윈(Stanley Baldwin), 람세이 맥도날드(Ramsay McDonald), 윈스턴 처칠(Winston Churchill), 해롤드 윌슨(Harold Wilson) 등은 수상직을 두 번 이상 누리기도 하였습니다.

로이드 존스의 생애 마지막 20년 동안에는 영화와 스포츠계의 수퍼스타를 숭배하는 일이 엄청나게 증가하기도 하였습니다. 그는 비틀즈의 인기를 목격하였고, 축구 선수들이나 크리켓 선수들, 그리고 텔레비전 스타들에게 거액의 연봉이 지급되는 것도 보았습니다. 뿐만 아니라 왕족들이나 주도적인 정치가들처럼 공인(公人)으로 여겨지는 사람들의 삶에 지나치게 관심을 가지는 일이 갈수록 급증하는 것을 보았습니다.

그러나 로이드 존스 목사는 개인을 숭배하는 것을 매우 혐오하였습니다. 그런 것을 어찌나 혐오하였던지, 그는 자신의 전기를 쓰는 작가에게조차도 생애의 마지막에 가서야 마지못해 협조할 정도였습니다. 그때도 그의 가족들의 강청이 크게 작용하였습니다.[2]

자신을 사랑하고 존중했던 가족에 둘러싸여 운명하였을 때, 그는 복음주

---

1. 빅토리아 여왕은 1837년부터 1901년까지 재위했고, 로이드 존스는 1899년에 태어났습니다.
2. 이안 머레이(Iain Murray)의 『로이드 존스의 초기 40년』(D. Martyn Lloyd-Jones : The First Forty Years 1899-1981) 서론을 참고하십시오.

의의 위대한 노장(老將)으로 매우 유명해져 있었고, 대부분이 목회직에서 은퇴한 후에 나온 그의 설교집들은 매년 엄청난 수가 팔리고 있었습니다.[3]

출생과 어린 시절

이 모든 일들이 어떻게 진행된 것일까요? 그의 이야기를 시작하면서 우리는 반드시 19세기를 마감하는 해로 돌아가 보아야 할 것입니다.

그는 1899년 12월 20일, 남웨일즈의 카디프(Cardiff)에 있는 도날드 스트리트(Donald Street)에서 태어났습니다. 아버지 헨리 로이드 존스(Henly Lloyd-jones)와 어머니 막달렌(Magdalene, 흔히 Maggie로 알려진) 사이에서 태어난 세 아들 중의 두 번째 아이였습니다.

그의 아버지는 회중교도(Congregationalist)였고, 그 뒤에는 칼빈주의 감리교회(Calvinistic Methodist)에 출석하였으며, 정치적으로는 자유당 편이었습니다. 반면 그의 어머니 막달렌은 토리당(Tory)을 지지하는 사람으로, 자라난 배경 때문에 영국 국교회에 친밀감을 가지고 있었습니다.

마틴 로이드 존스는 그의 생애 말기에, 웨일즈에서 가장 큰 도시인 카디프에서 살았던 시절을 아주 조금 회상하였습니다. 그곳에서 보낸 어린 시절의 생활은 카디간셔(Cardiganshire)의 랭게이토(Llangeitho)에서 지내던 때의 풍요롭고도 다채로운 삶과는 매우 대조적이었습니다.

로이드 존스는 일곱 살이 되던 1906년 봄에 카디프에서 랭게이토로 이사를 하게 됩니다. 카디프는 부산하고 대도시적이며 대부분 영어를 사용하는 곳인 반면에, 랭게이토는 전원적(田園的)이고도 고풍(古風)을 견지하는 외떨

---

3. 1983년까지 그의 책의 판매 부수는 백만에 이른 것으로 추산됩니다.

어진 곳으로, 웨일즈어를 주로 쓰는 종교적인 곳이었습니다. 그곳은 말년에 그가 밝힌 것같이 종교의 특별한 흔적이 남아 있는 곳이었습니다.

그곳은 전통에 대한 강한 의식 때문에 여전히 큰 회중이 예배를 드리기 위해 아침저녁으로 모여들었습니다. 그러나 메소디스트의 부흥의 불과 기쁨은 없었습니다. 그것은 마치 웨스트민스터 성당이 초대 교회의 생명력과 활력을 상실한 것과 같았습니다. "영광이 이스라엘에서 떠났도다."4

이 시절 그는 지극히 행복했고, 성취감으로 가득 차 있었습니다. 그러나 이러한 지성적으로 만족할 만한 상태는 랭게이토에서 4마일 떨어진 트리가론(Tregaron) 시장 마을에 있는 카운티 스쿨(County School)에 입학함으로 인하여 변하게 됩니다. 1911년에 장학생 선발시험에서 2등을 차지한 후에, 그는 지성적으로 매우 크게 성숙했고, 역사(歷史)에 대한 예리한 흥미를 계발하였습니다. 그러나 정서적으로는 웨일즈어로 '히라에쓰(hiraeth)'라고 부르는 특이한 향수병으로 고생을 합니다. 그 이후에도 자기 집이나 가족을 떠나 있을 때면 그 병증이 다시 일어나 고통을 받기도 하였습니다.

❋ 성 바돌로매 병원에서의 의학 수련

1914년에 그의 아버지가 경제적으로 매우 어려워지자, 그는 결정적 시기를 맞이하게 됩니다. 그해 10월에 런던으로 이사하여, 웨스트민스터 리전시 터레이스(Westminster Regency Terrace) 7번지에 정착하게 된 것입니다. 그는 앞으로 가세(家勢)가 나아질 것이라는 희망을 가지고 있었습니다.

---

4. 이안 머레이의 책(이하 'Murray'로 표기)의 3페이지를 참고하십시오.

2년 뒤에 그는 영국에서 가장 훌륭하고 유명한 병원 중 하나인 성 바돌로매 병원(St. Bartholomew's, 보통 Bart's로 지칭합니다)에 의과대생으로 입학하게 됩니다. 그 이후 그가 애버라본(Aberavon)에서 보냈던 11년 반을 제외하고는 런던이 그의 주 거처가 되었으며, 웨스트민스터 채플의 담임 목사직에서 물러난 뒤에도 여전히 런던에서 살았습니다.

성 바돌로매 병원에서 그는 학문을 충실히 하여 1921년 6월에 M.R.C.S.(왕립 외과 대학 회원 자격)와 L.R.C.P.(왕립 내과 의사 자격)를 획득하였고, 같은 해 10월에 약학사(M.B.)와 의학사(B.S.) 학위를 취득하였습니다. 그해에 그는 바돌로매 병원에서 가장 뛰어나고 명석한 의사들 가운데 한 사람인 토마스 호더(Thomas Horder)를 도와 청소년 병동 의사로 일하기 시작하였습니다.5 호더는 자기를 돕는 의료진들에게 엄격한 요구를 하였으며, 로이드 존스는 그것을 금방 알아차렸습니다.

한번은 호더가 자신이 맡은 중요한 공개강좌를 위한 자료들을 준비하느라고 늦게까지 집에 가지 못하게 되었습니다. 그래서 로이드 존스와 다른 젊은 스탭들은 병원의 도서관에 남아서 밤새 강좌에 사용될 인용문들과 참고 자료들을 탐색하였습니다. 그 일을 다 끝냈을 때는 함께 연구하던 의료진들이 모두 기진하여 병동으로 옮겨야 할 정도였습니다. 로이드 존스가 호더에게 브랜디를 먹여 소생시키기까지 하였습니다.6

---

5. 토마스 호더(Thomas Horder, 1871-1955)는 성 바돌로매 병원에서 의학 수련을 하였고, 1898년에 런던에서 M.B.B.S.를 취득하였습니다. 1899년에는 M.D.를 취득하였으며, 런던 왕립 의과대학의 직원이 되었고, 1906년에는 왕립 의과대학 중역이 되었습니다. 뛰어난 임상의(臨床醫)로서 영국 국왕 조지 5세와 6세, 엘리자베스 2세 여왕의 주치의로 활약하였습니다. 1918년에 기사(騎士) 작위를 받았고 1923년에는 준(準)남작, 10년 후에는 남작으로 추대되었습니다(『영국 국립 인명 사전』(*Dictionary of National Biography*) p.501-503 참고).
로이드 존스의 인생에서 호더에게 주목을 받은 것은 분명히 그에게 영예로운 일이었습니다.

20대에 그는 학문적으로 성공해서 장래가 유망하였습니다. 뿐만 아니라 이 시기에 그는 기독교에 대한 태도와 반응에 근본적인 변화를 겪기도 하였습니다. 오랜 세월 후에 그는 그 일을 이렇게 묘사합니다.

"나는 여러 해 동안 그리스도인이 아니었음에도 불구하고 내 자신이 그리스도인인 것같이 생각하고 있었다. 내가 그리스도인이 된 적이 없었다는 것을 한참 후에 알게 되었고, 그제야 비로소 그리스도인이 된 것이다. 그러나 그리스도인이 아니었을 때도 나는 한 교회의 지체였고, 정규적으로 그 예배에 출석하였다. 그래서 거의 모든 설교자들이 그러하듯이, 어느 누구나 나를 그리스도인이라고 단정했다. 거짓된 단정을 하고 있었던 것이다.

그러한 생각은 나를 참되게 평가한 것이 아니었다. 내게 필요한 것은, 나로 하여금 죄를 깨닫게 하고, 나의 진정한 필요가 무엇인지를 알게 하여 참된 회개에 이르게 하고, 거듭남이 무엇인지를 나에게 말해 주는 설교였다. 그러나 그런 설교를 들은 적이 없다. 내가 들었던 설교는 항상 우리 모두가 그리스도인이며, 그리스도인이 아니라면 그 회중에 들어 있지 않았을 것이라는 전제를 깔고 있었다. 내가 생각하기에, 이것이야말로 금세기(20세기) 교회가 특히 저지르는 가장 큰 오류 중의 하나이다."[7]

목회자로서의 소명

그에게 죄에 대한 진정한 깨달음[8]이 점진적으로 임하였습니다. 거기다가

---

6. *Murray*, op.cit., pp.53-54.
7. *Preaching and Preacher*(Hodder & Stoughton, 1971).
8. 역자주 – conviction of sin. 이 어구는 죄가 무엇인지를 알고 그 죄를 미워하게 되는 것을 일컫는 신학적인 용어인데, 그것을 죄에 대한 회유, 죄에 대한 각성, 또는 죄에 대한 확신으로 번역하는 경우가 있으나

그는 자신이, 프란시스 톰슨(Francis Tompson)이 그림을 그리듯이 생생하게 '하늘을 좇아 헐떡이는 사냥개'(Hound of Heaven, 로이드 존스는 이 시를 자기 설교에서 자주 인용하였습니다)라고 묘사하였던 것의 추적을 받는다는 느낌을 가지게 되었습니다.

1925년경에 이것이 그의 모든 사고와 생각에 의학보다 더 큰 영향을 미치고 마음을 압박하는 동기가 되었습니다. 그는 자기에게 임하였던 그 은혜가 임하면, 어느 지역의 사람들이라도 진정한 기독교로 인도될 수 있다는 것을 알게 되었습니다.[9] 목회 사역자로서의 소명(召命)이 그의 삶 속에서 본격적인 효력을 발하고 있었던 것입니다.

그는 생애 말기에 자신의 책 『목사와 설교』(Preaching and Preachers)의 6장에서 설교자의 '소명'에 대하여 상세하게 다루었습니다. 그리스도인이 '설교하는 일을 하나의 직업적인 소명으로 취하기로 결심하였기에 나는 설교자가 되어야 한다'는 식으로 생각하는 것을 그는 절대적으로 거부하였습니다. 그는 자신의 관점의 정당성을 설명하는 데에 단순하게 그런 식의 발상이 성경적 가르침에 대한 오해나 잘못된 해석이라는 사실만을 의존하지는 않습니다. 오히려 교회사 전반에 걸쳐 위대한 설교자들의 생애가 보여 주는 증거를 제시합니다.

그는 어떤 사람이 설교자로서의 소명을 받았는지, 아닌지를 가늠할 수 있게 하는 전형적이고도 분석적인 시금석(試金石)이 있다고 말합니다. 물론 이것은 하나의 직업적 소임을 결정하는 것과는 다른 문제입니다. 먼저, 그는 그 소명이 임할 때, 그것이 그가 묘사한 바와 같이 '자신의 심령에 느껴지는

여기서는 죄에 대한 진정한 깨달음으로 번역하였습니다. 이 단계는 회개와는 구별되는 회개 이전의 선행적 단계라고 할 수 있습니다.

9. *Murray*, op.cit., p.110.

일종의 압박감, 성령의 영역 안에서 주어지는 마음의 어떤 동요'로 시작한다고 말합니다. 또한 그 소명을 하나님께서 주시는 일관되고도 지속적인 압박과 감화로 봅니다.

첫 번째 시금석이 내면적이라면, 두 번째 시금석은 외면인 것으로서, 일반적으로 다른 사람들로부터 오게 됩니다. 즉, 다른 사람들이 누군가에게 설교자가 되는 것에 대하여 생각해 보라고 제안하는 형식으로 오는 것입니다. 또한 이러한 외적인 소명은 다른 사람들에 대한 개인적 관심으로 이어지며, 특히 하나님의 구원을 체험하지 못한 사람들이 처한 참된 상태와 영적인 조건들에 대해 마음을 쓰며 인식하는 것으로 이어집니다.

모든 시금석들 가운데 가장 중요한 것들은 불가항력적인 강권함이라고 이름 붙일 수 있습니다. "설교할 소명을 받은 사람은 다른 어떤 일도 할 수 없는 사람이다."

또 하나의 중요한 시금석은 자신이 그러한 설교자로서의 소명을 감당하기에 무능하다는 느낌[10], 또는 자기 자신이 그 일에 부적합하다는 느낌입니다.

로이드 존스 목사는 그 소명에 대한 자신의 확신을 이렇게 요약합니다.

"하나님께 부르심을 받아 설교자가 된 사람은 자신이 무엇을 하도록 부르심을 받았는지를 인식하는 사람이다. 그는 그 일이 얼마나 외경스럽고도 큰 일임을 인식한 나머지 그 일 앞에서 움츠러든다. 자신이 소명을 받았고 하나님의 강권하심을 받았다는 압도적인 의식이 아니고서는 그 어느 것도 누군가로 하여금 설교자로 나서도록 유도하게 해서는 안 된다."

이러한 동인(動因)들은 그의 삶에서 쉽게 입증되었습니다. 그러나 그렇다

---

10. 고후 2:16 이 사람에게는 사망으로 좇아 사망에 이르는 냄새요, 저 사람에게는 생명으로 좇아 생명에 이르는 냄새라. 누가 이것을 감당하리요.

고 해서 그가 의학을 포기하는 것이 비교적 쉬운 문제였다고 단정하는 것은 전적으로 그릇된 생각일 것입니다. 실제로 그는 영적이고도 정신적인 갈등 때문에 체중이 아주 많이 줄었습니다.

그러나 1926년쯤 그 모든 문제가 해결되었습니다. 자신이 설교자가 되어야 한다는 소명이 하나님께서 주신 것임을 확신할 만한 일이 1926년 가을에 예기치 않은 방식으로 일어난 것입니다.

어느 날 그는 성 바돌로매 병원의 광장을 지나다가 의학 조교수인 조프리 에반스(Geoffery Evans)를 만났습니다. 에반스는 멈춰 서서 그에게 잠깐 시간을 낼 수 있느냐고 물었습니다. 그는 자신이 전문의직과 겸하여 맡고 있던 시간 강사직이 이제 곧 끝나 가고 있다고 말했습니다. 로이드 존스는 그 일이 지금 자신에게 주어지려 한다는 것을 거의 확신하였습니다. 그것은 자신을 의사로서의 정상의 위치에 곧바로 이르게 할 만한 일이었습니다.

그러나 로이드 존스 박사는 나중에 그 일에 대하여 이렇게 논평하였습니다.

"그것은 잠시도 나를 흔들어 대지 못했다. 나는 목회 사역을 위한 결심을 이미 끝낸 상태였다."[11]

베단 필립스와의 결혼

그는 같은 해인 1926년에 자신보다 18개월 연상인 베단 필립스(Bethan Phillips)와 약혼했습니다. 앞으로 그의 삶에 있어서 그녀는 막중한 영향력을 미칠 것입니다.

---

11. *Murray*, op.cit., p.110.

그녀의 아버지 톰 필립스(Tom Phillips)는 뉴캐슬 엠륀(Newcastle Emlyn)의 본토박이였습니다. 그녀의 할아버지 에반 필립스(Evan Phillips)는 50년 동안 그곳 뉴캐슬 엠륀에 있는 벧엘 칼빈주의 메소디스트 채플(Bethel Calvinistic Methodist Chapel)의 목회자로 사역했습니다. 로이드 존스 목사 자신도 50년 후에 바로 그곳에 묻히게 됩니다.

베단 필립스는 의대생으로 M.R.C.S.와 L.R.C.P.와 외과의 학사를 취득하였습니다. 그녀는 1926년 12월 12일 주일에 처음으로 로이드 존스가 설교하는 것을 들었고, 그들은 1927년 1월 8일에 결혼하였습니다.

그들은 애버라본 빅토리아 터레이스(Aberavon Victoria Terrace) 57번지에 첫 보금자리를 틀었습니다. 그들 사이에서 태어난 두 딸, 엘리자베스(Elizabeth)와 앤(Ann)은 박사가 바로 그곳 남웨일스에서 목회할 때 태어났습니다(사실상 엘리자베스는 의학상의 복잡한 문제로 런던에서 태어났습니다). 엘리자베스는 1927년에 태어났고, 10년 후에 앤이 태어났습니다.

로이드 존스의 부인인 베단이 자신의 영적인 체험에 관해서 쓴 책인 『샌드필즈의 추억들』(Memories of Sandfields) 중에서 다음 부분은 우리에게 중요한 정보를 제공합니다.

"나는 애버라본에서의 초기 몇 년 동안 많은 사람들이 회심하는 것을 보는 즐거움을 누렸다. 술주정뱅이로 살았거나 악하게 살았던 사람들이 회심하였다. 그들의 삶의 양식과 배경은 다양하였고, 연령대도 모두 달랐다. 나는 그런 사람들이 회심하는 것을 보는 것이 즐거웠다. 때로는 그들이 부럽기도 하였다. 그래서 그들의 얼굴이 빛나고 그들의 삶이 변화되는 것을 보면서 '나도 한때 술주정뱅이였거나 악을 행하였다가 회심할 수 있었더라면' 하는 바람을 가질 정도였다.

그러나 내 자신이 회심해야 한다는 사실은 꿈에도 생각해 보지 않았다. 나는 항상 '그리스도인' 이었기에 내가 이미 가지고 있는 것에 무엇을 더할 필요성에 대해서는 상상조차 하지 않았다.

처음 2년간 하나님께서는 내 남편 마틴의 주일 오전 설교를 은혜롭게 사용하시어 내 눈을 여시고, 내게 나 자신과 나의 필요를 보여 주셨다. 나는 내 죄가 용서받은 것과 마음에 있는 하나님의 평강을 알게 되었다."[12]

애버라본에서의 목회 사역

로이드 존스는 1926년 11월 20일에 샌드필즈 교회로부터 목회 청빙을 받게 됩니다. 그의 성직록은 일 년에 225파운드에 사택과 지방세를 더한 것이었으며, 매년 열세 번의 주일에는 강단에 서지 않아도 되었습니다. 이것은 의료계에서 그가 받을 수 있는 연봉에 비하면 턱없이 적은 것이었습니다. 1920년대에 가정의(家庭醫)는 연봉으로 1,500파운드를 받을 수 있었고, 전문의는 3,500-5,000파운드까지 받을 수 있었으니 말입니다.

그러나 그에게 있어서 가장 큰 관심은 재정적인 것이 아니었습니다. 정말 그러했습니다. 오히려 그는 그 모든 것들 중에서 '예수 그리스도와 그의 십자가에 못 박히신 것 외에'(고전 2:2) 어떤 것도, 어떤 사람도 알지 아니하기로 작정하였습니다. 그가 1926년 11월 28일 주일어 애버라본 교회에서 처음 설교할 때 택했던 본문이 바로 그것이었습니다. 또한 이 고린도전서 2장의 본문은 뉴캐슬 엠린에 있는 그의 묘비석에도 새겨져 있습니다.

---

12. *Memories of Sandfields* 1927-1938(The Banner of Truth Trust, 1983), p.10.

다른 것이 섞이지 않은 순전한 설교를 추구하다

그로부터 11년 6개월 동안의, 흔히 '샌드필즈(Sandfields)'로 알려진 '베들레헴 선진 운동 교회(Bethlehem Forward Movement Church)'에서의 생활은 기념할 만한 획기적인 것이었습니다. 그것은 로이드 존스가 사용했던 새롭고도 독창적인 방식에서 기인한 것이 아니었습니다.[13] 오히려 그의 설교가 가지고 있는 두려움 없는 순전한 본질에서 기인한 것이었습니다.

당시 웨일즈의 많은 설교자들의 설교가 감정적이었지만, 로이드 존스의 설교는 감정적인 것이 아니었습니다. 또한 그의 설교는 지성적이거나 거만한 정신이 배어 있지도 않았고, 일차적으로 교회의 크기를 부풀리려는 의도도 없었습니다. 그의 설교는 능력 있고 성경적이며, 타협하지 않는 복음주의적인 것이었습니다.

『애버라본에서의 전도 설교』(Evangelical Sermons at Aberavon)를 읽어 보면 이 시기의 그의 설교의 분위기와 긴박성을 느낄 수 있을 것입니다.

여기에 '사람의 근본적인 난제(Man's Fundamental Problem)'라는 설교의 결론 부분을 소개하겠습니다.

"우리는 정직하게 우리 자신을 대면해야 합니다. 우리의 본성은 흑암을 사랑하고 빛을 미워합니다. 또한 우리의 본성은 고여 있고 부패하였으며, 옳은 것보다는 악한 것을 선호하고, 알려진 선보다는 악을 즐거워합니다. 우리에게 필요한 것은 더 많은 빛이 아니라, 빛을 미워하지 않고 도리어 사랑할 수

---

13. 샌드필즈(Sandsfield)에서의 예배들은 거의 대부분 전통적이었습니다. 주일 오전 11시와 오후 6시 예배에는 설교가 중심이 되었고, 월요일 밤에는 기도회로 모였으며, 수요일 밤에는 성도의 교제 모임을 가졌습니다. 아울러 토요일 밤에는 남성들을 위한 '형제애(Brotherhood)' 모임이 있었습니다. 본질적으로 금주운동들이었던 축구팀, 드라마 그룹, '희망의 밴드(Band of hope)' 등의 다른 활동들은 모두 폐지되었습니다.

있게 하는 다른 본성입니다.

그 빛이 있습니다. 우리는 그 빛이 있다는 것을 알고 있습니다. 그러나 우리는 그것을 싫어합니다. 또한 미워합니다. 우리가 이미 가지고 있는 빛을 음미하며 즐거워할 수 없는데, 희미하고도 신학적으로 거기에 어떤 부가적인 빛이 필요하다는 식으로 말한다고 하여 무슨 소용이 있겠습니까? 우리가 필요로 하는 것은 지식이 아니라 사랑입니다.

우리는 옳은 것과 선한 것이 무엇인지를 알고 있습니다. 그러나 우리의 본성이 그것을 사랑하지 않기 때문에 그 선한 것을 행하지 못합니다.

전 세계의 모든 지식과 문화와 교육을 다 동원하여도 사람의 본성을 결코 변화시킬 수 없습니다. 그러한 것들은 하나님을 사랑하는 법을 절대 가르쳐 주지 않습니다. 최선을 다하여 한번 시도해 보시기를 바랍니다. 저는 이 복음의 이름으로 여러분이 그 일에 성공하는 일을 문제 삼지 않겠습니다. 그러나 그처럼 어리석고 눈멀고, 그처럼 미치광이 상태가 되지는 마십시오.

악한 것은 여러분의 악한 본성과 마음이요, 또한 여러분의 인격과 존재의 본질임을 인정하십시오. 더 나아가 해를 거듭할수록 여러분이 더 개선되기는커녕 더 악해지는 경향이 있다는 것을 아십시오.

어느 누가 하나님을 미워하는 자신의 마음을 바꾸어 하나님을 사랑하는 일에 성공하였습니까? 그가 이런저런 죄를 그만둘 수도 있습니다. 그러나 그 사람이 하나님을 사랑하기에 이르렀습니까? 그런 일을 할 수 있는 사람이 누구입니까? 인간이 정말 전적으로 자신의 성품을 철저하게 바꿀 수 있습니까? 여러분은 지금 하나님을 사랑하십니까? 여러분이 하나님을 사랑하지 않는다면 하나님을 미워하는 것입니다. 어느 누구도 스스로 이런 변화를 가져오는 데 성공한 적이 없습니다.

그럼에도 불구하고 그러한 일이 이미 일어났습니다. 한때 바울과 수많은 사람들이 그리스도를 미워하고 핍박하였습니다. 그러나 후에 그들은 '내게 사는 것이 그리스도니' (빌 1:21)라고 고백하기에 이르렀습니다. 무슨 일이 일어난 것입니까? 그들이 그리스도의 빛 가운데 진실로 서게 되었을 때, 그들은 자기 자신을 알게 되었습니다. 그리하여 긍휼을 바라며 그리스도께 부르짖었습니다. 그들은 그 긍휼을 얻었습니다. 또한 새로운 성품이 그들에게 주어졌습니다. 바로 이것입니다.

만일 여러분이 이 점을 인식하지 못한다면, 여러분은 듣지 못하는 자입니다. 이 사실을 바로 알고 받아들이십시오. 그러면 여러분은 영원토록 안전할 것입니다. 아멘."[14]

또 다른 설교에서 그는 복음의 진수를 다음과 같이 지적합니다.

"복음 안에서 우리에게 제시된 구원은 사람의 노력과 열심의 결과나 인간적인 땅에 속한 산물이 아니라, 본질적으로 신적이며 초자연적인 것입니다."[15]

이 시기의 그의 설교에 자주 등장했던 또 다른 주제는 믿음의 싸움입니다. 그는 누가복음 14장 16-24절에 묘사된 큰 잔치를 숙고하면서 말합니다.

"그들 속에 있는 어떤 것이 그들에게 잔치에 참여하라고 말하였습니다. 그러나 그들 속에 있는 또 다른 어떤 것은 그곳에 가지 말라고 종용합니다. 갈등과 투쟁이 전혀 없는 곳에는 생명도 없습니다.

바울은 죄인을 가리켜 '허물과 죄악들 가운데 죽어 있는 자' (엡 2:1 참고)라고 묘사합니다. 생명이 없다는 것입니다. 그러한 사람의 삶에는 진정한 갈등이나 진정한 싸움이 존재하지 않습니다.

---

14. *Evangelistic sermons at Aberavon*(The Banner of Truth Trust, 1983), pp.76-77.
    역자주 - 우리나라에서는 『전도 설교』라는 제목으로 번역, 출판되었습니다.
15. Ibid., p.199.

그러나 사도는 그리스도인에 대하여는 이렇게 말합니다. '육체의 소욕은 성령을 거스리고, 성령의 소욕은 육체를 거스리나니 이 둘이 서로 대적함으로 너희의 원하는 것을 하지 못하게 하려 함이니라'(갈 5:17). 즉, 성령의 생명, 그리스도의 생명이 우리의 존재 속에 들어오자마자 불가피하게 갈등과 투쟁이 일어나는 것입니다. 영원히 대적하는 두 세력이 서로 대립하게 됩니다.

여러분은 이것을 의식하고 있습니까? 여러분 속에서 하나님의 요청과 마귀의 요구로 인한 진정한 갈등이 있습니까? 여러분은 마음의 동요를 느끼고 있습니까? 여러분은 천국으로 가고 싶다고 말합니다. 그러나 그 천국에 이르는 것이 오직 믿음의 싸움의 결과라는 것을 인식하고 있습니까?

신약 성경으로 다시 돌아가서 그것을 자세히 읽어 보십시오. 신약 성경에 나타나는 그리스도인에 대한 묘사를 살펴보십시오. 신약 성경 어느 부분이든지 좋습니다. 그리스도인은 자기를 인도하시고 자기의 대장이 되신 예수 그리스도와 함께 큰 전투에 참여하고 있는 사람임을 발견할 것입니다. 그는 십자군으로 출정하여 죄와 모든 불의에 대해서 큰 전쟁을 벌이고 있습니다.

여러분은 그러한 싸움과 갈등 속에 있습니까? 그리스도께서는 자신을 따르는 모든 참된 제자들에게 그 싸움에 돌입하라고 요청하십니다."[16]

웨스트민스터 채플에서 행한 그의 설교들 속에서도 이 점은 거듭해서 강조됩니다. 특히 그것은 에베소서 연속 강해 속에서 더욱 강조됩니다.

놀라운 회심들이 일어나다

먼 옛날 그 시절의 두 번째 특성은 그곳에서 정말 놀라운 회심이 일어났다는 것입니다. 이를 보여 주는 구체적인 증거가 1927-1938년 사이의 베단 사

---

16. Ibid., p.142.

모의 기록에 나와 있습니다.

그녀는 특별히 조지 설리반(Georgie Sullivan)이라는 열다섯 살짜리 소년의 영광스런 회심에 대하여 언급합니다. 그 소년이 일종의 급성 폐결핵에 걸려 갑작스럽게 심각한 상태에 이르렀을 때, '박사'는 그 소년이 자기를 진정으로 간절히 보고 싶어한다는 메시지를 받았습니다. 그래서 그는 그날 밤의 교회 모임을 다른 사람에게 맡기고 그곳으로 달려갔습니다.

"그는 가서 침대에 누워 있는 소년을 보았다. 그 소년의 얼굴은 고열로 달아올라 있었지만 눈은 빛나고 있었다.

소년은 숨쉬기가 매우 힘든 와중에도 이렇게 말하였다. '박사님, 그것이 대체 무엇인지를 제게 말씀 좀 해 주세요. 저는 앉아서 박사님의 설교를 듣고 그것이 옳다는 것을 알았어요. 그러나 이해하지는 못하겠어요. 제가 무엇을 해야 하는지를 모르겠거든요.'

마틴은 그 소년에게 구원의 길을 단순하면서도 분명하게 말해 주었다. '그래, 너는 하나님을 불쾌하게 해 드린 일들에 대한 모든 것에 대하여 송구한 마음을 가지고 있느냐? 너는 하나님께 그렇게 말씀드려야 하며, 너를 용서해 주시기를 구해야 한다. 그러면, 주 예수 그리스도께서 십자가에서 네가 행한 그 잘못에 대한 벌책을 다 지불하셨으니, 하나님께서 용서해 주실 것이다. 그리하여 네가 행한 모든 잘못에 대한 책임이 영원히 지워져 버린단다. 그러면 너는 하나님 앞에 견고히 설 수 있고, 네가 용서받고 하나님께 영접함을 받아 영광 중에 함께 거하게 될 것을 알 수 있을 것이다.'

조지는 놀라면서 이렇게 말하였다. '박사님, 그것이 복음 전체입니까?' 그 순간에 조지의 눈이 열렸다. 그는 그날 밤, 참된 평강과 기쁨이 충만한 마음으로 죽었다. 열다섯 살이든지 그보다 나이가 적든지, 여든 살이든지 더 많이 살았든지, 그 나이가 얼마이든 간에 나이는 장애물이 아니다."[17]

통제할 수 없는 혈기를 부리면서 짐승같이 살았던 마크 맥칸(Mark McCann)의 회심[18], 스태포드쉬 빌(Staffordshire Bill, 본명은 William Thomas)의 회심[19] 등도 그에 못지않게 놀라운 것이었습니다. 스태포드쉬 빌은 전에 하나님을 망령되이 일컫는 술주정뱅이였습니다. 그러나 하나님께 돌아온 이후에 자신을 자제하는 점잖은 사람이 되었고, 승리에 찬 그의 죽음은 평온하였습니다. 이와 같은 감동적인 사건들이 50년 동안 계속해서 일어났습니다.

영향력이 확장되다

애버라본에서 목회를 하는 동안의 세 번째의 중요한 특성은 그의 영향력이 갈수록 증대되었다는 것입니다. 웨일즈와 잉글랜드를 비롯하여, 1936년에 처음 방문했던 미국에까지 그의 영향력은 확장되었습니다. 이안 머레이는 자신이 쓴 전기에서 샌드필즈에서 목회를 시작한 첫 해에 로이드 존스가 방문한, 거의 60군데나 되는 지명의 목록을 공개했습니다.[20]

일반적으로 그는 웨일즈의 다른 지역을 방문하기 위해서 화요일과 목요일 오후를 할애하곤 하였습니다. 그는 남웨일즈와 북웨일즈를 방문하였고, 그곳에 있는 큰 교회의 회중들에게 설교하는 일이 잦았습니다.

한 예로, 1935년에 남웨일즈 장로회가 랭게이토에서 회집되었는데, 그때 그는 7천 명의 회중에게 설교하였습니다. 이러한 큰 규모의 군중들에게 설교하는 일은 드문 일이었습니다. 또한 1936년에는 약 2천 명의 회중을 상대로 서웨일즈 휄린호웰(Felinfoel)에서 설교했습니다.

---

17. *Memories of Sandfields*, pp.12-15.
18. Ibid., pp.66-79.
19. Ibid., pp.80-94.
20. *Murray*, op.cit., p.183.

그는 갈수록 잉글랜드에서 유명해졌습니다. 왜냐하면 그가 학생운동의 일환인 국제대학생회(Inter-Varsity Fellowship, 지금의 U.C.C.F.)[21]에 참여했기 때문입니다. 또한 그는 영어를 말하는 여러 강단이나 강좌 개설 기관으로부터 정기적으로 강연해 달라는 초청을 받기도 했습니다.

특히 1935년 12월 3일, 그가 알버트 홀(Albert Hall)을 가득 채운 청중들에게 강론한 일은 그 후 오랫동안 영향을 미칠 만한 결과를 가져오는 일이었습니다. 왜냐하면 그날 밤 캠벨 모간(Campbell Morgan) 박사가 그곳에 참석하여 강론을 들었기 때문입니다. 그는 즉시 로이드 존스에게 그달에 웨스트민스터 채플에 와서 설교해 달라고 요청하였습니다. 그래서 12월 29일에, 20년 전에 처음으로 들어가 보았던 그 예배당의 강단에 서서 아래를 내려다보게 되었습니다.

그날 밤에 그는 마태복음 7장 13, 14절의 "좁은 문으로 들어가라. 멸망으로 인도하는 문은 크고 그 길이 넓어 그리로 들어가는 자가 많고, 생명으로 인도하는 문은 좁고 길이 협착하여 찾는 이가 적음이니라"라는 말씀에 입각하여 '복음의 협착함'에 대해서 설교하였습니다. 그 설교는 본래 애버라본에서 이미 설교했던 것인데,[22] 그는 그 설교의 서론적 논평에서 보통 그리스도인이 편협한 사람이라는 말을 자주 듣게 되는 것을 지적하면서 복음의 협착함이라는 주제를 다루었습니다.

"바리새인이나 유대교가 편협하다는 의미에서 편협한 사람이 되어서는 절대 안 됩니다. 이 영광스럽고도 자유로운 복음을 몇 가지의 단순한 금지 사항이나 절제의 요건들에 묶어 놓아서는 결코 안 되는 것입니다. 그러나 그것

---

21. 본서의 3장을 참고하십시오.
22. 『애버라본에서의 전도 설교』(Evangelistic Sermons at Aberavon)에 수록된 스무 번째 설교입니다.

만이 우리의 위험이 아닙니다. 우리의 위험은 편협하다고 여겨지는 것이 두려워서 그와 정반대의 극단으로 치우쳐, 급기야 전혀 정체를 알 수 없는 사람이 되는 것입니다."[23]

그런 다음에 그는 설교의 중간 부분에서 복음의 메시지가 좁다는 것을 지적합니다. 복음이 단 한 가지 문제, 인간의 영혼과, 그 인간의 영혼과 하나님의 관계에 온통 집중되어 있다는 점에서 그러하다는 것입니다.

"우리는 오늘날 단순한 복음에 대한 이야기를 매우 많이 듣습니다. 이 복음의 단순성의 비밀은 이것입니다. 하나님의 아들이시면서 성부(聖父)께 완전하게 순종하고, 또한 완전한 교통을 누리는 삶을 사신 나사렛 예수께서 모든 지식을 가지고 계십니다.

주님께서는 무엇이 중요한 것이고, 무엇이 중요하지 않은 것인지를 아셨습니다. 그분은 중요하지 않은 것들은 무시하시고, 오직 인생에서 중요한 것들에만 전념하셨습니다. 주님께서는 우리에게 진실로 관련이 없는 것들에 대해서는 무시하시고, 관련이 있는 것들에만 전념하셨습니다. 즉, 궁극적으로 문제가 되는 것들에만 관심을 가지셨다는 말입니다.

복음의 단순성의 비밀은 영혼이 진정으로 필요로 하는 최고의 문제 외에 다른 모든 것을 옆으로 제쳐 놓는 것에 있습니다. 분명히 말해서 그것은 우리의 모든 현대적인 개념들이나 상념들에 배치되는 것입니다."[24]

또한 그는 설교의 중간 부분에서 개인의 영혼에 대한 것을 다루었습니다. 요한복음 4장에 나오는 사마리아 여인을 들어서 이 점을 예증하면서 이렇게 말합니다.

---

23. Ibid., pp.269-270.
24. Ibid., p.273.

"그렇습니다. 복음은 개인적인 것입니다. 가족 단위로 구원받을 수 없습니다. 또는 한 회중의 전체 단위로 구원받을 수 없습니다. 어떤 분량의 박애주의적인 일을 우리 모두가 합력하여 행했다고 해서 집단적으로 구원받을 수는 없습니다. 우리는 한 사람 한 사람으로 구원받습니다. 그것은 여러분 개인과 하나님과의 문제입니다."[25]

그리고 그는 복음이 우리의 행동과 행실에 영향을 미친다고 강조했습니다. 소극적으로는 십계명의 가르침에 관해서, 적극적으로 산상설교를 말하면서 그 점을 설파했습니다.

끝으로 그는 구원이 한 특별한 인격(예수님)으로 말미암아 가능하되, 그의 죽으심 안에서만 가능하다는 복음의 선언을 중점적으로 강조했습니다. 그는 자신의 설교를 듣는 회중에게 이러한 도전을 심어 줍니다.

"만일 여러분이 그리스도의 십자가의 능력 없이 여러분을 괴롭히는 죄로부터 자유함을 얻을 수 있다면, 한번 해 보십시오. 만일 여러분이 여러분과 여러분의 죄를 위한 하나님의 아들의 죽으심을 믿지 않고도 괴로운 여러분의 양심을 평온케 하고 안식을 누릴 수 있다면, 어디 한번 해 보십시오.

만일 죽음의 병상에 누워서 거룩한 하나님을 대면한다는 사실로 인한 두려움이나 놀람이 없다면, 저는 여러분에게 할 말이 없습니다.

만일 여러분이 정말 상실되고도 비참하며 곤고하다는 것을 느낀다면, 자신의 모든 의는 더러운 넝마 조각에 불과하다고 생각한다면, 또한 만일 하나님과 그분의 거룩한 율법을 생각하면서 놀랍고도 두려워서 떠는 생각으로 가득하다면, 또한 여러분이 전적으로 무능하며 절망적이라고 느낀다면, 그분께로 돌아서십시오. 십자가에 못 박히신 그리스도께로 나아가십시오.

---

25. Ibid., pp.277-278.

그분은 팔을 벌리고 여전히 이렇게 말씀하고 계십니다. '땅 끝의 모든 백성아, 나를 앙망하라. 그리하면 구원을 얻으리라'(사 45:22). 이 말씀은 인류 전체를 향하신 말씀입니다. 그리스도께서는 인류 전체의 대표이십니다. 그분은 모든 사람을 위해서 죽으셨습니다."[26]

그는 또 다른 도전의 말씀으로 결론을 맺는데, 그것은 그의 설교를 듣는 회중들을 향한 일종의 복음에로의 초청의 말씀이었습니다.

"만일 여러분이 복음을 받아들이고 그 복음에 자신을 복종시킨다면, 그것은 여러분을 위한 또 다른 탄생을 의미합니다. 또한 그것은 시련과 시험, 핍박을 의미할 것입니다. 그러나 그것은 여러분 속에 있는 '옛사람'이 십자가에 못 박히고 죽는 것을 의미할 것이며, 진정한 생명, 더 풍성한 생명, 아니 하나님 자신의 생명으로 여러분을 인도할 것입니다."[27]

이 초청의 말씀은 그 이후 45년 동안 헤아릴 수 없이 많은 회중들에게 전해졌습니다. 그때마다 그는 명확성과 열정과 철저한 확신을 가지고 그 일을 수행해 나갔습니다.

이 설교는 다른 여러 방면에 있어서도 의미심장한 설교입니다. 이안 머레이의 말에 따르면, 아마 이 설교는 잉글랜드에서 웨일즈 칼빈주의 메소디스트 교회가 아닌 회중들에게 최초로 행한 주일 설교일 것이라고 합니다. 또한 그 설교는 분명하게 알 수 있을 정도로 바울적 요소를 드러내기도 합니다. 길을 잃고 방황하며 상실한 인류에 대한 '오직 유일한' 해결책으로서의 복음을 계속 강조하였고, 사람이 행동하는 방식과 복음 사이의 본질적인 연결 고리를 제시하였으며, 믿음과 신앙의 문제에 있어서 해서는 안 되는 것과 적극

---

26. Ibid., p.279.
27. Ibid., pp.277-278.

적으로 해야 하는 두 국면이 모두 필요함을 제시하였습니다. 뿐만 아니라 이 설교는 복음을 믿고 전적으로 복음에 자신을 항복시켰을 때 주어지는 구원의 확신과 요동치 않는 신뢰를 보여 주었습니다.

교회를 뛰어넘어 공동체의 목회자로서 사역하다

네 번째 특징은, 그가 한 교회의 목사이면서, 동시에 규정된 범위와 쉽게 동화될 수 있는 한 공동체 안에 있는 한 교회의 목사였다는 사실입니다. 그는 교회 자체에만 국한되지 않고, 그 공동체 안에서의 역할도 감당하였습니다. 그는 보편적인 문제들이나 의료계의 문제에 대한 충고를 해 달라는 부탁을 자주 받았습니다.

1930년대 남웨일즈는 매우 우울한 시기를 보내고 있었습니다. 정말 잊혀지지 않는 대량 실업이라는 망령에 시달리고 있었습니다. 따라서 노동당(Labour Party, 비교적 세력이 약한 공산당)이, 궁핍으로부터의 탈출, 더 나은 세계, 그리고 오래된 사회적 병폐를 치료할 처방을 찾고 있던 국민들 사이에서 많은 지지를 얻은 것은 놀라운 일이 아니었습니다. 이때야말로 영국의 산업 역사 중에서도 가장 어두운 시기였던 것입니다. 그중에서 특히 남웨일즈가 가장 극심한 어둠에 빠져 있었습니다.

예를 들어서, 에드워드 8세가 1936년 11월에 산업 중심의 지역을 여러 번 공식적으로 방문했던 일을 살펴봅시다. 텅 빈 가게들과 일을 하다 말고 버려둔 작업 현장들, 여기저기 수북하게 쌓인 쓰레기들, 허름한 옷을 입고 다니는 수백 명의 사람들을 본 왕은 폰티플(Pontypool) 사람들에게 유명한 말을 하였습니다. "내가 여러분을 위해서 할 수 있는 일은 다 할 것임을 여러분에게 확약하는 바입니다. 분명히 여러분이 사는 이 고장에 더 나은 시대가 찾아오게 할 것입니다."

후에 그는 브라에나본(Blaenavon)에서 이렇게 말했습니다. "실업 사태에 대해서 무슨 조치가 내려질 것입니다." 도레이스에서는 거대한 실업 군중들을 바라보면서 말하였습니다. "그들이 일자리를 찾도록 반드시 어떤 조치가 취해져야 합니다."

남웨일즈의 민간 속담에는 아직도 이 말들이 살아 있습니다. 그러나 3주 후에 에드워드 8세는 왕위에서 물러나게 됩니다. 그리고 남웨일즈는 오랫동안 버려진 지역으로 남게 되었습니다.

그러나 로이드 존스 목사는 당시의 주도적인 정치적 상황을 직접 다루지는 않았습니다. 왜냐하면 정치적인 문제들은 자신이 부르심 받은 일에 포함되지 않는다고 생각했기 때문입니다. 그는 람세이 먹도날드[28]와 불같은 웨일즈 출신의 웅변가 어뉴린 베반(Aneurin Bevan)이 유포하여 퍼뜨린 것과는 전혀 다른 형태의 '이상향(Utopianism)'을 제시하였습니다. 그의 그런 행동은 정치적인 문제들이 전혀 중요하지 않다고 생각해서가 아니었습니다. 다만 그러한 문제들은 교회의 일에 속하지 않는다고 보았기 때문입니다.

그의 저서 『목사와 설교』를 통해서 알 수 있듯이, 교회의 일차적인 임무는 하나님의 말씀을 설교하고 해석하는 것입니다. 그는 그리스도인이 삶의 모든 면에서 영적인 방식으로 생각해야 함을 믿고 있었습니다. 그 일은 성경을 아는 철저한 지식과 이해를 통해서만 이룰 수 있는 것이었습니다. 그는 '좁은 문'에 대한 설교에서 이렇게 말합니다.

"만일 우리가 이 구원의 문제에 대해서 단순히 영리한 척하는 것이 아니라 정말 진지하다면, 우리가 해야 할 일은 우리 자신의 견해나 사상들을 표현하

---

28. 람세이 맥도날드(J. Ramsay McDonald, 1866-1937)는 1922년의 총선에서 애버라본 거민들로 하여금 노동당에 표를 던지게 하여 쉽게 승리하였던 사람입니다.

는 것이 아니라 하나님의 뜻을 발견하는 것입니다. 그것은 오직 성경에서만 발견할 수 있습니다."29

또 다른 방면에서도, 그의 전체적인 사고방식은 정치적 신조를 신봉하는 사람들과 달랐습니다. 그들은 논쟁하고 토론하기를 좋아하고, 자신의 의견을 솔직하게 표현할 수 있는 요점들을 만들기를 좋아했습니다.

반면에 로이드 존스 목사는 하나의 이론을 선언하는 것이 아니라, 권위 있고도 영감 어린 메시지를 '경외심과 경건한 두려움'의 정신으로 선언하는 것을 고집하였습니다. 그러므로 그의 전체적인 강조점은, 1930년대 남웨일즈의 궁핍으로 큰 타격을 받은 지역 사람들의 마음을 강하게 빼앗고 있던 사회주의로부터 아주 멀리 떨어져 있었습니다.

그의 관점대로라면 낙원은 다시 찾을 수 있는 것이었습니다. 그러나 교육가나 철학자, 정치가나 도덕주의자, 과학자들이 제안하는 식의 낙원은 아니었습니다. 그의 낙원은 바로 영적(靈的)인 낙원이었습니다.

그는 그 영적인 낙원을, 1978년 카디프에 있는 히스 복음주의 교회(Heath Evangelical Church, 전에는 장로교회였음)에서 행한 설교에서 다음과 같이 규정하였습니다.

"이것이 바로 성경이 말하는 메시지입니다. 여러분과 저는 '지금', 바로 이 순간에 영적인 낙원에 들어갈 수 있습니다. 모든 그리스도인, 진실로 이 메시지를 참으로 믿는 사람마다 낙원에 들어갈 수 있습니다. 바로 이 순간에 영적으로 말입니다.

여러분은 저에게 그것이 무슨 뜻이냐고 묻겠죠? 제가 뜻하는 바를 말씀드리겠습니다. 무엇이 낙원입니까? 낙원에 있어서 가장 본질적인 요소는 하나

---

29. *Evangelistic Sermons at Aberavon*, p.25.

님과 교통하고 사귀는 것입니다. '우리가 믿음으로 의롭다 하심을 얻었은즉 우리 주 예수 그리스도로 말미암아 하나님과 더불어 화평을 누리자'(롬 5:1). '하나님께서 그리스도 안에 계시사 세상을 자기와 화목하게 하시며'(고후 5:19).

그것을 믿는 사람은 누구든지 낙원에 있습니다. 그는 하나님과 화해하였으며, 하나님과 화평을 누리고 있습니다. 또한 하나님을 아버지로 알고 기도할 수 있습니다. 아담과 하와가 범죄하기 전에 늘 자유롭게 하나님과 교통하였던 것과 같은 교통을 누릴 수 있습니다. 믿는 사람은 누구든지 영적인 낙원 안에 있습니다.

그뿐만이 아닙니다. '그러므로 우리는 믿음으로 의롭다 하심을 얻었은즉, 우리 주 예수 그리스도로 말미암아 하나님과 더불어 화평을 누리자. 또한 그로 말미암아 우리가 믿음으로 서 있는 이 은혜에 들어감을 얻었으며'(롬 5:1,2).

우리는 그분께 기도합니다. 그분은 우리의 아버지이십니다. 우리는 우리의 문제거리들과 난제들을 그분께로 가지고 갑니다. 그 하나님께서는 우리와 함께 계시고, 우리는 그 하나님의 영광의 소망 안에서 즐거워합니다.

여러분은 새로운 성품을 받았습니다. 새로운 성품은 어둠을 사랑하지 않고, 빛을 미워하지 않습니다. 빛을 사랑하고 어둠을 미워합니다. 우리는 새로운 사람들입니다. 우리는 신의 성품에 참예한 사람들이 되었습니다."[30]

그런데 로이드 존스 목사의 설교가 경제 침체로 어려운 그 시절에 남웨일즈를 공산주의가 장악하지 못하게 하는 하나의 요인이 되었다는 주장이 제기되었습니다. 물론 저는 그러한 주장에 대해 로이드 존스가 어떻게 반응했는지에 대해서는 아는 바가 없습니다.

---

30. *Evangelical Magazine of Wales* (April 1981), p.34.

11년 동안 로이드 존스 목사는 결연하고도 초지일관된 자세로 남웨일즈에서 복음을 설교하는 일에 전념하였습니다. 자신의 교회에서나 다른 교회에서나 마찬가지였습니다. 작은 회중들 앞에서나 큰 회중들 앞에서나 구분 없이 복음만을 설교하였고, 농촌 설교에서도 그러하였습니다. 그러나 농어촌 지역에서 설교하는 일은 1938년에 중단되었습니다.[31]

의료계를 뒤로하고 설교자로서의 삶으로 들어설 때 그의 마음에는 예리하고도 명확한 느낌이 있었는데, 샌드필즈에서의 사역이 끝나 가고 있다는 데 대해서도 그와 같은 명료한 느낌이 들기 시작하였습니다. 이 점에 대해서, 오랫동안 여기저기에서 설교하기 위하여 쉬지 않고 여행을 한 탓에 몹시 피곤하고 지쳤다는 사실도 염두에 두어야 할 사항이었습니다. 분명히 일을 멈추고 잠시 쉬는 것이 필요하였던 것입니다.

웨스트민스터 채플에서의 청빙

연이어 일어난 사건들의 흐름을 바라보는 것은 정말 흥미롭습니다. 1938년 5월 1일 주일, 그는 샌드필즈에서의 사역을 사임하겠다는 자신의 결심을 교회 앞에 표명하였습니다. 그런데 그 주의 주말에 그는 캠벨 모간 목사로부터 6개월만 웨스트민스터 채플의 강단 사역을 나누어 감당하자는 초청의 편지를 받았습니다. 그는 그 초청을 받아들였습니다. 그리하여 1938년 7월 말쯤 그의 마지막 이삿짐이 런던의 빅토리아 터레이스로 옮겨졌습니다. 그때부터 15년 동안 샌드필즈에 와서 다시 설교하는 일은 없었습니다.

애버라본에서 보낸 기간에 대해서 쓴 베단의 책의 마지막 부분은 그들이

---

31. 역자주 – 이 해에 로이드 존스 목사가 런던의 웨스트민스터 채플로 전임하여 갔기 때문입니다.

샌드필즈 교회와 그 사람들을 얼마나 크게 생각했는지를 보여 줍니다. 뿐만 아니라 헤어지는 것이 그와 그 가족들에게는 결코 쉽지 않았음을 암시하기도 합니다.

"샌드필즈를 떠난다는 것은 분명 쉽지 않았다. 바로 그때 우리는 한 걸음 한 걸음 인도하심을 받고 있다는 느낌을 받았다. 우리는 분명하게 모든 것을 다 알지는 못하였다. 그러나 우리는 믿음으로 행하고 있었다. 뒤돌아보니 여기서 지낸 그 수년 동안 하나님의 인도하심을 도저히 피할 수 없었던 것 같다. 마치 지도에 그려진 길처럼 말이다. 나는 그런 방식으로 모든 것들이 합력하는 것을 보고 다시 한 번 놀랐다."[32]

그들은 샌드필즈에 있는 동안 지극히 행복했습니다. 견고한 우정이 형성되었고, 중요한 교훈들을 배웠으며, 의미 있고 가치 있는 방식으로 하나님의 인도하심을 의식할 수 있었습니다. 베단은 이에 대해 적절하게 표현합니다.

"우리는 11년 반을 함께했던 샌드필즈 교회의 가족들을 뒤로하고 훨씬 더 큰 교회인 웨스트민스터 채플의 가족들과 30년을 보내기 위해 떠난다는 것이 실감이 나지 않았다. 나중에 알게 된 일이지만, 이 첫 번째 가족들과 보낸 우리의 시간은 새로운 가족, 곧 더 일반적으로 마틴의 이름과 연관을 지어 생각하게 되는 그 새 가족 안에서의 섬김을 위한 준비 기간이었다."[33]

로이드 존스 목사가 캠벨 모간 목사의 청빙에 동의한 후에 일어났던 일에 대해서는 이안 머레이가 철저하고도 마음을 사로잡는 감동적인 방식으로 진술하였습니다. 여기에서 다시 그 사실들을 반복할 필요는 없을 듯합니다.

---

32. *Memories of Sandfields*, p.95.
33. Ibid., p.96.

다만 여기에서 지적할 것은, 그가 1939년 4월 23일 주일에 캠벨 모간 목사와의 '협력 목회'를 위해 웨스트민스터 채플로부터 청빙을 받았고, 그 청빙을 수락하였다는 사실입니다. 그 협력은, 로이드 존스 목사와 캠벨 모간 박사의 신학에 있어서의 접근 방식과 여러 가지 근본적인 차이에도 불구하고, 두 사람을 위해서 열매 맺는 조화로운 일이었습니다.

전쟁

1939년은 전 세계가 혼란에 빠진 해였습니다. 1938년 9월 뮌헨(Munich)에서 시발점을 드러낸 그 전쟁은, 그 시작부터 거의 모든 정치인과 평론가들이 2차 세계대전이 불가피하다는 데 의견을 같이하였습니다. 9월 3일쯤에 그 전쟁이 시작되었는데, 그 일은 즉각적으로 두 가지 영향을 끼쳤습니다.

첫 번째 영향은 마틴 로이드 존스가 웨스트민스터 채플의 협력 목사로 취임하는 일이 취소될 수밖에 없었다는 사실입니다. 그러나 그 사실 자체는 로이드 존스 목사 자신에게는 일말의 염려나 근심거리가 되지 못하였습니다.

존 휴턴(John Hutton) 박사는 취임 예배를 위해서 연설문을 준비하였습니다. 그 연설문은 후에 'The British Weekly(1939년 9월 7일자)'에 게재되었습니다. 거기에서 그는, 하나님께서 자신이 목회 사역을 견지할 수 있도록 어떻게 도우셨는지를 언급하였습니다. 또한 목사의 사명과 사역이 바울의 원리에 따라 진행되어야 함을 강조하였습니다.

"종말로 형제들아, 무엇에든지 참되며 무엇에든지 경건하며 무엇에든지 옳으며 무엇에든지 정결하며 무엇에든지 사랑할 만하며 무엇에든지 칭찬할 만하며 무슨 덕이 있든지 무슨 기림이 있든지 이것들을 생각하라"(빌 4:8).

그러면서 그는 자신이 믿는 바를 진술하였습니다. "우리는 결단코 '믿음'

이 하나의 싸움 이외의 어떤 것이기를 바라는 소원을 가져서는 안 됩니다. 진정한 믿음은 선한 싸움입니다. 그 믿음만이 오직 유일한 선한 싸움입니다." 그러면서 그는 "로이드 존스 박사가 웨스트민스터 채플에, 그의 '천성적 능력'의 절정기에 오게 된 것을 축하합니다"라고 말하였습니다. 그러고 나서 다음과 같이 요청하면서 결론지었습니다.

"당신께서 여기에 오신 시점은 세상이 생각 있고 책임 있는 사람들을 필요로 하는 시기입니다. 실로 지금 세상에는 자신의 가련한 지혜와 현재의 위기 상황을 염두에 두면서도, 강하고 확신에 차서 자신이 믿는 '그분'을 아는 지식을 가진 사람들이 필요합니다.

성경을 알고 그것을 받아들이는 우리는, 어느 것이든지 대면할 준비가 되어 있습니다. 종 되었던 집에 있었던 시절과 홍해를 건넌 일, 고통당하던 영혼들이 우리가 지금도 부르고 있는 노래로 승화시켰던 포로 된 시절들, 갈보리 십자가에서 들리던 인자(人子) 되신 그분의 울부짖음, 고뇌하시면서 외경스러운 하나님의 손을 더듬어 찾았지만 그 손을 잡지 못하였거나, 그 손을 붙잡고 있음을 의식하지 못하여 외쳐 울부짖으신 일, 곤하여 잠이 막 들려고 하는 아이의 기도같이 고요한 기도 속에서 잦아진 그 부르짖음 등, 우리는 그 모든 것을 대면할 준비가 되어 있습니다.

하나님의 품에 기대어 있는 것과 같이 그러한 것들 속에서 영혼의 안식을 찾고 있는 우리는, 성경에 나오는 그 모든 것을 받아들일 준비가 되어 있습니다. 그 모든 것과, 그 모든 것 안에서 우리를 향하신 하나님의 뜻에 따라 그러한 시대 속에 현재 진행되고 있는 주님의 전투에 참여하는 데서 제외당하기를 결단코 거부한다면, 그것으로 족한 것입니다.

개인과 사회 속에서, 정부와 백성들 중에서, 여러 사상들과 관념들의 영역 안에서, 아울러 적그리스도의 범주에 가까워지고 있는 운동들 속에서, 그 전투는 지금 치열하게 벌어지고 있습니다. 우리는 '구경꾼'들로 부르심을 받지 않았습니다. 혹은 '맛 잃은 소금'으로 부르심을 받지 않았습니다. 우리 주님께서는 당신 자신을 아무런 효력 없이 잘못 드러내고 있는 사람들을 향하여, 저들을 그 당대의 사람들이 멸시하는 것이 마땅하다고 선언하셨습니다."

전쟁 발발의 두 번째 영향은 로이드 존스 목사의 가정이 서레이의 하스레메르(Haslemere)로 이사 간 일입니다. 그의 가족들은 그곳에서 4년 동안(1939-1943) 머물렀습니다.

리빙스턴 홀(Livingstone Hall)에서 예배를 드린 경우를 제외하고는 그동안 웨스트민스터 채플에서 드려지는 정규 예배가 계속 진행되었습니다. 그러던 어느 날, 날아온 폭탄이 폭발하여 설교자와 회중 모두가 하얀 먼지를 뒤집어쓰게 되었고, 그중에서 한 사람이 하늘의 부르심을 받게 되었습니다. 이 일 후에 예배는 다시 리빙스턴 홀에서 드려졌습니다.

그때쯤(1944-1945) 로이드 존스 목사는 웨스트민스터 채플의 단독 목회자가 되었고, 그의 가족은 서런던의 이링(Ealing)에 있는 목사관에서 살았습니다. 그는 1968년에 은퇴하기까지 그 단독 목회직을 수행하였습니다.

❀ 웨스트민스터 채플

로이드 존스 목사는 자신의 생애의 최고의 전성기를, 런던에서 가장 큰 비국교도 교회 중의 하나인 웨스트민스터 채플에 바쳤습니다. 그 교회의 영향력은 거대한 도시 런던의 경계 너머로 뻗어 나갔습니다. 런던에 사는 헤아릴 수 없이 많은 사람들에게는 주일 예배가 한 주간의 절정이었습니다. 특히 전쟁 이후 몇 년 동안 더욱 그러했습니다. 많은 사람들은 로이드 존스 목사의 설교를 듣기 위해 멀리서 찾아왔습니다.

1966년 어느 주일, 저도 웨스트민스터 채플에서 드리는 예배에 참석하였습니다. 제 옆에 앉은 한 가족은 브라이튼에서 차를 몰고 와서 이 예배에 참석하고 있으며 웨스트민스터 채플이 자신의 모교회라고 말했습니다. 수많은 다른 교회들을 그냥 지나치고 그곳까지 온 것을 볼 때, 그들은 웨스트민스터 채플에서 특별한 무엇인가를 얻었음에 틀림없습니다.

그들은 준엄하고도 존엄하며 경외로운 예배 분위기 속에서 자신을 죄에서 구속하사 자녀로 삼으신 거룩하고 사랑이 넘치는 하나님에 대한 심오한 깨달음을 얻게 되었습니다. 또한 복음의 빛을 비추어 거룩한 삶을 영위해야 할 자신의 책임과 의무를 충분히 인식하기도 하였습니다.

자신을 신앙인이라고 소개하는 한 신문기자는 로이드 존스의 설교를 이렇게 묘사합니다.

"그는 나지막한 목소리로 천천히 시작하기를 좋아한다. 이륙하기 전에 여러 번 활주로를 알맞은 속도로 돌며 달린다. 때론 여리고를 일곱 번 돌고 있다는 생각을 하게 한다. 그러나 알지 못하는 사이에 그의 메시지에는 갑작스럽게 힘이 들어가고, 설교를 듣는 사람들은 예언적인 불과 기름 부음을 동반하는 말씀의 강렬한 태양 빛 아래서 일광욕을 하고 있음을 발견한다.

처음에는 그의 설교의 주제가 조심스럽게 그 윤곽을 드러내고, 점차 그 결말과 주제를 향하여 치닫는다. 그리고 나팔 소리가 울려 퍼진다. 성벽이 무너진다. 그리고 그 성은 진리의 정복자 앞에 열린다.

일단 절정에 이르게 되면 그는 영적으로 어찌나 활기 있고 감동적이게 되는지, 그가 전하는 설교를 듣지 못한다고 할지라도 그의 몸짓의 창조적인 힘으로 감동받게 될 것이다."[34]

---

34. LINK(a magazine of the Godalming Council of Churches) August 1970.

웨스트민스터 채플은 하나님의 말씀을 알기를 갈망하는 사람들로 가득 차곤 하였습니다. 또한 특별한 난제를 가지고 있는 사람들이 그곳에 오기도 하였습니다. 그 문제가 개인적인 문제이든 신학적인 문제이든, 또는 심리적인 문제이든 간에 말입니다. 그들은 마틴 로이드 존스 목사의 설교나 충고에 대해서 실망한 적이 한 번도 없었습니다.

1952년의 한 유명한 일화가 있습니다. 그날은 안개와 매연 때문에 대부분의 사람들이 저녁 예배에 가기가 곤란하였습니다. 회중석은 텅 비어 있었고 등골이 오싹해지는 분위기가 예배당 밖을 감싸고 있었습니다. 그러나 그는 거기에 모인 얼마 되지 않는 사람들을 향하여 전과 같은 열정과 능력으로 설교하였습니다. 마치 회중석이 많은 사람들로 터질 것 같은 것처럼 말입니다. 그는 그런 쓸쓸한 분위기 속에서도 그의 회중들을 영원한 것과 접촉하도록 인도하기 위해 애를 썼습니다. 그리고 하나님의 영광과 긍휼과 은혜에 대한 깨달음으로 그들의 마음에 불을 붙이고자 노력했습니다.

그의 설교는 우쭐거림이나 유희, 어떤 술수나 시사적인 예화들이 하나도 없이, 오직 모든 부요함과 광대함과 비할 수 없는 장엄함을 가진 하나님의 '각종 지혜'를 선언할 뿐이었습니다. 그 설교는 사람들의 삶에 영향을 미치면서 전인을 다루었습니다. 시대에 뒤지지 않으려는 시도도 없었고, 심지어 복음이 어떻게 현재 문제되는 사회 정치적인 이해관계에 적용되는지를 보여 주려고 하지도 않았으며, 그 문제를 다루려고 하지도 않았습니다. 오직 그는 '측량할 수 없는 그리스도의 부요'를 나타냈습니다.

그는 사람들에게 '믿음의 결단'을 요구하는 어떠한 요청도 하지 않았습니다. 그리스도를 위해서 사람들이 '결단' 한다는 개념 자체가 로이드 존스 목사에게는 낯선 개념이었습니다. 로이드 존스는 그러한 개념이 많은 경우에 구원의 기이함과 죄의 사악함에 대한 피상적인 이해로 인도한다고 느꼈습니다. 오히려 그는 무능하고도 가련하고 곤고한 죄인들을 위한 '오직 유일한' 처방으로 오신 예수 그리스도께로 사람들을 인도하기를 추구하였습니다.

그는 상투적이거나 지나치게 꾸미는 식의 설교를 하지 않았습니다. 오히려 설교를 듣는 자들을 각성시키는 성령의 모든 능력을 의지하여, 그들을 면밀하게 분석하고 그들로 하여금 가만히 있지 못하게 하고 무엇인가 반응하게 만드는 힘 있는 설교를 하였습니다.

그의 설교를 듣고 회심하였거나 다시금 헌신을 다짐한 자들의 예들은 너무 많아서 모두 인용할 수가 없습니다. 그래서 로이드 존스 목사가 직접 말하는 한 가지 주목할 만한 실례를 소개하겠습니다.

"저는 가공(可恐)할 죄로부터 회심하고 훌륭한 그리스도인이 된 한 가련한 남자를 알고 있습니다. 제가 남웨일즈에 있을 때의 일입니다.

그는 여러 가지 이유로 인해 불행히도 낙심자(backslider)가 되었고 죄에 깊이 빠지게 되었습니다. 그는 자기 아내와 자녀들을 버리고 다른 여자와 함께 런던으로 도망을 갔고, 거기서 가진 돈을 모두 써 버렸습니다. 그래서 그는 자기 집으로 돌아가서 아내를 설득하여 돈을 더 뜯어내려고 거짓말을 하고, 자기 아내와 공동 명의로 되어 있던 집의 명의를 자기 이름으로 바꾸어 놓았습니다. 그런 다음에 돈을 얻기 위해서 집을 팔고 아주 먼 고장으로 달아나 버렸습니다. 그리고 무섭게 죄를 범하였습니다. 그러나 결국에는 그 돈도 다 떨어지고 그 여자도 그를 버렸습니다.

그는 너무나 철저하게 비참하게 되고 부끄럽기도 하여 감히 자살하기로 결심하였습니다. 깊이 회개하면 하나님께서 용서하시리라고 생각했지만, 그는 자기 자신을 용서할 수 없었습니다. 또한 자신은 자기 가족에게 가까이 갈 권한이 전혀 없다고 생각했습니다. 그래서 그는 웨스트민스터 브릿지를 향해 걸어가 자신의 몸을 템즈 강에 던지기로 단호하게 마음먹었습니다.

그는 그 일을 실행하기 위하여 나아가고 있었습니다. 그 가련한 영혼이 그 다리에 도착했을 때, 영국 국회의사당 시계탑에서 매시 30분에 치는 종이 울렸습니다. 6시 30분이었습니다.

그때 갑자기 한 생각이 마음에 떠올랐습니다. 그리고 자신에게 말하였습니다. '로이드 존스 목사님이 지금 저녁 예배를 위해 강단에 막 올라가고 있을 것이다.' 그는 삶을 끝내기 전에 제 설교를 마지막으로 들어야 하겠다고 마음먹었습니다.

그는 약 6분 후 웨스트민스터 채플에 도착했고, 계단을 올라와 복도로 들어서면서 '하나님이여, 낙심자를 불쌍히 여기소서'라는 저의 기도 소리를 듣게 되었습니다. 그 간구가 그가 그날 그곳에서 처음으로 들었던 말이었습니다. 그러자 모든 일이 즉시 제자리를 찾았습니다. 그는 회복되었을 뿐 아니라 런던 교외에 있는 한 교회의 장로가 되어 오랫동안 탁월하게 섬겼습니다."[35]

엄청나게 많은 사람들이 그의 설교를 통해서 이와 비슷한 도움을 얻었습니다. 그런 일들에 대해 그가 스스로 이야기한 일이 또 하나 있습니다.

"한번은 제가 준비한 설교의 반도 못하고 강단에서 내려와야 했던 적이 있습니다. 저는 왜 그럴 수밖에 없었는지, 그 일을 전혀 이해할 수 없었습니다. 그러나 어쨌든 일이 그렇게 되었고, 그로 인해 어떤 의미에서는 다음 주일 설교를 이미 준비한 셈이 되었습니다.

다음 주일 아침에 저는 그 전에 했던 설교 중 하지 못한 나머지 부분을 한 편의 설교로 구성하여 설교하였습니다. 그런데 그 설교를 하면서 특별한 자유함을 누렸습니다.

---

35. *Preaching and Preachers*, pp.302-303.

그날 예배를 마쳤을 때, 한 사람이 제게 와서 저를 만나고 싶어하는 사람이 있다고 말해 주었습니다. 그는 목사처럼 보였습니다. 저는 그 목사가 수천 마일이나 떨어진 데서 온 사람이라는 것을 알았습니다. 그는 너무나 감동을 받아서 제대로 말을 하지 못했습니다.

무슨 일이 일어난 것일까요? 어떻게 그가 그렇게 감동을 받고 영향을 받게 된 것일까요? 그 사람은, 하나님께서 자신을 그 먼 데서 여기까지 오게 하신 것은 바로 이 특별한 설교를 듣게 하시기 위함이었다고 확신하였습니다.

저는 『믿음의 시련』(Faith on Trial)이라는 저의 책 서문에 이 일을 언급했습니다. 그러나 여기서 반복할 만큼 이 일은 가치가 있는 일입니다. 지금도 저는 그 사람의 생각이 옳았다고 확신하고 있습니다.

그러나 저를 놀라게 한 것은 따로 있었습니다. 만일 제가 지난 주일에 준비했던 이 설교를 끝까지 모두 전해 버렸다면, 그분이 그날 들었던 그 설교까지도 이미 전 주일에 다 해 버린 것이 되었을 것입니다. 그러나 저는 제어를 당했고, 그 전 주일에 제가 준비한 설교 분량의 반만 전하도록 허락받은 것입니다. 그 나머지 반은 그 다음 주일에 전하도록 보전되었던 것입니다.

제가 말씀드린 바와 같이 저는 처음에 그 점에 대해서 약간 석연치 않아 했습니다. 그러나 이제는 분명해졌습니다.

우리가 상황을 조정하는 것이 아닙니다. 오직 그것은 하나님께 속한 일입니다."[36]

로이드 존스가 웨스트민스터 채플에서 지켜 나갔던 관례는 해가 지나도 거의 달라지지 않았습니다. 매년 두 달간의 여름휴가를 제외하고는 한 주에

---

36. Ibid., p.300.

세 번, 즉 금요일 밤에 한 번, 주일에 두 번 설교를 하였습니다. 주중에는 웨일즈를 비롯한 영국의 다른 지역에서 설교하느라고 그곳을 내내 떠나 있는 일도 흔하였습니다. 웨일즈에 가서 설교할 때면 어김없이 같은 설교를 두 번 했는데, 오후에는 웨일즈어로, 밤에는 영어로 설교하였습니다.

박사가 다음과 같이 말하는 것을 통해서 그가 자신에게 정한 '규칙'이 있음을 발견하게 됩니다.

"저는 세 가지 타입의 설교를 하려고 늘 노력하였습니다. 하나는 전도 설교입니다. 저는 적어도 한 주간에 한 번은 전도 설교를 해야 한다고 느꼈습니다. 그리고 체험을 바탕으로 한 교육적인 설교가 있었는데, 주로 주일 오전에 그런 설교를 하곤 하였습니다. 마지막으로 더욱 순수하게 교육적인 성격을 가진 설교가 있었으며, 이것은 평일의 밤에 하였습니다."[37]

목회직에서의 은퇴

그는 1968년 봄까지 한결같이 능력 있고도 효과적으로 모든 일을 계속 수행해 나갔습니다. 1968년 3월 1일 금요일에는 로마서 14장 17절을 중심으로 로마서 강해를 계속해 나갔습니다. "하나님의 나라는 먹는 것과 마시는 것이 아니요 오직 성령 안에서 의와 평강과 희락이라."

그러나 그해 3월에 심각한 수술을 요하는 질병이 갑작스럽게 발생했고, 급기야 그는 하나님의 뜻 안에서 웨스트민스터 채플의 목회 사역에 종지부를 찍어야 한다고 느끼게 되었습니다.

그는 건강이 회복되어 매우 좋아지기는 했지만, 1968년 5월 30일 목요일

---

37. Ibid., p.63.

에 다음과 같은 서신을 웨스트민스터 채플의 지체들에게 보냈습니다.

많은 독자들이 그 서신의 전문을 볼 수 있게 된 것을 감사하게 생각할 것이라고 여기기에 여기에 수록합니다.

"이 편지는 전체 교회를 향한 것이지만, 저는 이 편지를 여러분 개개인에게 보낸다는 마음으로 쓰고 있습니다. 이 편지를 쓰고 있으니 만감이 교차됩니다. 그러나 저는 지금 여러분에게 이렇게 편지를 쓰는 것이 하나님의 완전한 뜻에 복종하고 있는 것이라는 분명한 확신을 가지고 있습니다.

지난 3개월 동안 제 아내와 저를 위해서 여러분이 기도해 주신 것에 대하여 감사를 드립니다. 저는 지난 3개월 동안 제 자신의 심령이 고양되는 것을 깊이 의식하였습니다. '모든 지각에 뛰어나신 하나님의 평강'을 누릴 수 있었습니다.

이 편지를 보내는 목적은 어젯밤 집사 회의에서 있었던 일을 알려 드리고자 하는 것입니다. 저는, 오는 9월까지 목회 일선에서 일단 물러나 있을 것이며, 집사님들에게 제가 웨스트민스터 채플의 목회직에서 물러나는 문제를 그 3개월 동안 협의해 주시기를 제안하였습니다.

건강 때문에 이런 결정을 내린 것은 아닙니다. 의학적으로 저에게 충고하는 사람들은 제가 외과적으로 완전히 치료되었다고 생각해도 좋다고 말합니다. 날로 원기를 회복하고 있으며, 매일 힘이 더해지고 있다는 것을 여러분에게 알려 드릴 수 있어서 감사합니다.

저는 9월 첫 주간부터 여러 고장에서 설교할 것을 이미 약속하였습니다. 다시 말해서, 저는 웨스트민스터 채플의 목회직에서는 물러나지만, 제가 관심을 가지고 있는 다른 모든 활동들은 계속할 수 있기를 희망합니다. 제 질병은 다만 제가 이러한 결정을 내리는 것이 옳다는 확신을 더하는 촉진제로 작용하였습니다.

저는 단지 오랫동안 저와 여러분을 하나로 묶었던 그 놀랍고도 애정 어린 끈들에 매여서 그 일을 하는 것을 원치 않습니다. 제가 수술을 받아야 한다는 것을 알게 된 순간, 하나님께서 제게 이렇게 말씀하시는 것을 깨달았습니다. '이것은 한 사역의 끝이요, 다른 사역의 시작이다.' 그래서 저는 제 사랑하는 아내와 동료들에게 수술 전에 그것을 말하였습니다. 그 이후 이에 대한 확신은 더욱 깊어졌고 날이 갈수록 더욱 분명해졌습니다.

다음과 같은 생각들이 저를 무겁게 눌렀습니다. 저는 오늘날 거의 모든 사람들이 은퇴하는 연령을 넘겼습니다. 웨스트민스터 채플의 목회직을 30년간 줄곧 감당하였습니다. 제 생애의 가장 좋은 시절을 그 일에 바쳤습니다. 이것은 제가 그동안 여러 지역에서 받은 초청들을 거절하였음을 뜻합니다. 대학교들과 신학교들에서 강좌를 요청했고, 목회자들의 모임들에서도 강사로 와 달라는 수많은 요청이 있었으나, 저는 그런 것들을 거절하였습니다.

그러나 가장 저를 짓누르는 생각은 30년 동안 줄곧 웨스트민스터 채플의 목회직을 감당하면서 설교했던 것을 지금은 아주 조금밖에는 출판할 수 없다는 것입니다. 지금 제게는 더 많은 책들을 출판하라고 하는 커다란 압력이 주어졌고, 최근에는 제 영적 순례길에 대한 책을 써 달라는 요청이 들어오고 專있습니다. 41년 전, 저로 하여금 의학계를 떠나 '복되신 하나님의 영광스러운 복음'을 설교하는 전임(專任) 사역자가 되도록 인도했던 것이 무엇인지를 책으로 밝혀 달라는 요청도 점점 늘어나고 있습니다.

제가 여러분에게 이런 요청을 하는 것은, 41년 전에 하나님께서 주신 소명을 확신하였던 것처럼, 지금 하나님께서 이 일들을 이루라고 저를 부르신다는 것을 확신하기 때문입니다.

처음에 말씀드린 것처럼 만감이 교차됩니다. 정말 그럴 수밖에 없습니다. 여름휴가를 제외하면 웨스트민스터 채플에서 매주 세 번씩 설교해 왔었는데, 그것을 그만두고 나면 제 삶이 앞으로 어떻게 진행될 것인지를 상상할 수 없습니다. 그러나 하나님께서 부르실 때는 모든 본성적인 만감에도 불구하고 그분께 복종해야 합니다.

사랑하는 여러분이 이해하리라는 것을 저는 알고 있습니다. 만일 여러분이 이해하지 못한다면 제가 지금까지 해 온 사역은 헛된 것입니다.

은혜로 말미암아 우리가 여기서 함께 누리던 그 복되고도 행복했던 시절을 다시 언급할 필요가 없을 것입니다. 제가 누렸던 그 사역보다도 더 행복한 사역은 상상할 수도 없습니다. 어느 목사도 여러분보다 더 신실하고도 충성스런 사람들을 만날 수는 없을 것입니다. 저는 여러분 모두와 '앞서 가신' 분들로 인하여 항상 하나님께 감사할 것입니다.

우리는 얼마나 놀라운 일들을 체험했습니까! 설교자에게 있어서, 설교하는 동안 성령의 기름 부음을 느끼는 것과, 영혼들이 죄에 대한 각성을 체험하고 거듭남을 경험하였다는 소식을 듣는 것보다 더 놀라운 일은 없습니다. 하나님께 감사하게도, 우리는 그러한 체험을 자주 합니다. 그뿐만 아니라 지난 세월 동안 결혼을 하고 아이를 낳은 일, 사랑하는 이들을 죽음으로 잃어버린 일, 심지어 전쟁과 폭격의 날들, 그리고 교회를 새로 짓던 일과, 함께 직면했던 다른 많은 일들을 기억합니다.

저는 무엇보다도 여러 가지 심각한 난제를 가진 사람들을 위해서 사역하며 섬기던 일을 귀한 특권으로 여깁니다. 저는 어둡고도 깊은 강물을 건너고 있는 사람들이 신뢰와 확신을 누리던 것을 귀하게 여길 것입니다.

그러나 여기에서 멈추어야 합니다. 저는 여러분 모두가 다 함께 견고하게 서서 우리의 사랑하는 교회의 장래를 하나님께 맡길 것을 알고 있습니다. 우리의 교회는 우리의 것이 아니라 하나님의 것입니다. 하나님께서 지금까지 인도하신 것처럼 앞으로도 계속해서 인도하실 것입니다.

제가 여러분에게 자주 상기시켜 드렸던 바와 같이, 웨스트민스터 채플에서 일어나고 있는 일은 아주 먼 지역에 있는 이들에게까지 주목의 대상이 되어 면밀하게 검토될 것이며, 본받으려는 자들도 있을 것이고 비판하는 자들도 있을 것입니다. 참으로 여러분의 책임은 매우 큽니다. 과거에도 언제나 그러하였듯이, 저는 여러분이 이런 일을 만나게 되어도 끝내 극복해 내고, 우리의 복되신 구주께 큰 영광과 존귀를 돌리며 그 문제를 고양시키리라는 확신을 가지고 있습니다.

당연히 저는 끊임없이 여러분을 위해 기도할 것이며, 계속 여러분을 생각할 것입니다. 또한 여러분의 새로운 목회자와 지도자를 위해서도 그리할 것입니다.

저의 목회의 큰 도움인 제 아내와 저는 가장 깊은 애정을 가지고 마지막으로 이 편지에 제 자신이 서명하는 바입니다.

여러분 속에서 특권을 누렸으나 무가치한 종이요 여러분의 친구 된

D. M. 로이드 존스."

이 편지는 그의 삶과 생애를 이해하는 데 중요한 역사적인 문건입니다. 이 편지는 거울처럼, 하나님께 대한 그의 전적인 경배와, 하나님께서 웨스트민스터 채플에서 그를 통해서 성취하신 모든 일을 정말 기뻐한다는 것을 보여 주고 있으며, 더욱 광범위한 청중에게 설교하고 싶은 그의 소원을 보여 줍니다. 또한 그가 아내에게서 받은 그 지속적인 도움으로 인하여 빚진 마음을 가지고 있는 것과, 그의 기도의 삶에 대한 강조를 보여 줍니다.

❉ 출판 활동과 저서

로이드 존스 목사는 은퇴한 후 13년을 더 살았습니다. 이 기간에도 그의 삶은 그 본질에 있어서 그가 41년간 목회 생활에서 추구했던 것에서 거의 벗어나지 않았습니다. 그는 계속 런던에서 살았고, 설교와 가르침의 사역을 계속해 나갔습니다. 개인적인 일이나 목회적인 일들에 대한 조언을 계속하면서 말입니다.

또한 그는 로마서와 에베소서에 대한 연속 설교들을 책으로 출판할 준비를 하였습니다. 그 목록을 소개하면 다음과 같습니다.

1970년 *Romans 3:2-4:25 Atonement and Justification*

1971년 *Romans 5 Assurance*

1972년 *Romans 6 The New Man*

　　　Ephesians 2 God's Way of Reconciliation

1973년 *Romans 7:1-8:4 The Law: Its Functions and Limits*

1974년 *Romans 8:5-17 The Sons of God*

　　　Ephesians 5:18-6:9 Life in the Spirit

1975년 *Romans 8:17-39 The Final Perseverance of the Saints*

1976년 *Ephesians 6:10-13 Christian Warfare*

1977년 *Ephesians 6:10-20 The Christian Soldier*

1978년 *Ephesians 1:1-23 God's Ultimate Purpose*

1979년 *Ephesians 3:1-21 Unsearchable Riches of Christ*

1980년 *Ephesians 4:1-6 Christian Unity*

이어서 1971년에는, 1969년 봄에 미국의 웨스트민스터 신학교(Westminster Theological Seminary)에서 했던 특강을 묶어 『목사와 설교』(Preaching and Preachers)라는 책으로 출판했습니다.

또한 그의 사후에는 다음과 같은 책들이 출판되었습니다.[38]

> 1982년 *Ephesians 4:17–5:17 Darkness and Light*
> 1983년 *Expository Sermons on 2 Peter*
> 1983년 *Evangelistic Sermons at Aberavon*
> 1984년 *Joy Unspeakable The Baptism with the Holy Spirit*
> 1985년 *Prove All Things The Sovereign Work of the Holy Spirit*
> 1985년 *Romans 1 The Gospel of God*
> 1986년 *The Cross God's Way of Salvation*

이 책들은 그가 설교한 내용들을 거의 그대로 옮긴 것들입니다. 다듬거나 격조를 높이기 위한 어떠한 시도도 하지 않았습니다. 설교한 것을 그대로 출판한 것은 로이드 존스의 강한 확신 때문이었습니다. 그는 분명하게 확신하기를, 청중을 의식하는 것이 아니라 독자만을 대상으로 설교를 준비하면, 그 설교들이 정체를 알 수 없는 아주 막연한 것이 된다는 것이었습니다. 불가피하게 이 점은, 그의 책들 속에 대화체 문구와 반복들, 그리고 독자들을 위해서라면 아마 편집 과정에서 삭제되었을 수사 의문들이 남아 있도록 만들었습니다. 그래서 책의 내용들은 분위기와 형식에 있어서 설교적이며, 그 속에는 살아 있는 그의 음성이 담겨 있습니다.

---

38. 역자주 – 본서가 집필된 시기 이후에 출판된 로이드 존스의 저서들은 부록 1을 참고하십시오.

이 책들은 특별한 인기를 얻게 되었습니다. 그러한 인기를 얻은 이유를 밝히는 것은 어렵지 않습니다. 살아 있는 목소리의 설교가 그의 책 속에 그대로 빛나고 있습니다. 또한 거기에는 신학적인 이해와 목회적인 뜨거운 마음이 함께 어우러져 있으며, 시대를 뛰어넘는 위대한 성경의 진리를 상세하게 분석하고 있습니다. 뿐만 아니라 그 책들은 많은 복음적인 설교자들이 흔히 결핍되어 있는 영적인 상식을 가지고 있으며 명료하고도 확고합니다.

설교하고, 다른 사람들에게 조언하고, 책을 출판하기 위해 편집하는 일을 수행하는 짜여진 생활은 1979년까지 줄곧 진행되었습니다. 그런데 1979년 다시 건강상 타격을 입어 그가 그동안 해 오던 모든 일들을 그만두지 않을 수 없었습니다. 물론 1980년 봄까지는 설교의 약속을 지켰으며, 1980년 6월 4일 수요일, 고린도후서 4장 5절의 말씀을 중심으로 '기독교 목회의 본질'이라는 주제로 에쉬퍼드 회중교회(Ashford Congregational Church)에서 설교를 하기도 했습니다.

그의 마지막 설교는 1980년 6월 8일에 바콤브 침례교회(Barcombe Baptist Chapel)에서 한 설교입니다. 그 설교의 서두는 여호수아 4장 6절의 '이 돌들은 무슨 뜻이뇨?'라는 말씀을 인용했습니다. 그리고 웨일즈어로 했던 그의 마지막 설교는 1980년 5월 14일, 아베리스튀스에서 행해졌습니다.

그러나 그 이후 그의 건강은 악화되었고, 췌링 크로스 병원에서 견디기 힘든 치료를 받아야 했습니다. 프레드릭 캐더우드(Frederic Catherwood)에 따르면, 그는 그 치료를 용기 있고도 기품 있게 받았습니다.[39] 그러면서도 계속해서 원고를 쓰는 일과 다른 목사들에게 조언하는 일을 감당했습니다.

---

39. *Evangelical Times* (April 1981), p.10.

그러나 1980년 성탄절이 가까웠을 때에 그의 건강은 극도로 악화되어 더 이상 이러한 일조차 할 수 없게 되었습니다. 겨우 그의 전기를 준비하는 이안 머레이에게 협력할 정도였습니다. 그는 로이드 존스 목사가 1981년 3월 1일에 죽기까지 거의 계속하여 그 일에 협력하였다고 말합니다.40

그의 죽음과 그에게 쏟아진 찬사들

그가 죽었다는 소식이 웨일즈 전역으로 급속하게 퍼져 나갔습니다. 많은 사람들에게 그 소식이 눈물을 자아낸 것은 자연스럽고도 불가피한 일이었습니다. 그것은 용기 있고 지혜로우며 일관성 있는 조언자를 빼앗겼다는 이유 때문만이 아니었습니다. 휴그 모간(Hugh Morgan)의 말을 빌리자면, 많은 사람들이 '육친을 잃은 믿을 수 없는 상실감'을 느꼈다고 합니다.41

'박사'는 1981년 3월 6일 금요일 오후에 카디간(Cardigan)에서 10마일 떨어진 작은 시장 마을인 뉴캐슬 엠륀에 있는 벧엘 칼빈주의 메소디스트 채플에 안장되었습니다. 그의 장례식에 참여한 사람들의 수는 정확히 헤아릴 수 없지만, 어림잡아 적어도 천 명 이상이었을 것입니다. 그러한 사실 자체가 얼마나 많은 사람들이 그에 대한 존경심과 사랑을 가지고 있었는지를 잘 보여 줍니다.

카디프의 버논 하이암(Vernon Higham) 목사의 인도로 진행된 예배는 주로 세 가지 특징을 가지고 있었습니다. 웨일즈풍(Welshness), 확신(assurance), 승리(triumph)가 그것입니다.

---

40. *Murray*, op.cit., 'Introduction' p.xiii.
41. *Evangelical Magazine of Wales* (April 1981), p.43.

그 예배는 웨일즈어로 된 찬송가 'Cyfamod hədd, cyfamod cadarn Duw'로 시작되었는데, 이는 '평강의 언약, 하나님의 견실한 언약'으로 번역될 수 있습니다. 웨일즈 복음주의 운동(Evangelical Movement of Wales)의 서기 엘륀 데이비즈(Elwyn Davies) 목사가 고린도전서 15장 35-58절 말씀을 읽었습니다. 그 본문은 사망이 궁극적으로 끝내 '삼킨 바' 될 것이며, '이 죽을 것이 반드시 죽지 아니함을 입으리로다'라는 공명(共鳴)이 가는 메시지를 담고 있습니다. 그 다음에 하윌 존스(Hywel Jones) 목사의 기도가 이어졌고, 회중들이 '아브라함의 하나님을 찬미하리로다'라는 찬송을 불렀습니다.

그러고 나서 하이암 목사가, "우리 주 곧 구주 예수 그리스도의 영원한 나라에 들어감을 넉넉히 너희에게 주시리라"(벧후 1:11)라는 말씀으로 설교하였습니다. 이 말씀은 하이암 목사에게는 더욱 사무치는 구절이었습니다. 왜냐하면 그가 로이드 존스 목사를 마지막으로 만났을 때, 영광에 풍성하게 들어가는 일을 위해서 기도해 달라는 요청을 받았기 때문입니다.

로이드 존스의 생애와 사역을 연구하는 학도라면 의심할 여지 없이 1946년 10월부터 1947년 3월까지 했던 베드로후서에 대한 25편의 설교 가운데 다섯 번째 설교인 '생명과 죽음'이라는 설교를 떠올릴 것입니다. 그는 말하기를, 그리스도인의 신앙고백의 진실성을 가늠하는 가장 좋은 시금석 중 하나는, '나이가 들어 노년에 이르렀을 때에 그 노년을 대하는 방식', '죽음을 대하는 방식'이라고 하였습니다.[42] 그 설교에서 그는 이렇게 말합니다.

"그리스도인이 죽을 때에는 모래 턱을 지나 바다로 향하는 것이 아닙니다. 찰스 웨슬리(Charles Wesley)가 표현한 대로입니다. '안전하게 항구로 인도

---

42. *Evangelistic Sermons*, p.48.

하시고 마지막으로 내 영혼을 받으소서'

바로 이것이 죽음에 대한 그리스도인의 관점입니다. 죽음은 본향으로 돌아가는 것이며 항구로 들어가는 관문입니다. '넉넉히 들어감을 너희에게 주시리라.' 이제 대양을 향해서 출발하는 것도 아니고, 어떤 미지의 세계를 향하여 막연하게 가는 것도 아닙니다. 그것은 항구로 들어가는 것이며, 본향을 향하여 가는 것입니다.

그 모든 것은 무엇을 의미합니까? 그리스도인이 그것을 알기 때문에 그분과 함께 죽는 것을 의미합니다.

그리스도인은 지금까지 하나님을 더 잘 알기 위해서 부지런히 힘써 왔습니다. 지금도 그리스도를 압니다. 그리고 자기가 가는 곳이 어디인지도 압니다. 죽을 때 외로움을 느끼지 않습니다. 왜냐하면 그리스도께서 그와 함께 계시기 때문입니다. '내가 너를 떠나지 아니하시며 버리지 아니하시리라'(신 31:6)라고 약속하셨기 때문입니다."[43]

그는 이렇게 결론을 내립니다.

"그러나 무엇보다 그리스도인이 그 항구로 들어가고 있을 때, 한 음성이 들립니다. '내 아버지께 복 받은 자들이여 나아와 창세로부터 너희를 위하여 예비된 나라를 상속하라'(마 25:34). '너희 주님의 기쁨에 들어오라.' 바로 그것이 그리스도인이 죽는 방식입니다.

여러분은 이런 말을 들을 때, 옛사람처럼 '나로 하여금 의인의 죽음을 죽게 하고 내 마지막이 의인의 마지막과 같게 하기를 원하나이다' 라고 말하고 싶지 않습니까?

영원한 그 나라에 넉넉히 들어감을 보장하는, 오직 한 가지 길이 있습니다.

---

43. Ibid., p.50.

'그 두루마기를 빠는 자들은 복이 있으니, 이는 저희가 생명나무에 나아가며 문들을 향하여 성에 들어갈 권세를 얻으려 함이로다'(계 22:14)."44

    죽음의 단순성과 능력에 대한 하이암 목사의 메시지 속에는 구원의 확신과 확실성에 대한 요점이 분명하게 드러납니다. 그는 자기의 메시지를 믿음의 신비, 죽음의 정복, 하늘의 위엄 등과 같은 항목으로 구분하였습니다.
    두 번째로 부른 웨일즈어 찬송가는 'Mae ffrydiau 'ngorfoledd yn tarddu/ O ddisglair orseddfainc y ne(하늘 보좌의 놀라운 광채로부터 흘러나오는 기쁨에 찬 물소리 같은 음성)'이었습니다. 이 찬송을 부른 다음에 뉴포트의 그레함 해리슨 목사가 기도를 인도하고 축도하였습니다.
    묘지에 가서 드린 하관 예배는 유럽 선교협회(European Missionary Fellowship)의 옴리 젠킨스(Omri Jenkins) 목사가 집례하였습니다.

    박사가 죽고 난 뒤 신문에 게재된 사망 기사들과 논평들은 박사의 여러 가지 특별한 면들과 업적을 강조하였습니다. 'Daily Telegraph'가 그를 칭송하는 글의 일부입니다.
    "마틴(Martyn이라고 써야 하는데 Martin으로 잘못 표기) 로이드 존스는 웨일즈어 구사 재능과 뛰어난 언어 표현력을 지닌 사람으로서, 과학적인 접근 방식을 사용하여 강단에서 설득과 논증의 방식으로 설교한 사람이다. 그러한 그의 언변은 무엇에도 의존하지 않았다. 그럼에도 그는 조리 있는 진술을 통해서 항상 청중을 감동시켰다. 그는 특히 강해 설교에 재능이 있었다. 신학 수업을 한 번도 받지 않았음에도 불구하고 성경의 근본을 포착하는 그의 능

---

44. Ibid., p.51.

력은 탁월하였다."[45]

'The Times'는 로이드 존스 목사를 '위대한 웨일즈 설교자의 장구한 반열 중에서 최상의 사람'으로 칭찬하였습니다. 그 신문은 논평하기를, "그의 적확(的確)한 의학 수업이 그의 생각하고 가르치는 능력을 단련시켰고, 육신적이거나 영적인 영역의 경계에서 목회적인 난제들을 다루는 데 도움을 주었다"라고 하였습니다. 또한 "그는 강력한 논리와 살아 있는 교양을 진귀하게 조화시켰으며, 칼빈주의 메소디스트의 전통을 따라 분명한 교리와 따스한 인격적 적용을 조합시켰다"라고 말하였습니다. 또한 "그는 존중받고 사랑받았던 기독교 지도자였는데, 그를 잃다니 크게 애석한 일이다"라고 말하였습니다. 이에 대해 찬동하지 않을 사람이 거의 없을 만큼 이것은 마땅한 진술입니다.

'Western Mail'에 기고한 테리 캠벨(Terry Campbell)에게 로이드 존스는 매우 '특별한 존재'였습니다. 그는 이러한 견해를 밝혔습니다.

"그는 분명히 당대 가장 세련된 설교자임이 분명하다. 그리고 참된 복음주의 전통에 속한 위대한 설교자들 중에서 가장 최고의 사람이다."

캠벨은 로이드 존스가 감정을 교묘하게 이용하여 선동하는 것을 싫어한다는 것, 그의 정직성과 자녀들에 대한 사랑, 복된 그의 가정생활의 안정된 기반을 언급하였습니다. 또한 그를 가리켜 '연설자의 왕'이라고 칭하면서 따스한 찬사를 보내기도 하였습니다. 그러면서 이러한 진술로 그의 글을 마감했습니다. "그의 비밀은 웅변력에 있었던 것이 아니라 그의 믿음과 정직성에 있었다. 그의 능력은 실로 그만큼 순수하다."

웨일즈어 신문 'Y Faner'에 기고한 휴그 존스(D. Hughes Jones)는 이러한

---

45. Published 3 March 1981.

견해를 밝힙니다.

"박사는 모든 면에서 '대단해(big)'라는 단어가 의미하는 바를 충분히 드러내는 사람이었다. 설교자로서도, 한 인간으로서도 위대하였다. 프로테스탄트는 복음에 합당하게 여기는 모든 것을 축복하고 복음에 대적하는 모든 것을 비판하는 '교황'을 가졌다."

또한 그는 믿음의 모든 문제들에 대하여 로이드 존스가 가진 근본적이고도 성경적인 관점을 언급하기도 합니다. 그리고 복음을 '매력적으로' 보이게 하기 위하여 복음을 약화시키는 것을 강력하고도 단호하게 거절한 그의 자세에 대하여도 언급하였습니다.

웨일즈 장로교회(Welsh Presbyterian Church)의 주간지인 'Y Goleuad'는 그를 가리켜, 웨일즈 출신 중에서 가장 명석한 사람 가운데 하나로 묘사하면서, 설교자로서의 그의 호소력의 비밀은 '교회 생활에서 설교가 차지하는 위치에 대한 깊은 확신'에 있다는 견해를 밝히기도 하였습니다. 그러면서 이렇게 부연하였습니다.

"설교하는 일은 모든 소명들 중에서 가장 높은 소명이며, 교회가 가장 필요로 하는 것은 하나님의 말씀에 충실한 설교를 듣는 일이다."

이 논평은 웨일즈 설교 역사의 또 다른 한 장(章)이 끝난 것을 매우 아쉬워하면서 마무리되었습니다.

'The Bible Presbyterian Banner'는 그의 사망 기사를 게재하면서 그를 '복음전도자, 목회자, 저술가, 기독교 지도자'로 평하였습니다. 그러면서 이런 진술을 덧붙였습니다.

"모든 그리스도인들에게 있어서 그는 강단과 문서를 통하여 권위와 단순성과 능력을 가지고 하나님의 말씀을 강해하는 사람이었다."

바로 같은 날짜(1981년 6월 5일자) 신문에서 톰 시앙 화(Tom Siang Hwa) 박사는 개인적으로 다음과 같은 글을 덧붙였습니다.

"나는 대학원 과정을 밟기 위하여 1958-1959년에 런던에 머무는 7개월 동안 웨스트민스터 채플에 참여하는 특권을 누리며, '박사'의 말씀 사역을 통하여 복을 받게 되었다. 마틴 로이드 존스를 일컬을 때는 다들 애칭으로 '박사'라고 불렀다. 나는 아내와 딸과 함께 한 주도 빠짐없이 그 예배에 참석하였다. 그의 강해 설교의 깊이, 그의 예리한 관찰력, 그의 논리적인 논증, 그의 학문적인 지성의 임상적 접근 등은 복음을 단순하면서도 심오하고, 심오하면서도 단순하게 만들었다."

다른 신문의 사망 기사들은 영국에서 가장 큰 집회소들 중 몇 곳, 예를 들어서 옛 맨체스터의 자유무역 홀, 에딘버러의 우셔 홀, 런던의 알버트 홀 등을 채울 수 있었던 그의 능력과, 누구에게도 매이지 않는 독립적인 사고방식, 설교를 듣는 자들의 양심에 호소하는 능력, 점잔 빼지 않는 태도, 성경의 권위에 대한 그의 흔들리지 않는 신념, 논리적이고도 질서 있는 지성 등에 관심을 보였습니다.

의심할 여지 없이 로이드 존스 목사는, 자신이 전 세계의 수많은 사람들에게 영웅적 인물로 묘사되는 것을 거부하였을 것입니다. 그러나 사실 그는 영웅적인 사람이었습니다. 그는 '예수 그리스도와 그의 십자가에 못 박히신 것 외에는 아무것도 알지 아니하기로 작정'하는 것으로 족했겠지만, 많은 신문에 실린 추모의 글들은 그를 영웅적인 사람으로 묘사하려고 애를 썼습니다.

그에게 있어서는 다른 것이 전혀 문제가 되지 않았지만, 제가 보기에는 그가 행한 일과 그의 유산이 기록으로 보전되는 것이 옳고도 합당합니다. 그래서 그의 업적과 유산은 역사적 사실로서의 문제가 되는 것입니다. 초서(Chaucer)의 서사(序詞, General Prologue)에 나오는 불멸의 말들을 첨가한다고 해도 과장이 아닐 것입니다. "그는 정말 온전하고도 훌륭한 기사였다."

1981년 4월 6일 월요일, 웨스트민스터 채플에서는 감사 예배가 진행되었습니다. 인도는 존 카이거(John Caiger) 목사가 맡았고, 다른 강사들로는 켄달(R.T. Kendall) 목사46와 에딘버러 자유 교회 대학(Free Church College)의 콜린스(G.N.M. Collins) 교수가 있었습니다. 콜린스 교수는 로이드 존스가 스코틀랜드에 미친 깊고도 위대한 영향에 대하여 강연하였습니다.

그리고 의학계를 떠나 목회를 시작한 가이우스 데이비즈(Gaious Davies) 박사와, 국제대학생회의 총서기 로빈 웰스(Robin Wells) 박사가 강연하였으며, 이안 머레이가 인쇄되어 출간된 로이드 존스의 책들에 대하여 말하였습니다. 또한 웨스트민스터 채플의 원로집사인 마이클라이트(M.J. Micklewright)가 말하였고, 옴리 젠킨스 목사는 설교자로서의 로이드 존스 목사에 대하여 말하였습니다. 끝으로 노팅험의 피터 루이스(Peter Lewis)는 요한계시록 17, 18장의 말씀을 중심으로 설교하였습니다.

감사 예배는 과거와 현재가 서로 어우러져 있었습니다. 로이드 존스 목사가 수많은 이들에게 의미있었던 것과, 설교자와 목회자와 친구와 저자로서 그가 이룩한 모든 것에 대한 감사의 마음이 깊게 출렁이고 있었습니다.

그와 같이 '이 영광스럽고도 비할 데 없는 복음을 설교하는 일과 견줄 수 있는 것이 인생 중에는 없다'47고 느낄 설교자들을 앞으로도 많이 일으키실 하나님의 은혜에 대한 확신도 있었습니다. 그러한 설교자들은 설교하는 일로 사람들을 재미있게 해 주는 것이 아니라, 사람들을 구원으로 인도하고 사람들에게 하나님을 만나는 법을 가르칠 것입니다.48

---

46. 켄달(R.T. Kendall)은 이 책을 쓸 당시에 웨스트민스터 채플의 담임 목사가 되었습니다.
47. *Murray*, op.cit., p.228.
48. Ibid., p.130.

끝으로, 로이드 존스의 가족의 요청에 따라서 존 카이거가 존 번연(John Bunyan)의 천로역정에 나오는 '진리의 용사(Valiant for Truth)'가 하늘의 부르심을 받은 장면을 낭독하였습니다.[49]

"그 일이 있은 후에 '진리의 용사'가 하늘의 소환장을 받았는데 그 소환장이 참이라는 증표를 받았다는 소문이 파다하게 퍼졌다. 그 증표는 '그의 항아리가 샘 곁에서 깨어졌다'라는 말씀이었다. 그것을 익히 안 그는 자기 친구들을 불러 그 일을 밝혔다. 그리고 나서 그는 말하였다.

'나는 내 아버지(하나님)의 품으로 가려 합니다. 여기까지 오느라고 많은 어려움들을 겪기는 했지만, 지금 내가 서 있는 이 지점에 이르기까지 만났던 그 모든 고초에 대하여 조금도 후회는 없습니다. 내가 걸어온 순례길을 이어 따라올 사람에게 이 칼을 줄 것이며, 그 칼을 잡을 수 있는 그 사람에게 내 용기와 칼 솜씨를 드리려 합니다. 내가 몸에 지니고 있는 상흔(傷痕)들은 이제 내게 상 주실 그분의 전투에 나가 싸웠음을 증거하는 증인으로 세우기 위하여 그냥 가지고 갑니다.'

그가 그곳으로 가야 하는 날이 이르렀을 때, 많은 사람들이 그를 배웅하러 그 강변까지 따라갔다. 그는 강으로 들어가면서 말하였다. '사망아, 너의 쏘는 것이 어디 있느냐? 그리고 강의 더욱 깊은 데로 내려가면서 '무덤아, 네 이기는 것이 어디 있느냐?'라고 말하였다. 그렇게 그는 강을 건너갔고, 강 저편에서 그를 위해 모든 나팔이 울려 퍼졌다."

어느 누가 마틴 로이드 존스를 위하여 이보다 더 알맞은 묘비명을 생각해 낼 수 있겠습니까!

---

49. 역자주 - 존 번연의 천로역정 2부의 마지막 부분에서 믿음의 순례자들이 거의 천성에 도달하게 되는 장면에 앞서 나오는 대목입니다.

로이드 존스의 사역과 그 의미

"설교는 하나님의 말씀을 자세하게 설명하는 것이지, 단순하게 설교자의 생각들(ideas)을 나타내는 것이 아니며, 제목적이거나 설교할 당시의 사람들의 기호나 조건들에 맞출 의향으로 하는 것은 설교가 아닙니다."

3장

로이드 존스의 사역과 그 의미

❋ 설교 사역

마틴 로이드 존스의 생애는 우선적으로 설교에 바쳐졌습니다. 가르침이나 목회 사역이나 목양이 아니라, 오직 설교에 바쳐진 삶이었다는 뜻입니다. 그는 지극히 탁월한 설교자였습니다. 흔히 그를 가리켜 '설교자들의 황태자(Prince of Preachers)'라고 하였습니다. 그는 자신이 하나님께 받은 소명이 바로 그 일이라는 절대적인 확신을 가지고 있었습니다. 그는 저서 『목사와 설교』(Preaching and Preachers)의 서두에서 이렇게 말합니다.

"어떤 사람이 설교하는 일에 부르심을 받았다면, 그는 사람이 받을 수 있는 가장 위대하고도 영광스러운 소명을 받은 것이다."

계속해서 그는 이렇게 말합니다.

"오늘날 기독교회에 있어서 가장 긴박하게 요구되는 것은 참된 설교이다.

또한 그 일이 교회에서 가장 크고도 긴박하고 절실하게 요청되는 일인 것처럼, 분명 세상도 바로 그 일을 가장 크게 필요로 하고 있다."

이 말에서 중요한 어구는 물론 '참된 설교' 입니다. 그는 참된 설교가 강해설교(expository preaching)라고 생각하였습니다. 그는 '베드로후서 강해'에서 강해 설교를 정의하여 말하였습니다.

"설교는 하나님의 말씀을 자세하게 설명하는 것이지, 단순하게 설교자의 생각들(ideas)을 나타내는 것이 아니며, 제목적이거나 설교할 당시의 사람들의 기호나 조건들에 맞출 의향으로 하는 것은 설교가 아닙니다."[1]

또한 그는 자신의 책 『산상설교』(Studies in the Sermon on the Mount)의 머리말에서 다음과 같이 말합니다.[2]

"한 편의 설교(Sermon)[3]는 책으로 내기 위해서 쓴 한 편의 수필과 같은 것이 아닙니다. 오히려 설교는 청중에게 들려짐으로써 그 청중에게 즉각적인 영향을 주기 위해 작성된 것입니다. 그래서 설교는 그것이 책으로 기록되기에는 다소 부적절한 특징들을 가지고 있습니다. 그러나 그렇다고 해서 그 설교문을 책으로 출판하려고 할 때, 그러한 특징들을 다듬고 제거하는 것은 제가 보기에 아주 그릇된 일입니다. 왜냐하면 그렇게 하면 그것은 벌써 설교로 존재할 수 없고, 설교문으로서의 정체성을 상실하여 모호한 것이 되어 버리고 말기 때문입니다.

제 생각에는, 출판된 대다수의 설교집들이 청중을 위한 것이라기보다는

---

1. *Expository Sermons on 2 Peter* (The Banner of Truth Trust, 1983), p.135.
2. *Studies In The Sermon On The Mount* (I.V.F. reprint, 1966), vol. 1 (Matthew 5), p.vii.
3. 역자주 – 로이드 존스는 '설교하는 행위 전체'를 나타낼 때에는 'preaching' 이라는 단어를 쓰고, 설교의 '내용'만 가지고 말할 때에는 'sermon' 이라는 단어를 쓰기를 좋아합니다. 물론 드물기는 하지만 어떤 경우에는 두 단어를 같은 개념을 표현하는 데 번갈아 가며 사용하기도 합니다.

읽히기 위한 것이라는 사실이, 이 시대 속에 설교가 부족한 이유를 설명해 주는 것이 아닌가 합니다. 그 출판된 설교집들이 풍기는 기풍이나 형식은 설교적이라기보다는 문학적입니다."

그는 자신의 설교의 '형식(form)'에 관한 단호한 관점을 가지고 있습니다. 『산상설교』에 수록된 설교들은 약간의 수정과 조정을 가한 부분을 제외하고는 실제로 전해졌던 강해 설교입니다. 그 설교들은 강의(講義)이거나, 본문의 구절들이나 대목을 주석한 것이 아닙니다. 하나의 설교의 형식을 취한 강해(exposition)들입니다.

"항상 저는 성경을 그런 식으로 다루어야 한다는 관점을 견지하여 왔습니다. 주석들은 본문에 대한 정확한 이해를 얻기 위하여 정말 가치가 있습니다. 그러나 주석들은 건축을 할 때 골격을 형성해 주는 정도의 가치만을 가지고 있을 뿐입니다. 더구나 이와 같은 서신4이 사도 바울이 설교하던 것의 요약에 지나지 않음을 이해하는 것은 정말 중요합니다.

바울은 1장 11-15절에서 그 점을 설명합니다. 그는 로마에 있는 성도들을 직접 방문할 수 없었기 때문에 이 서신을 쓴 것입니다. 만일 그들에게 갈 수만 있었다면, 이 서신에서 말하는 것만을 말하지는 않았을 것입니다. 이 서신은 하나의 개요에 불과합니다. 만일 로마에 직접 갔더라면 두란노 서원에서 매일 설교하였던 것과 같은 일련의 연속 설교들을 하였을 것입니다. 두란노 서원에서 매일 강론하되(행 19:9 참고), 밤중까지 강론할 때가 흔하였듯이(행 20:7 참고), 매일 연속 설교를 하였을 것이라는 말입니다.

설교자와 교사의 임무는 사도가 여기 로마서에서 요약 형식으로 제시한 것을 확장하고 풀어내는 일입니다."5

---

4. 역자주 – 로마서를 말합니다.

설교에 대하여 로이드 존스가 내린 가장 명료한 정의는 아마『목사와 설교』에서 따온 다음의 문장일 것입니다. "설교는 불붙어 있는 사람을 통하여 나오는 신학이다(Preaching is theology coming through a man who is on fire)."

그에게 있어서 설교하는 일의 가장 큰 목적은 사람들에게 하나님과 그 임재에 대한 의식을 주는 것입니다. 그는 자신의 의견을 덧붙이고 있습니다.

"제가 이미 말씀드린 것처럼 병이 나서 아파하던 작년 한 해 동안 제가 아닌 다른 사람들이 설교하는 것을 들을 수 있는 기회와 특권을 많이 누렸습니다. 육신적인 연약함 속에서 설교를 들으면서 제가 찾고 바라고 갈망하던 일이 바로 그것입니다.

설교가 그리 좋지 않더라도 저는 그 설교자를 인정할 수 있습니다. 그 설교자가 하나님에 대한 깨달음을 주기만 하면, 내 영혼을 위하여 무엇인가를 주기만 하면, 다른 어떤 부적절한 것도 다 용서할 수가 있습니다. 비록 그 설교자가 미숙하다고 하더라도, 사실 그는 매우 위대하고 영광스러운 것을 다루고 있는 것입니다. 설교자가 하나님의 위엄, 그리고 내 구주요 메시야이신 그리스도의 사랑과 복음의 장엄함에 대한 깨달음을 준다면, 저는 그 사람에게 빚을 지는 것이기에 저는 마음 깊이 그 설교자에게 감사합니다."[6]

그는 자주 '참된' 설교의 주제를 거론하였습니다. 여기에 또 다른 그의 간단명료한 논평을 소개합니다.

"참된 설교자는 강단에서 진리를 찾는 사람이 아닙니다. 그가 그 강단에 서 있는 것은 이미 진리를 발견하였기 때문입니다."[7]

이 논평은 정말 단순하고도 분명하며 심오합니다.

---

5. *Romans 3:20-4:25 Atonement and Justification* (The Banner of Truth Trust, 1970), p.xii.
6. *Preaching and Preachers* (Hodder & Stoughton, 1971), pp.97-98.
7. *Romans 8:5-17 The Sons of God* (The Banner of Truth Trust, 1974), p.47.

그렇다면 마틴 로이드 존스의 설교의 주요 특성들은 무엇일까요?

권위 있는 설교

그의 설교는 적극적이며 확실하고 확신에 찬 것이었습니다. 바위같이 매우 굳고 강한 품격을 갖추되 철저하게 교리적이고 단호하였습니다. 또한 두려워하면서 주춤거리는 것이 없고 선언적인 성질을 띠고 있었습니다. 그의 설교는 확증적이고도 분명하게 죄를 밝혀내어 회개에 이르게 하였습니다.

이러한 권위는 확실히 웨스트민스터 채플에 사람들을 모으는 중요한 동인(動因)이었습니다. 그리고 이전에 그가 웨일즈에서 사역할 때 그에게 맡겨진 사람들에게도 마찬가지였습니다. 그의 사역의 절정기에 주일 아침 예배에는 1,500여 명이 모였고, 주일 밤 예배에는 2,000여 명이 모였습니다.

그러한 설교의 권위의 근원을 추적하면 금방 한 가지 사실을 만나게 됩니다. 그것은 자기의 설교가 가능한 한도 내에서 신적 권위로 충만하게 되기를 바랐다는 사실입니다. 그래서 그는 자기의 설교에 자신을 드러내는 일에는 관심이 없었습니다. 오히려 하나님께서 자기 설교를 듣는 이들의 마음과 생각과 양심을 향하여 말씀하고 감동시키시기를 원했습니다.

저는 카디프의 히스 장로교회(Heath Presbyterian Church)에서 그의 설교를 들었던 일을 잊을 수가 없습니다. 고린도전서 2장 1-4절의 본문으로 설교하였는데, 복음이 가져다주는 죄로부터의 자유와, 성령의 인도하심을 받는 삶, 그리스도와 함께 있을 소망에 대하여 어찌나 담대하고도 확신 있게 증거하는지, 정말 놀라웠습니다.

그날 밤에는 카디프에 있는 사람들로 예배당이 가득 차고도 좌석이 모자라서, 복도나 창틀에도 사람들이 앉아 있었습니다. 사람들이 어찌나 많이 왔는지 꽉꽉 채워서 밀어 넣어야 할 정도였습니다.

그는 세련된 웨일즈 풍의 발성으로, 항상 살아 있는 하나님의 말씀의 진리들과 진수가 되는 원리들을 진술하여 나갔습니다. 그리고 그 진리들을 확장하여 설명하고 분석하여 신자들의 삶에 적용시켰습니다. 교리와 행실에 관한 교훈의 완벽한 조화가 그 설교 속에 녹아 있었습니다. 그의 설교는 아직 믿지 않는 이들을 위하여는 그리스도를 믿게 하고, 이미 믿는 그리스도인들을 위하여는 그리스도 안에서 충만한 성숙에 이르게 하려는 의도로 전해졌습니다.

개인적으로 저는 상당한 의심을 가지고 있었는데, 그의 설교로 인해 '믿음의 싸움'을 계속해 나가야 한다는 용기와 힘을 얻게 되었습니다.

그의 설교는 설득력과 지성적 품격, 그리고 확신을 겸비한 아름다움을 지니고 있었습니다. 실로 그는 하나님께서 자신에게 밝혀 주신 메시지를 설교하되, 하나님과 만난 뒤에 심오하고도 의미심장하게 영혼을 쏟아 내는 설교를 하였습니다. 그의 이지(理智)는 바른 지식을 갖추고 있었고, 마음은 뜨거웠으며, 예수님을 높였습니다.

수백 명의 사람들이 그 밤에 예배를 마치고 집으로 갈 때에는, 그 예배당에 들어올 때보다 더욱 단호하게 어둠의 세력과 싸워야 한다고 결심했습니다. 그 설교는 정말 기름 부음이 충만한 설교였습니다.

그의 권위는 기독교 신앙의 위대한 교리들을 강설할 때에만 나타난 것이 아니었습니다. 자유주의자들이나, 기독교 신앙을 비방하는 이들을 대항하여 기독교 신앙을 변증할 때에도 나타났습니다. 이 변증적인 요소는 모든 참된 설교에 내재되어 있기 마련입니다.

로이드 존스는 소위 '고등 비평자들(Higher-Critics)'이 기독교 신앙을 공격할 때, 그 신앙을 방호하는 설교자의 의무를 결코 저버리지 않았습니다. 또한 성경을 평가절하(平價切下)하려고 하거나 그릇되고 불균형적인 가르침을 제시하는 이들을 볼 때, 가만히 있지 않았습니다. 한 실례로 그는 엘리엇(T.S. Eliot)과 미들톤 머레이(Middleton Murray)의 생각들에 대하여 이렇게 말합니다.

"그들은 종교적인 사회와 기독교 교육을 옹호하는 사람들이었습니다. 자신이 생각하기에 그러한 것들로 칭하는 것들을 옹호하였습니다. 그런데 그들이 그렇게 한 이유는 다른 모든 것들이 실패하였음을 발견하였고, 대신 기독교 교육이나 종교적인 사회가 성공할 가능성이 더 많다고 생각하였기 때문입니다.

그러나 그들이 인식하지 못한 것이 있습니다. 기독교 사회나 기독교 교육 이전에 모든 이들이 먼저 그리스도인이 되어야 한다는 사실입니다. 그 어떤 양식의 교육이나 훈련이나 문화도 절대 그리스도인들이나 그에 상응하는 도덕성을 산출할 수는 없습니다.

먼저 사람들이 하나님과 대면하고 우리의 죄와 무능함과 곤경을 알아야 합니다. 우리는 하나님의 진노에 대해 알아야 하고, 하나님 앞에서의 회개를 알아야 하며, 그 후에 하나님의 아들 예수 그리스도 안에서 값없이 주시는 하나님의 구원의 은혜의 제안을 받아들여야 합니다. 그러나 사람들은 그러한 것을 전혀 언급하지 않습니다. 그저 아무런 대가도 치르지 않고 항상 기독교의 은택만을 바라고 있습니다."[8]

물론 이 권위 있는 설교는 청중들의 마음을 사로잡았습니다. 프레드릭 캐더우드가 설명한 바와 같습니다.

"그의 방식은 예리한 임상의적(臨床醫的)인 진단과 같아서, 세속적인 관점을 분석하고, 악의 세력과 그 집요한 근성을 다룸으로써 그 악의 세력이 결

---

8. *The Plight Of Man And The Power Of God*(Pickering and Inglis reprint, 1966), p.32.

국 얼마나 무모한 것인지를 보여 준다. 그리고는 기독교적인 관점과 기독교의 사실주의와 능력을 그것과 비교하고 대조시킨다.

그는 자기의 임상의적인 분석을 청중을 사로잡는 생생한 언어로 옷 입혀 사람들의 마음속에 머물게 하는 능력을 가지고 있다. 그는 세상의 어리석음에 대해 통렬하게 비판하고, 하나님의 지혜와 능력의 비전을 그것과 대조시키되, 설교를 듣는 이들로부터 강한 반발을 불러 일으키게 할 정도로 그렇게 한다.

그래서 사람들은 설교를 듣다가 뛰쳐나가 다시는 그 설교를 들으러 오지 않겠다는 다짐을 할 정도에까지 이른다. 그럼에도 불구하고 그들은 다시 오고 싶어진다. 그래서 다음 주일에 다시 와서 회중석에 앉게 되고, 더 이상 그 메시지를 거역할 수 없는 상태에 이르게 되어 결국 그리스도인이 된다."[9]

성경적인 설교

로이드 존스의 설교는 허식이나 농담이나 간사한 겉치레의 말, 또는 '최신의' 예화나 당시 뜨거운 논점으로 떠오른 주제들에 대한 '관련적' 논의에 결코 의존하지 않았습니다. 그는 오직 '하나님의 뜻'을 선포하기 위하여 애썼습니다. 그의 설교는 하나님의 말씀에 깊이 물든 것이었으며 전인(全人)을 다루었습니다.

이러한 사실은 강조할 가치가 있습니다. 왜냐하면 당대의 사건들을 설교의 주제로 활용하지는 않았지만, 그의 설교는 사람들에게 상당한 영향을 미쳤기 때문입니다. 그는 구원이 효력을 발생하기 위해서는 설교자가 사람의 이지와 이성과 마음과 정서들에 영향을 주어야 한다는 점을 알았고, 그래서

---

9. *Evangelical Times* (April 1981), p.9.

더욱 부단하게 가르쳤습니다.

그는 그러한 설교가 삶을 근본적으로 변화시킨다고 주장하였습니다. 한 사람이 철저하게 그리스도인이 되고 철저하게 성경적이 되기 위해서 삶의 일부분에 대해서만이 아니라, 삶 전체에 대해 반응하기를 원하였습니다. 그러하기에 그는 결단코 쉬운 대답이나 유화적인 선택을 받아 내려고 안달하지 않았습니다. 그러한 처방이 그에게는 전혀 호소력을 가지지 못하였기 때문입니다.

그의 성경관은 높은 차원의 것이었습니다. 그는 성경을 '하나님의 말씀이요 가장 위대한 책'이라고 확신하고 있었습니다. 왜냐하면 성경은 하나님의 책이기 때문입니다.

그는 설교를 통해서 자주 성경의 본질과 능력과 독특성에 대하여 말하였습니다. 예를 든다면, 1957년 1월 1일에 카디프에서 있었던 시민 예배(Civic Service)에서 한 설교가 'Sound An Alarm'에 실렸는데, 거기서 발췌한 대목을 주목해 보십시오.

"성경 스스로가 성경은 하나님의 말씀이라고 주장합니다. 하나님 자신에 관해서 말씀하신 하나님의 말씀, 사람에 관한 하나님의 말씀, 세상에 관한 하나님의 말씀이라고 주장합니다. 세상이 왜 이 도양인지에 대한 하나님의 말씀입니다. 또한 세상이 제자리를 되찾기 위해서 어떻게 해야 하는지에 대한 하나님의 말씀입니다. 그것이 바로 성경 전체의 진상입니다.

성경은 인간의 난제에 관한 독특한 교훈을 가지고 있습니다. 성경은, 맨 처음부터 이 세상과 삶 속에서 모든 사람이 당하는 고통들은 개인적인 차원에서든지 집단적인 차원이든지 간에 역사의 새벽, 역사가 막 시작된 즈음에 일어난 어떤 일 때문에 찾아왔다고 말합니다.

성경은 말하기를, 사람이 타락하여 하나님을 거스르고 죄를 범하였으며,

그렇게 함으로써 이렇게 죄의 상태에 있게 되었다고 합니다. 사람, 아니 온 세상은 타락 이후에 줄곧 그러한 상태 속에 있었다고 말하는 것입니다. 그러므로 우리가 배우고 이해할 수 있는 것 중에서 가장 중요하고도 의미심장한 것이 바로 그것이라고 성경은 말합니다.

이러한 관점에서 성경은 맨 처음부터 시작된 인간의 이야기는 전체적으로 항상 동일하다고 말합니다. 어떠한 차이가 있더라도 상관이 없습니다. 사람이 죄의 상태에서 하나님으로부터 멀리 벗어나 있다는 진실은 여전히 변하지 않습니다. 그리고 바로 그것이 인간의 모든 고통과 난제의 원인입니다.

그러므로 구약이든 신약이든, 성경을 읽을 때마다, 그것이 역사적 대목이든지 예언적 대목이든지, 혹은 시편이든지, 아니면 그것이 한 사람에 관한 대목이든지 이스라엘 나라 전체에 관한 것이든지 간에, 이야기, 곧 그 메시지는 항상 동일한 원리를 지닌다는 사실을 발견할 것입니다. 즉, 모든 것이 죄 때문에 고통 가운데 있게 된 사람에 관한 이야기라는 것입니다.

그 때문에 성경은 항시적(恒時的) 적실성(適實性)을 가지고 있습니다. 언제나 시대에 뒤진 적이 없는 최신의 특성을 지니고 있는 것입니다. 왜냐하면 성경은 사람의 원죄 이후, 즉, 에덴 동산에서 첫 사람이 타락한 후 내내 그러했던 것과 같이 여전히 지금도 그러하다고 말하고 있기 때문입니다."[10]

그는 성경적 방식의 진수에 대해서도 자주 논평하였습니다.

"성경은 항상 교리를 방편으로 하여 우리를 위로하고 격려합니다. 교리를 떠나서는 그러한 일을 하지 않습니다.

위대한 로마서 8장을 생각해 보십시오. 그 장은 성경에서 가장 신학적이고도 교리적인 대목 중의 하나입니다. 그럼에도 불구하고 그보다 더 큰 위로와

---

10. *Sound An Alarm* (Westminster Chapel Bookroom, 1957), p.4.

위안을 주며 용기를 주는 대목이 어디 있습니까! 그 대목의 논리는 '미리 정하신 그들을 또한 부르시고, 부르신 그들을 또한 의롭다 하시고, 의롭다 하신 그들을 또한 영화롭게 하셨느니라' 라는 교리입니다! 성경은 교리를 떠나서는 우리에게 위로나 위안을 주겠다는 제안을 한 적이 전혀 없습니다."11

 그와 같이 그는 성경이 성경을 해석하고, 성경이 성경을 판단하도록 하기 위해 의도적으로 노력하였습니다. 그가 자신의 설교에서 얼마나 성경을 직접 인용하는지를 보여 주기 위해서 저는 '그리스도의 피' 라는 제목이 붙은 로마서 3장 25절에 대한 두 번째 설교에서 다른 대목의 성구를 참고한 경우를 세어 보았습니다.

 그가 본문을 문자적으로, 또는 본문 구절 전체를 인용한 성구들은 다음과 같습니다. 사도행전 20장 28절, 로마서 5장 9절, 에베소서 2장 13절, 히브리서 9장 12절과 22절, 10장 19절, 요한일서 1장 7절, 로마서 5장 21절, 요한복음 1장 29절, 마태복음 5장 17, 18절, 마태복음 20장 28절, 누가복음 24장 44, 45절, 고린도전서 5장 7절, 요한계시록 1장 5절, 요한복음 3장 16절, 로마서 1장 32절, 그리고 이사야 53장, 베드로전서 2장, 로마서 4장입니다.

 성경을 아는 로이드 존스의 지식이 가히 백과사전과 같다고 말할 필요조차 없을 정도입니다. 그는 생애 동안 성경을 조직적으로 읽었습니다. 성경에 접근하는 바른 방식은 세심하게, 그리고 연구하는 정신으로 접근하는 것이라고 가르쳤습니다. 전체로서 성경을 읽되 공정하고도 열린 지성으로, 겸손한 심령과 기꺼이 배우려는 마음과 기도하는 정신을 가지고 읽어야 한다는 것입니다.

 그는 애버라본에서의 사역 초기부터 성경의 권위 아래 자신을 복종시켰으

---

11. Ibid., p.4.

며, 성령의 조명을 받을 준비를 했고, 또 받았습니다. 또한 순종하는 자세와 꺼질 줄 모르는 열심으로 성경의 진수적인 메시지들을 공부해 나갔습니다.

그는 '그러므로' (엡 4:1)라는 말을 주해하면서 이렇게 말합니다.

"'그러므로' 라는 단어는 우리가 성경을 어떻게 읽어야 하는지를 매우 실제적인 방식으로 말하고 있습니다. 계속 시사하여 드린 것과 같이, 중요한 원리는 성경을 읽을 때 어떤 대목만을 골라내거나 빼내어 읽어서는 안 된다는 것입니다. 성경 전체, 모든 대목을 다 읽어야 합니다.

그러나 우리는 본능적으로 그렇게 하기를 싫어합니다. 우리가 좋아하는 대목이 있습니다. 시편이나 신약의 서신들이나 복음서들의 어떤 장면들 중에는 우리가 좋아하는 대목들이 있습니다. 그리고 그 구절들을 읽으면서 감동을 받습니다. 그러나 그렇게 하는 것은 항상 그런 대목만을 바라보는 위험에 빠져 들게 할 수 있습니다. 그러한 방식은 불균형적이고도 중심을 잃고 기울어진 그리스도인의 삶과 체험으로 가는 지름길입니다.

성경을 읽을 때 반드시 지켜야 하는 법칙은 창세기에서부터 요한계시록까지 읽는 것입니다. 계속 줄기차게 읽어 나가는 것입니다. 어느 것도 빼놓지 않고 성경에 있는 그대로를 다 읽어 나가는 것입니다. 만일 우리가 성경이 하나님의 말씀이라고 믿는다면, 성경의 모든 구절은 하나님의 말씀인 것입니다.

그러하기에 특별하게 교훈을 주는 대목들 못지않게 성경의 모든 부분, 역사적인 부분들, 족보가 있는 부분들도 모두 다 의미와 중요성을 가지고 있습니다. 그러므로 우리는 성경 전체를 계속 읽어 나가면서 전체의 의미를 파악하려고 애를 써야 합니다."[12]

---

12. *Ephesians 4:10-16 Christian Unity* (The Banner of Truth Trust, 1980), pp.13-14.

그래서 그는 어떤 논점이나 문제에 접근할 때도 상황으로 즉시 나아가지 않고, 아주 단순하게 성경적 관점과 근본적인 교리들과 원리들로부터 출발하였습니다. 큰 원리로부터 논증하여 나가는 것이 그의 변함없는 방식이었습니다. 그는 성경적 조망의 고지(高地)에서 시작하여 그리스도를 모시지 않는 불신자들의 관점이 얼마나 허망하며, 진정하고도 실질적인 위로를 주는 면에서 얼마나 빈핍한지를 밝혀 나갔습니다. 그리고 이러한 시점에서 능히 다른 이들을 돕고 위로하며 붙잡아 줄 수 있었습니다.

예를 들어서 후에 『믿음의 시련』(*Faith on Trial*)이라는 제목으로 출판된 시편 73편에 대한 설교가 그러합니다.

"주일 아침 예배에 연속적으로 이 풍성한 교훈을 강해하는 설교를 준비하고 또 설교하는 일은, 내게 있어서 사랑의 수고와 참된 기쁨이었습니다.

이 연속 설교에서 '그럼에도 불구하고'라는 제목의 설교는, 큰 고뇌에 빠져 거의 기진할 지경에 처한 어느 영혼을 소생시키시고 기쁨을 되찾게 해 주시는 하나님의 목적을 위하여 크게 쓰임을 받았습니다. 그 사람은 6,000마일이나 여행한 후 이 설교가 있기 하루 전날에 겨우 런던에 도착했습니다. 그는 하나님께서 그분의 무한하신 은혜 속에서 그 먼 거리를 인도하신 것은 바로 그 설교를 듣게 하기 위함이었다고 확신합니다. 또 지금도 그 확신에는 변함이 없습니다."[13]

분석적인 설교

로이드 존스는 의사 시절에 바르고 예리한 진단을 해야 한다고 주장했습니다. 그리고 후에 설교하는 일에서도 같은 관점을 견지하면서 영혼의 필요

---

13. *Faith on Trial* (I.V.F., 1965), 'Preface'.

를 탐사하고 분석해야 하는 절대적 필요성을 강조하였습니다. 이러한 목적을 염두에 두고 모든 학식과 모든 마음의 자원들을 바라보았습니다. 뿐만 아니라 그의 설교는 명료성을 견지하였습니다.

아래의 대목은 로마서 3장 20절에서부터 4장 25절에 대한 그의 강해에서 따온 것으로서, 로마서 4장의 논리의 진수가 무엇인지를 보여 줍니다.

"로마서 4장 1-5절에서 사도는 아브라함의 경우를 예로 들어 여러 사실들과 그 사실들에 대한 성경의 진술들을 제시하고 있습니다. 6-8절에서는 다윗이 시편 32편에서 분명하게 말하고 있는 바가 무엇인지를 보여 줍니다. 그런 다음 9-12절에서 사도는 아브라함이 할례받기 전에 이 모든 일이 일어났다는 것을 지적합니다. 그러므로 할례가 사활을 좌우하는 일이 될 수 없음을 밝힙니다. 그런 다음 사도는 13-17절에서 율법이 주어지기 전에도 여전히 그러하였음을 입증하고 있습니다.

실로 하나님께서 이 모든 일들을 그런 방식으로 운용하신 것은 구원이 은혜로 인하여, 곧 할례나 율법으로 말미암지 않고 오직 믿음으로 말미암아 주어진다는 것을 보여 주시기 위함이었습니다. 왜냐하면 은혜만이 구원이 확실해질 수 있는 오직 유일한 방도이기 때문입니다.

18절에서부터 4장 끝에 이르기까지는 어떻게 그 믿음이 아브라함에게서 명백하게 드러났으며, 어떻게 그 모든 것이 하나님의 영광을 드러내는 일이 되었는지를 강론하고 있습니다.

이 장의 마지막 부분에서는 처음에 그가 시작한 요점으로 다시 돌아가서 이렇게 말하고 있습니다. '하나님께서 그때 그렇게 하신 것같이 지금도 여전히 그렇게 하고 계신다.'

'저에게 의로 여기셨다 기록된 것은 아브라함만 위한 것이 아니요, 의로 여기심을 받을 우리도 위함이니, 곧 예수 우리 주를 죽은 자 가운데서 살리신 이를 믿는 자니라. 예수는 우리 범죄함을 위하여 내어 줌이 되고 또한 우리를 의롭다 하심을 위하여 살아나셨느니라'(롬 4:24, 25)."[14]

그런 다음에 그는 숨은 것을 밝혀내는 날카로운 질문을 던집니다.

"사도가 이 위대한 논리를 끌어 나가는 놀라운 방식에 대해 탄복한 적이 없습니까?"

궁극적으로 그의 목적은 하나님의 진리를 밝히 드러내고, 오직 그 진리만이 사람을 진실로 자유케 한다는 것을 강조하려 함입니다. 물론 그런 설교를 듣고 어떤 이들은 괴로워하기도 하였고 격분하기도 하였습니다. 그러나 그러한 설교를 통해서 자유함을 얻은 이들이 더욱 많습니다.

박사는 또한 언제나 고난을 당하고 있는 이들에게 목회적 관심을 크게 나타냈습니다. 1968년 5월 30일에 웨스트민스터 채플의 한 지체에게 보낸 편지에서 그러한 점을 볼 수 있습니다.

"나는 무엇보다도 심각하고 무거운 온갖 난제들을 지니고 있는 이들을 섬기는 특권을 귀하게 여기고 있으며, 어둡고 깊은 물을 건너고 있는 이들에게 믿음과 확신을 기쁨으로 누리게 하는 특권을 정말 귀한 보배로 마음에 새기고 있을 것입니다."

그러나 교회가 연한 초목(草木)을 기르는 온실이 되어야 한다는 발상에는 반대하였습니다. 그는 『전도 설교』(Evangelistic Sermons)에서 교회가 어떤 지체들에게는 편치 못하게 하는 효력을 나타내기도 해야 할 여러 가지 이유들이 있음을 지적합니다.

"교회를 온갖 약들과 진정제들이 진열되어 있는 약국처럼 여기고, 교회에

---

14. Romans 3:20-4:25 Atonement and Justification, p.159.

찾아오는 모든 사람들에게 그러한 것들을 활용하여 위안을 주고 고통을 완화시켜 주어야 한다고 생각하고 있습니다.

물론 교회의 중요한 주제 하나는 분명히 '하나님의 사랑' 입니다. 그러나 누군가가 이러한 법칙을 어기거나 교회 회중들을 불안하게 만드는 행동을 한다고 하여 그 사람을 못마땅한 사람으로 여긴다면, 그것은 복음이 '하나님의 사랑' 에 관해서만 반복적으로 말할 뿐, 다른 것은 전혀 말하지 않는다고 여기는 것입니다. 그러한 사람은 복음을 설교하는 대신 자기 의견을 내놓는 사람으로서 비난받고 미움을 사게 될 것입니다.

물론 제가 이미 지적한 것과 같이, 때때로 그러한 비난은 온전히 참일 수도 있습니다. 진리일 수 있습니다. 강단을 '겁쟁이의 성(Coward's Castle)' 으로 만드는 소심하고도 편협한 영혼의 소유자가 강단을 자기와 개인적인 적대 관계에 있는 이들을 화나게 하는 쪽으로만 사용한다면, 그러한 사실 때문에 그 목회 사역은 혐오감을 일으킬 수 있습니다.

그러나 목회 사역이 어떤 이들에게 혐오감을 주는 것은 그런 경우만이 아닙니다. 또 다른 이유가 있습니다. 정말 최상이고도 최선의 이유인데, 그 사람이 단순하고도 정직하게 주 예수 그리스도의 복음을 설교하는 경우에도 어떤 이들에게 혐오감을 줄 수 있는 것입니다."[15]

이 장의 뒷부분에 가서 알아보겠지만, 로이드 존스가 학생들의 단체(I.V.F., 지금의 U.C.C.F.)에서 그토록 존귀한 존재가 되었던 것은, 바로 그의 지성과 깊은 영적 사고(思考)가 함께 어우러졌기 때문입니다. 바로 그것이 생각 있는 사람들이 보편적으로 그의 설교를 매력 있게 여겼던 이유이기도 합니다.

---

15. *Evangelistic Sermons at Aberavon* (The Banner of Truth Trust, 1983), p.153.

그의 설교는 다양한 관점을 가진 모든 이들에게 등일하게 매력을 느끼게 했습니다. 감리교도들, 침례교인들, 형제단들, 영국 국교회 등 여러 교파에 속한 모든 이들이 웨스트민스터 채플에서 영적인 힘과 용기를 얻었습니다.

『그리스도인의 연합』(Christian Unity, 에베소서 4:1-16 강해)에서 그의 분석적 능력이 가장 현저하게 드러납니다. 거기서 그는 논란이 분분하여 다루기 힘든 문제에 대한 올바른 사고의 필요성을 거듭 강조합니다. 바울이 교회의 연합이라는 문제를 다루는 방식에 대한 그의 최초의 논평 중 하나가 여기에 나타납니다.

"사도는 그리스도인의 연합에 대한 문제를 개인적인 호소의 방식으로, 우리에게 인내하며 친절하고 착하게 행동하라고 권면하는 정도로 다루지 않았습니다. 이 은혜들은 본질적입니다. 근본적인 원리는 우리 자신을 교회의 지체들로 보아야 한다는 것입니다. 그리고 교회를 성 삼위일체를 지상에 비춰주는 반사체로 여겨야 합니다. 세 위(位)가 하나로 존재하신다는 것입니다. 곧 성령 하나님과 성자 하나님과 성부 하나님이 하나이십니다.

분명하게 말해서, 현대 그리스도인들의 진정한 문제는 교리를 무시하는 것입니다! 우리는 실천적이 되어야 한다고 말합니다. 그러나 우리가 실천적이 될 수 있는 법을 알고 왜 그렇게 실천적이 되어야 하는지에 대하여 알기 전에는 절대로 실천적이 될 수가 없습니다. 우리가 직접적인 개인적 호소에 반응하기 전에 먼저 우리가 어떠한 사람이며, 우리가 어떤 자리에 처하여 있는지, 그리고 하나님께서 우리를 어디에 두셨는지를 반드시 알아야 합니다. 우리는 부르심을 받았습니다."16

로이드 존스의 분석적인 수완(手腕)은 '마귀의 간계'나 '거짓 선지자들'을

---

16. *Ephesians 4:1-16 Christian Unity*, p.49.

다룰 때 가장 분명하게 드러납니다. 그는 매우 진단적인 방식으로 그러한 사람들의 메시지를 시험하곤 하였습니다. 다음의 인용문은 그것을 잘 보여 줍니다.

"그러나 훨씬 더 진지하게 어떤 메시지를 검토하는 궁극적인 방법은 이러합니다. 거짓된 선지자와 교사들은 자기들을 사신 주님을 부인한다는 것입니다. '자기들을 사신 주를 부인하고'(벧후 2:1).

그들이 그러한 일을 하는 데는 여러 가지 방식이 있습니다. 때때로 주님을 전적으로 배제시킴으로써 자기들을 사신 주님을 부인합니다. 그러한 이들은 설교를 하려고 뜻을 정하기는 하지만 예수 그리스도의 이름은 전혀 언급하지 않습니다. 하나님은 언급하지만 그리스도의 이름은 전혀 언급하지 않습니다. 그들은 주님을 배제시킴으로써 주님을 부인하는 것입니다.

때때로 그들은 그리스도를 절대적으로 중심적인 분으로 삼지 않는 일을 통하여 그리스도를 부인합니다. 그리스도께서 중심에 있지 않다면 주님을 부인하는 것입니다. 그리스도께서는 중심에 계시든지, 아무 데도 계시지 않든지 둘 중 하나입니다.

또한 그들은 주님의 신적 격위(格位)를 부인함으로써 주님을 부인합니다. 물론 주님을 위대한 선생이나 놀라운 모범으로서는 언급합니다. 그러나 주님의 신성(神性)을 부인합니다. 신인(神人)으로서 복되신 격위의 영광과 충만 안에 거하시는 '신인(神人) 양성을 가지신 분'으로 인정하지 않는 것입니다.

혹은 가장 심각하게도, 그리스도의 구속(救贖)의 역사를 부인하고, 만일 그리스도께서 십자가를 지지 않으셨다면 모든 사람이 한결같이 다 하나님의 진노로 망할 운명에 여전히 처하여 있을 것임을 부인합니다. 이러한 일은 그리스도를 부인하는 것입니다. 그들 스스로는 소망 없고 망할 죄인들로서, 그들이 구원받는 것은 오직 그리스도께서 십자가에서 그들의 죄를 담당하신 일 때문임을 부인하는 것입니다. 즉, 그리스도의 십자가의 역사를 중심에 놓지 않음으로써 자신들을 사신 주님을 부인하는 것입니다.

어떤 사람이 여러분에게 어떤 교훈을 주겠다고 제안하더라도 그리스도의 갈보리 십자가가 그들의 가르침의 중심에 있지 않다면, 그는 거짓 선지자요 거짓 교사입니다. 속죄에 중심을 두지 않는 자는 누구든지 개인이나 세상에 대하여 아무런 소망을 줄 수 없습니다. 그는 거짓 선지자요 거짓 교사일 뿐입니다."[17]

설득적인 설교

그는 『목사와 설교』 14장에서 '결단을 촉구하는 일(Calling for Decisions)'[18]에 대한 자신의 견해를 밝힙니다. 그는 한 번도 자기 설교를 들은 이들에게 그러한 요청을 한 적이 없습니다. 그가 그런 일을 반대하는 데에는 여러 가지 이유가 있습니다.

첫째, 의지를 직접적인 압박 아래 놓아서는 안 되기 때문입니다. 둘째, 여러 가지 많은 압력이 가해지면 진리 자체보다 심리적인 요인들이 더욱 영향력을 가지게 되기 때문입니다. 셋째, 결심의 요청과- 하나님의 말씀을 설교하는 일을 분리해서는 안 되기 때문입니다. 넷째, 그런 식의 압력은 '죄인들이 자기의 결심과 스스로의 힘으로 회심할 수 있다'는 그릇된 전제가 함축되어 있기 때문입니다.

다섯째, 그러한 전제는 마치 복음 전도자가 성령과 그분이 하시는 일을 어

---

17. Ibid., pp.13-14.
18. 역자주 – 흔히 복음 전도를 목적으로 한 설교를 한 다음에, 믿기를 원하는 사람은 앞으로 나오라고 하든지, 아니면 눈을 감은 채로 손을 들어 표하라고 하든지 하여 즉석에서 믿을 결심을 하라고 촉구하는 일이 적지 않은데, 저자는 여기서 그것을 말하고 있습니다.

느 정도 조종할 수 있음을 함축하기 때문입니다. 여섯째, 그러한 과정은 죄에 대한 피상적인 회개만을 산출할 수 있기 때문입니다. 일곱째, 그렇게 하면 사람들이 앞으로 나오는 행동이 자신을 구원하는 줄로 생각하도록 부추길 수 있기 때문입니다. 여덟째, 그 말은 궁극적으로 성령을 신뢰하지 않게 될 수도 있다는 것을 의미합니다.

아홉째, 거듭남은 전적으로 오직 성령의 역사이며, 죄의 죄 됨을 깨닫고 각성하여 믿음의 선물을 받는 것도 오직 성령의 역사이기 때문입니다. 열째, 그 어떤 죄인도 자신의 힘으로는 진정으로 그리스도를 위한 '결심'를 할 수 없기 때문입니다. 오히려 로이드 존스의 말에 따르면 죄인이 힘이 없고 절망에 겨워 그리스도께로 날아가는 것입니다.

그는 '제단 앞으로 나오세요' 라는 말을 하지 않았습니다. 오히려 그는 말씀을 해석해 나가는 일 속에서 자기의 설교의 설득이 내재적으로 쌓여 갈 것이라고 믿었습니다. 그 말을 다른 방식으로 표현하면, 논증의 전체적인 효과, 곧 성경이 예증하는 기독교의 교리들을 논리적으로 설파하여 나가는, '영광스러운 복음' 을 순전하게 기뻐하는 설교자의 자세가 은연중에 회중에게 호소력을 가진다는 것입니다.

실로 로이드 존스에게는 특별히 호소하는 행위가 따로 필요하지 않았습니다. 설교가 끝나기도 전에 그리스도인이든지 불신자이든지 간에 모든 회중들에게 책임과 헌신의 차원에서 요구되는 것이 무엇인지가 아주 분명해지기 때문입니다.

그는 논증과 분석을 병행하고, 그 둘을 종합하여 결정적인 중요한 시점에서 '수사 의문(rhetorical Question)' 을 던지면서 설교해 나갔습니다. 그것에 대한 실례를 보면 그 말이 무엇을 말하는지가 확실해질 것입니다.

"'좋습니다. 그 복음은 무엇입니까?' 바로 이것이니, 주 예수 그리스도, 하나님의 아들입니다. 죽으심으로써 율법을 이루셨고 사망의 세력을 멸하셨으며, 그렇게 함으로써 죄의 능력을 말살하셨고 인류의 죄의 빚을 청산하셨습니다. 성령의 능력으로 말미암아 사람이 새롭게 지음 받아 새로운 생명을 시작할 수 있게 하셨으니, 곧 영생입니다.

내 모든 과거의 죄짐이 나를 눌러 대는데 어떻게 행복할 수 있으며 어떻게 자유로울 수가 있겠습니까? 여전히 내 죄책을 의식하고 있는 한, 내 속에서 나를 조롱하며 비웃는 소리를 어떻게 대면할 수 있겠습니까?

그러나 나는 그리스도께서 내 죄를 담당하셨음을 알고 믿습니다. 그리고 하나님께서 그리스도로 말미암아 내 죄를 용서하신 것을 알게 되었고, 과거의 죄들이 다 도말되었음을 알았습니다.

그때에 모든 마귀들이 조롱하고 비웃게 내버려 두십시오. 내 속과 지옥에서 들리는 모든 소리들이 나를 야유하며 노예로 삼으려고 애를 쓰게 내버려 두십시오. 나는 자유롭게 되었고 그들을 대항하여 설 수 있음을 알고 있습니다. 나는 그들의 세력을 알고 있습니다. 나는 그 세력을 수천 번 경험하였습니다.

그러나 하나님을 찬미하리로다! 이제 나는 더 큰 능력을 알고 있습니다. 사로잡은 것을 도로 사로잡고 사망과 무덤을 '이김으로' 삼킨 능력을 나는 알고 있습니다. 내 과거는 정결해졌습니다. 그리고 나는 이제 자유롭습니다."[19]

실천적 설교

이미 살펴본 바와 같이 그는 교리의 중요함을 부단하게 강조하였습니다. 그러나 교리를 공허하게 강조한 적은 한 번도 없었습니다. 그가 항상 견지한

---

19. *Evangelistic Sermons*, pp.63-64.

목적은 사람들을 하나님께로 인도하고 '그리스도 안에서' 성숙하게 하는 데 있습니다. 그는 그리스도인들을 도와서 '주 예수 그리스도'를 아는 지식 안에서 자라게 하고, 매일의 삶에서 진리를 알고 그것을 적용하게 함으로써 실천적인 성결을 증진시켜 주었습니다.

그는 '세상의 소금'이라는 제목의 설교에서 이 사회에서의 그리스도인의 역할을 이렇게 정의하였습니다.

"그리스도인이 사회에 대하여 가지는 중요한 역할 중에 하나는 순전히 소극적인 역할임을 주님께서 가장 먼저 강조하신 것 같습니다.

소금의 기능은 무엇입니까? 이에 대해 생명을 부여하는 기능, 건강이나 활기를 주는 기능이 있다고 말하는 자들이 있습니다. 그러나 제가 볼 때에는 그것은 소금의 기능을 심각하게 오해한 것입니다. 소금의 기능은 건강을 제공하는 것이 아닙니다. 소금의 기능은 부패를 방지하는 것입니다. 소금이 하는 가장 주된 기능은 방부제와 같은 일을 하는 것입니다.

예를 들어 고기 조각을 생각해 보십시오. 고기의 표면과 속에는 미생물이 있습니다. 그 미생물은 그 고기를 떼어 낸 동물로부터 감염되어 나왔거나 공기 중에 있던 것입니다. 그래서 고기가 부패할 위험에 처해 있는 것입니다. 그러나 고기에 소금을 뿌려 두면 그 소금이 고기를 부패시키는 매체들이 작용하지 못하게 하여 고기를 보전합니다. 그러므로 소금의 주요 기능은 적극적이라기보다는 확실히 소극적입니다.

자, 이 점은 매우 근본적이며 자명한 원리입니다. 그러나 이것만이 세상에서의 그리스도인의 기능은 아닙니다. 왜냐하면 우리가 나중에 살펴보겠지만, 우리는 또한 세상의 빛이어야 하기 때문입니다."[20]

---

20. *Studies In The Sermon On The Mount*, vol.1, p.153.

그는 다른 많은 복음주의자들과 같이 그리스도인이 선거에 참여하지 말아야 한다는 관점을 옹호하지는 않았습니다. 그는 그리스도인이 자신이 사는 사회에서 자신의 역할을 감당하는 것이 마땅한 의무라고 생각하였기 때문입니다. 물론 그 역시 교회가 사회적, 경제적, 정치적인 문제에 간섭하고 끼어들어서는 안 된다는 확고한 신념을 가지고 있었습니다.

그러나 그는 그리스도인들이 시민으로서의 역할을 통해 사회에서 소금으로서의 간접적인 영향을 끼칠 수 있다고 여겼습니다.

"섀프츠베리(Shaftesbury) 백작과 같은 위대한 사람들이 그리스도인으로서뿐만 아니라, 시민으로서 공장 법안(工場 法案, Factory Acts)과 관련하여 그렇게 열심히 일했던 것들을 생각하여 보십시오. 윌리엄 윌버포스(William Wilberforce)가 노예 폐지에 관하여 행한 모든 것을 생각하여 보십시오. 우리는 그리스도인이면서 또한 한 나라의 시민입니다. 우리가 시민으로서의 역할을 행하는 것이 우리의 임무입니다. 그렇게 함으로써 많은 방면들에서 소금같이 간접적으로 영향을 미치는 것이 우리의 의무입니다."[21]

그러나 궁극적으로 그가 설교하는 가장 큰 목적은, 하나님을 진정한 방식으로 '영화롭게 하는' 삶을 영위하는 사람들을 산출하는 것입니다.

조직적인 설교

로이드 존스는 웨스트민스터 채플에 있을 때에 르마서를 비롯한 서신서들을 설교해 나갔습니다. 로마서는 1955년 10월부터 1968년까지 매주 금요일에 설교하였고, 에베소서는 1954년부터 1962년까지 주일 오전 예배 때에 설교하였습니다. 이 강해들은, 설교의 현대적 적절성과 호소력에 관해 의심과

---

21. Ibid., p.155.

불확실이 가득한 시대에 굉장한 호소력을 가지고 있었습니다. 그 강해들은 처음 그 설교를 들은 이들의 마음과 생각을 감동시켰습니다. 그리고 그것들은 인쇄물이나 카세트 테이프 등을 통하여 오늘날까지도 계속해서 많은 이들의 마음을 감동시키고 있습니다.

프레드릭 캐더우드는 그 점에 대하여 다음과 같이 진술합니다.

"오늘날에는 설교들이 책으로 발행되는 일이 아주 금기 사항처럼 되어 있지만, 이 연속 강해집들은 영어를 말하는 세계 전역에서 잘 팔리고 있습니다. 이 점은 합리적이고도 분석적이며 적용적인 성경 강해에 대한 진정한 수요가 있다는 것을 잘 보여 줍니다.

그는 지구의 전역에서 많은 편지를 받았습니다. 예를 들어 어느 날 캘리포니아 코스타 메사에 있는 갈보리 교회의 척 스미스(Chuck Smith) 목사가 그를 찾아와 '그 책들이 나의 설교를 바꾸었다' 라고 말했습니다. 한때 그는 자신의 능력으로 메시지를 전하느라고 정신적 공황에 빠지게 된 적이 있었다고 합니다. 그런 일을 겪고 나서 그는 성경이 스스로 말하게 내버려 두었고, 그의 목회 사역과 건강이 대단한 은택을 입게 되었습니다.

그는 주일 아침 예배에 모이는 사람의 수가 당시 2만 4천 명에 이르게 되었다는 사실은 말하지 않았습니다."[22]

성령 충만한 설교

그의 설교에 성령의 기름 부으심이 있었다는 것은 자명한 일입니다. 『목사와 설교』 16장에서 그가 한 말을 빌리자면, '성령의 나타나심과 능력' 이 그의 설교 속에 있었습니다.

---

22. *Evangelical Times* (April 1981), p.10.

그는 성령의 기름 부으심을 다음과 같이 정의합니다.

"그 일은 성령께서 특별한 방식으로 설교자에게 임하시는 일입니다. 그 일은 능력의 증대로 나타납니다. 하나님께서 성령으로 말미암아 능력을 주시고 설교자를 능하게 하시어, 사람의 노력과 애씀의 차원을 넘어서 그 일을 할 수 있도록 높이십니다. 그리하여 그 설교자는 성령께 쓰임을 받음으로써 성령께서 일하시는 통로가 되는 것입니다."[23]

로이드 존스 목사의 마지막 설교가 된, 1980년 6월 4일에 애쉬포드 회중 교회에서 행한 설교에서 그는 이렇게 말합니다.

"그 설교자가 작고 유약한 사람이라고 할지라도 성령의 충만을 받으면, 그 속에 사람들로 하여금 죄를 깨닫고 각성하게 하는 능력이 생기게 됩니다. 그리하여 사람들의 눈을 열어 자신의 어둠과 상실된 상태를 보게 하며, 그들로 하여금 믿음을 가지게 할 수 있습니다."[24]

이 외에도 여러 가지 방면에서 그의 특징들을 더 말할 수 있습니다. 제가 보기에 그 특징들은 그의 설교의 본질적인 품격을 대표하는 것입니다.

그의 책을 읽은 어떤 설교자들은, 그가 설교할 때 칼빈(Calvin)을 전혀 언급하지 않는다는 사실에 주목합니다. 왜냐하면 로이드 존스는 복음주의에 막대한 영향을 끼친, 확실한 칼빈주의자였기 때문입니다. 그러한 로이드 존스가 칼빈주의의 '5대 교리'(TULIP)[25]를 잘 언급하지 않은 것은 세련된 감각

---

23. *Preaching and Preachers*, p.305.
24. *Evangelical Times* (April 1981), p.14.
25. TULIP는 두문자어(頭文字語)로, 인간의 전적 타락(Total Depravity of Man), 무조건적인 선택(Unlimited Election), 제한된 속죄(Limited Atonement), 불가항력적인 은혜(Irresistible Grace), 성도들의 견인(Perseverance of the Saints)을 말합니다.

에 비추어 보면 쉽게 이해가 가는 일입니다. 그의 신학적인 해설들은 난해하거나 전문적인 것이 아니었기 때문입니다. 그의 신학적인 해설들은 무엇보다 균형을 이루어 물이 흘러가는 듯한 목회적인 성격을 띠고 있었습니다.

그의 사상과 설교의 형식에 중대한 영향을 끼친 이들은 청교도들이었습니다. 그는 청교도들처럼, 설교가 교회 전체 사역의 중심이며 신학이 설교를 지배해야 한다고 생각했습니다. 이는 물론 교회와 교회의 본질에 대한 청교도들의 정의를 반영한 것입니다. 청교도들에게 있어서 교회의 첫 번째 표지는 하나님의 말씀을 설교하는 것이었고, 그 다음이 바른 성례(聖禮)이며, 마지막으로 권징(勸懲)이었습니다. 그들은 하나님의 말씀을 충실하게 강해하는 것이야말로 성결을 촉진하는 성경적인 방식이라고 생각했습니다.

설교의 구조(Sermonic structure)

끝으로 '박사'의 설교의 구조가 어떠하였는지를 살펴보겠습니다.

"제가 외과의로서 받은 수련은 항상 저를 떠나지 않고 있습니다. 저는 본문을 살피며 상황을 진단하고 어디에 처음으로 메스를 대어야 할지를 결정합니다. 그러고 나서 문제의 핵심에 이르기까지 메스를 깊게 가하여 여러 겹의 층을 뚫고 들어갑니다. 그리고 그 문제의 핵심을 다루고, 다시 추스르고 꿰맵니다."

이 인용문은 1940년대, 레이먼드 노만(Raymond Norman) 목사가 브리스톨의 웨스턴 칼리지(Western College, 회중주의 대학)의 학생으로 있던 시절에, 로이드 존스 목사에게 설교 준비를 위한 충고를 부탁하는 편지를 보냈을 때 받은 그의 답장에 들어 있던 내용입니다. 그의 설교의 구조에 대한 간단한 논평을 위한 가장 건설적이고도 유용한 출발점은, 그가 사용하였던 의학적인 은유(隱喩)였습니다.

그 은유법의 두 실례를 생각해 봅시다.

예시 1. '그 큰 구원' (히 2:1-3)[26]

A. '그 큰 구원'에 관한 주도적인 첫 진술

건강의 차원에서 구원의 위대함을 정의하고, 건강이 부여하는 온전함을 정의합니다. 그리고 이 위대함이 어떻게 네 가지 영역에서 표현되는지를 보여줍니다.

a) 찬송학적인 영역(Hymnology)

여기서는 찰스(Charles Wesley)의 '만입이 내게 있으면(Oh for a thousand tongues to sing)'이라는 찬송시와 사무엘 데이비스(Samuel Davies)의 '오, 기이함의 크신 하나님(Great God of wonders)', 그리고 헨델(Handel)의 '메시야(Messiah)'를 참고합니다.

b) 교회 건축학적인 영역(Church architecture)

c) 설교와 웅변술의 영역(Preaching and oratory)

d) 예술과 음악의 영역(Art and music)

B. 구원의 위대함의 요소들에 대한 상세한 분석

이것을 네 가지 항목으로 나누어 확장 설명합니다.

a) 구원을 주신 분(authorship)이 누구인가?

이 원리는 문학과 예술의 영역에서 효과적으로 작용하는 원리입니다

---

26. 이 설교의 녹음 테이프는 'Send the Light Trust' (at Bromley, Kent)에서 구입할 수 있습니다.

(문학의 경우는 월터 스코트(Walter Scott, 1771-1832), 예술의 경우에는 엘 그레코(El Greco, 1541-1614)). 한 작품의 평가는 그 작품을 창작한 사람과 연관지어 이루어집니다.

구원은 사람의 메시지가 아니라, 전능하신 하나님의 메시지입니다. 그 구원을 말씀하신 분은 하나님이십니다(히 1:1-4 참고). 구원은 복되신 성삼위(三位)에 의하여 구상(構想)되고 실행되어 나타난 것입니다.

b) 구원이 무엇으로부터 우리를 구원하였는가?

하나님의 구원은 우리를 심판과 사망에서 건져 냅니다. 우리가 죽으면 하나님의 표준, 곧 하나님의 거룩한 율법에 의하여 평가받습니다. 우리의 기준은 전혀 고려 대상이 아닙니다. 우리 모두는 실패하고 아무것도 이루지 못하고 낭패만 당한 셈입니다. 그러나 구원은 우리를 영원한 판단에서 건져 냅니다. 구원만이 오직 유일한 피난처이며 양심에 평안을 끼치고, 죄가 용서받았다는 것을 알게 하며, 돈 없이, 값없이 그 모든 것을 줄 수 있습니다.

c) 무엇을 위하여 우리를 구원하셨는가?

(i) 구원은 우리를 하나님과 화해시킵니다(히 2:17 참고).

(ii) 구원은 우리가 하나님을 알현하고, 우리로 하여금 능히 하나님께 아뢰고 그 하나님과 함께 거하게 합니다.

(iii) 구원은 우리에게 새로운 성품과 새로운 마음과 새로운 관망과 새로운 삶의 시작을 줍니다.

(iv) 구원은 예수님께서 우리와 함께하심을 의미합니다. 특히 삶의 온갖 극한 상황 속에서도 함께하심을 의미합니다.

(v) 구원은 우리에게 내세의 세계에 대한 비전을 줍니다. 구원의 후사(後事)들로서 새 하늘과 새 땅이 우리를 위하여 예비되어 있습니다.

d) 우리에게 그 구원을 주시기 위하여 어떻게 준비되었는가?

예수 그리스도의 인격에 집중되어 있는 '구원의 드라마'라고 부른 것에 대하여 길게 논의합니다. 그리스도의 성육신, 광야에서의 시험, 속죄의 죽으심, 승천, 다시 오심 등에 대하여 상세하게 논의합니다.

C. 간단한 결론

구원은 위대할 뿐 아니라 어떤 것과도 비교할 수 없는 메시지입니다.

예시 2. '새로운 피조물' (고후 5:17)[27]

A. 설교를 시작하면서 밝힌 자신의 소견들

그리스도인이 된다는 것이 무엇을 의미하는지에 대한 바울의 정의(定義)의 방식에 대하여 자기의 소견을 밝힙니다. 그는 그러한 바울의 방식을 가리켜 세상에서 가장 중요하게 숙고할 만한 것으로 묘사합니다. 또한 그 방식은 시간과 영원, 모두에 해당되는 것이라고 말합니다.

B. 성경적인 변화

사람이 그리스도인이 될 때에 생기는 변화의 근본적인 성질을 강조합

---

27. 이 설교는 1975년 5월 27일에 Send Evangelical Church에서 전한 것입니다.

니다. 또한 그리스도인과 불신자의 차이는 상상 가능한 한도 내에서 가장 심오한 변화라고 지적합니다. 그 변화는 피상적인 것이나 무엇을 첨가하여 붙인 것이나 광택을 내어 겉을 꾸민 것과 같지 않으며, 그 변화는 혁명적인 것입니다. 그는 이 주제에 대한 여러 예증들을 그 설교에서 제시합니다.

   a) 요한복음 3장 3절의 '거듭남(born again)', '중생(regeneration)'
   b) 고린도후서 5장 17절의 '새로운 피조물'
   c) 고린도후서 4장 6절의 '하나님의 영광을 아는 빛'

C. 모든 것 중에서 가장 위대한 변화

이제 사람이 그리스도인이 될 때에 일어나는 모든 것 중에서 가장 위대한 변화가 일어남을 주목하며 집중적으로 강조합니다. 곧 그 사람의 '생각하는 것과 이해하는 것'이 변화된다는 것입니다. 그리스도인은 모든 것을 새로운 방식으로 보게 됩니다. 그 방식은 단순히 새로운 생각들을 수합(收合)하는 것이 아닙니다. 이 점에 대한 예증을 고린도전서 2장 14절 이하, 로마서 12장 1, 2절, 에베소서 4장 23절에서 취합니다.

그런 다음에 그리스도인은 자기 자신에 대해 전적으로 새로운 개념을 가지게 됨을 지적합니다. 이 점 또한 특별하게 다음의 몇 가지를 참조하여 예증합니다.

   a) 빌립보서 3장 4, 9절, 로마서 7장 24절, 디모데전서 1장 15절에 나타난 바울의 생애
   b) 찰스 웨슬리의 체험

찰스 웨슬리는 '나는 불의함뿐이오니', '나는 거짓되고 죄로 가득찼으니' 라고 고백하였습니다. 그러한 사람이 자기 자신에 대하여 절망하였습니다. 그러나 그는 '그리스도 안에서' 철저하게 열납되었습니다.

c) 주 예수 그리스도

많은 사람들이 예수님을 단지 인간으로 바라봅니다. 그러나 그리스도인이 된 사람들에게 있어서 예수님은 진정으로 그리스도시요 만주의 주가 되십니다.

d) 화해

오직 예수 그리스도만이, 죄책을 가진 죄인을 하나님과 화해시키실 수 있습니다.

e) 세상에서의 삶

고린도후서 5장 2절의 말씀이 보여 주는 바와 같습니다. 그리스도인은 자기의 영원한 행복 때문에 세상에 대하여 부담을 가지고 있으며, 믿음으로 세상을 살아가려고 애쓰되 사람들로 하여금 자신의 상실되어 있는 상태를 보게 하기 위해 '설득하고자' 합니다. 그래서 그리스도인은 이 세상에서 나그네요 행인이요 외인으로, 다가올 영광을 추구하면서 나아갑니다(고후 4:17,18 참고).

이러한 개요들은 말로 전해질 때에 나타나는 실제적인 설교의 힘을 정확하게 전달하기는 어렵습니다. 아무튼 로이드 존스 설교의 주요한 구조적 특징들을 몇 가지 밝히는 것으로 만족해야 합니다.

첫째, 설교의 중심적인 주제에 대해 간단하게 지적합니다. '그 큰 구원' 의 주제에 대해서 지적할 때에는 사람이 그리스도인이 될 때에 일어나는 첫 번째 변화에 집중하여 말합니다.

둘째, 주의 깊고도 세심하게 정의(定義)를 내립니다.

셋째, 상세하게 확장 설명합니다.

넷째, 결론을 진술합니다. 이때 절대 청중들에게 대놓고 호소하지 않으며, 다만 설교 전체 속에서 함축적인 호소가 쌓여 가다가 여기에서 더욱 힘이 들어갑니다. 그리하여 이 메시지를 거부하는 것이 어리석다는 생각을 가지지 않을 수 없게 만듭니다.

이상에서 살펴본 모든 설교들의 예증들은 거의 절대적으로 성경에서 가져온 것입니다.

로이드 존스의 가장 중요한 면을 요약하자면, 다음과 같이 말할 수 있습니다. 우리는 그의 설교들 속에서 그리스도를 설교한 목회자와, 하나님의 양 떼들을 먹인 목자, 생명의 말씀을 강해한 교사와 경고를 발하는 파수꾼과 사람들에게 믿을 것을 설득한 복음 전도자를 만나게 됩니다. 달리 표현하면, 그의 설교들은 19세기의 유명한 격언을 성취하였습니다. "목사의 능력은 하나님과 살아 있는 관계를 견지하면서, 하나님과 인간의 영혼 사이를 연결하는 고리로 작용하는 데에 있다. 강단의 진정한 힘은 그 설교자의 영혼 안에 계신 하나님이시다."

목회 사역

어떤 이들은 그를 한 사람의 설교자로서만 생각하려고 합니다. 그러나 그러한 생각은 진정한 의미에서 목회적인 방향을 잡고 진행되었던 그의 사역에 대한 균형 있고도 온당한 설명이 아닙니다.

남웨일즈에서는 런던과 웨스트민스터의 공동체와는 전적으로 다른 공동체 안에서 삶을 영위하였습니다. 그는 자주 사회적이고 경제적이며 정치적이고 의학적인 영역에 속한 난제들을 다루어 달라는 요청을 받곤 하였습니다. 또한 웨스트민스터 채플에서도 사람들은 끊임없이 자신에게 필요한 인도와 위로와 위안과 격려를 받기 위해서 그를 찾았습니다.

의미심장하게도 1981년 4월 6일 월요일, 한 연로한 집사가 로이드 존스를 가리켜 '나의 사랑하는 목회자요 친구이다'라고 하면서 다음과 같이 추모하였습니다.

"어떤 이는 그의 설교들을 가리켜 교향악과 같다고 하였습니다. 나는 그의 설교를 그보다 더 적절하게 묘사할 수 없다고 생각합니다. 그는 설교의 주제를 진술하고 나서 거듭하여 그것을 반복하되, 조금씩 다양한 변조(變調) 형태로 하였습니다. 결국 설교는 절정에 이르게 되고, 지금까지 강해하고 파헤쳤던 진리에 대하여 항거할 수 없는 확신에 이르게 합니다.

나는 이러한 교향악의 결과로 일어난 일이 무엇인지를 크게 주목해 봅니다. 여러분은 이미 얼마나 많은 회심이 있었는가를 들었을 것입니다. 나는 이러한 회심들을 직접 보았습니다. 회심한 자들이 상처를 안고 있는 새들처럼, 교회의 제의실(祭衣室, vestry)로 이어지는 통로로 우르르 몰려오곤 하였습니다.[28]

그는 제의실에서 그들을 위하여 시간을 할애하였습니다. 나는 때로 그가 강단에 선 시간보다 더 많은 시간을 제의실에서 보냈다고 말하곤 합니다. 그는 거기서 사람들과 교제하면서 보내는 시간을 아까워하지 않았습니다!

회심하는 이들의 흐름은 계속되었습니다. 이것이 그의 목회 사역 전체를

---

28. *Evangelical Times* (April 1981), p.18.

특징짓는 것입니다. 그는 아무리 미약하고 연약한 사람이라고 할지라도 아무도 멸시하지 않았고, 항상 그들을 격려하였습니다."29

에드윈 킹(Edwin King) 목사는 로이드 존스의 사역을 되새기는 그의 『회고록』(Reflections)에서 이렇게 말합니다.

"웨스트민스터 교회는 설교하는 곳 이상은 아무것도 아니라는 식으로 비난의 대상이 되곤 하였습니다. 그러나 그런 말은 사실에 기초한 것이 전혀 아닙니다. 예배를 마치고 나서는 많은 사람들이 대화를 나누기 위하여 대기하고 있는 것이 상례가 되었습니다. 설교하고 나서 피곤하였을 텐데도 박사는 인내하면서 그 모든 사람들을 만나려고 하였습니다. 단지 박사에 대한 존중심으로 그곳에 간 것이라면, 목사의 방에 정중하고도 견실한 자세로 들어갔다가 면회 시간이 끝나면 정중하게 나오면 됩니다. 그러나 만일 영혼에 진정한 필요가 있어서 목사의 방을 찾아갔다면, 시간에 구애받지 않았습니다."30

그의 목회적 돌봄은 사역하던 교회들 너머로 확장되었습니다. 예를 들어서 그는 웨일즈의 수많은 목사들의 친구이며 조언자였습니다. 그들 중에 많은 이들이 의심과 자유주의, 심지어 노골적으로 적대적인 세력들의 배경에 대항하여 역사적 기독교를 나타내기 위하여 투쟁을 벌이고 있었습니다.

그들은 로이드 존스에게서 균형 잡히고도 사려 깊은 충고를 들을 수 있었습니다. 그 충고는 로이드 존스의 장구한 체험에서 나온 것으로 매우 유익했습니다. 만일 그들에게 보루(堡壘), 곧 기댈 만한 누군가가 필요하다면, 바로 그 사람이 마틴 로이드 존스였습니다. 웨일즈에서의 노력의 한 결실이 바로

---

29. *Dedication* (May-June 1981), p.22.
30. *Evangelical Times* (April 1981), p.18.

'웨일즈 복음주의 운동(The Evangelical Movement of Wales)' 입니다.

그는 계속해서 생애 동안 설교가 웨일즈 속으로 깊이 침투하게 하려고 애를 썼습니다. 또한 매우 거대한 회중들에게 설교하는 것도 계속하였습니다. 어떤 곳들, 예를 들어서 카마르텐(Carmarthen) 같은 곳에는 해마다 찾아갔습니다.[31] 그런 경우에 그는 관례적으로 오후에는 웨일즈어로, 저녁에는 영어로 설교하였습니다. 그러한 때에는 교단의 구분 없이 수많은 이들이 그의 설교를 들으러 왔습니다. 장로교도들, 침례교도들, 플리머스 형제단들, 웨일즈 교회 교단에 속한 이들, 메소디스트들 모두가 왔습니다. 그로 인하여 참된 복음의 설교는 단순한 교단적인 장벽들과 금기 사항들을 비롯한 장애 요인들을 능히 뛰어넘는다는 것을 충분하게 입증하였습니다.

웨일즈는 훨씬 더 충만하고도 영구적인 기반 위에서 그의 설교의 혜택을 누릴 수 있었습니다. 특히 그가 애버라본에서 사역이 끝나 갈 무렵의 일은 주목할 만합니다. 그때 그는 바라(Bala)에 있는 웨일즈 신학대학 장로교회(Presbyterian Church of Wales's Theologfical College)의 한 자리를 맡아 달라는 제안을 받았습니다. 신학 훈련을 받지 않은 평신도 신분의 사람에게는 괄목할 만한 일이었습니다.

남웨일즈 연합회에서는 이 제안을 승인하였으나 북웨일즈 연합회에서는 그에 대한 결정을 보류하였습니다. 부분적으로는 로이드 존스가 공식적인 목회 훈련을 받지 않았다는 이유 때문이었고, 또한 그가 보수주의적인 신학적 입장을 견지한다는 이유 때문이었습니다.

그때 그는 이를 대신하여 우리가 이미 알고 있는 바와 같이 캠벨 모간 박사의 초청을 받아 웨스트민스터 채플의 협력 목사로 가게 됩니다.

---

31. 1977년에 그는 카마르텐을 계속해서 50번이나 방문하였습니다.

이 시기야말로 그의 생애 중에서 가장 결정하기 힘들었던 시절이었습니다.[32] 그러나 이제 우리는 주저하지 않고 선언할 수 있습니다. 곧 하나님의 손이 그 일에 전적으로 간섭하셨다고 말입니다. 그가 런던으로 떠난 일은, 그의 영향력이 웨일즈에만 머물러 있는 것이 아니라 영국 전역, 아니 전 세계에 더 쉽게 퍼질 수 있는 중심지로 가는 것을 의미하였습니다. 당시 웨일즈 신학대학 당국은 그의 설교와 가르침의 품격을 환영하지 않았습니다.

다른 지방에서도 그의 목회적인 돌봄과 관심이 의미 있는 영향력을 나타냈습니다. 이러한 사실을 잘 보여 주는 실례로서 '웨스트민스터 설교자 협의회(Westminster Fellowship of Preachers)'를 살펴봅시다. 1940년대 초에 시작된 그 모임은 매달 화요일 오후에 모였으며, 기존 회원의 추천을 받아서 새로운 회원들을 받는 형식으로 운영되었습니다.

수년이 지나자 그 모임의 회원이 꾸준히 증가하였습니다. 처음에는 교회의 응접실만으로도 회원들을 능히 수용할 수 있었지만, 1950년대에 이르러서는 모임을 위한 회관이 필요하게 되었습니다. 급기야 1960년대에는 회원이 400여 명에 이르렀고, 모이는 때를 화요일에서 월요일로 바꾸었습니다.

존 카이저(John Caiger)에 의하면, 이 모든 모임에서 로이드 존스는 자신의 깊은 영성으로써 회원들을 감동시켰고, 그 모임을 진정으로 즐기고 있다는 분명한 느낌을 주었다고 합니다.

박사는 이러한 회합에서 의장으로서의 역할을 탁월하게 수행하는 능력을 가지고 있었습니다. 그는 참으로 비범한 인물이었습니다. 기억력이 정말 대단하게 정확하고 광범위했으며, 주제의 본질적 요소들을 파악해 내는 능력을 갖추고 있었습니다.

---

32. *Murray*, op.ch. xvii.

또한 다양한 의견과 관점들을 이해하고 그것을 정리하여 재구성하는 능력이 탁월하였습니다. 거기다가 유머 감각도 가지고 있었습니다. 저는 그가 의장석에서 몸을 흔들면서 웃는 모습을 보았습니다. 뿐만 아니라 재치 있고도 신속하게 대응하는 모습과, 토론을 마무리하면서 그 토론에서 나왔던 이야기들을 종합하여 권면이나 경고나 격려를 하는 기술도 뛰어났습니다.

이러한 모든 것들이 합력하여, 그는, 월요일 아침마다 먼 거리를 마다하지 않고 그와 함께하기 위해 자동차로 황급하게 달려온 많은 이들의 존경과 애정을 받는 특별한 위치에 자리하게 되었습니다.[33]

학생들을 위한 사역

국제대학생회(I.V.F., 지금의 U.C.C.F.)의 역사는 독일이나 독일과 동맹한 국가들에 대한 적대감이 줄어든 1919년에 시작되었습니다. 박사는 남웨일즈에서 목회를 하고 있던 1935년에 I.V.F. 컨퍼런스에서 처음으로 강연하였습니다. 그러나 그가 이 학생 운동에서 주도적인 영향력을 나타낸 것은 2차 대전이 진행되던 때였습니다.

2차 세계대전이 발발하기 직전에 그는 1939년 5월 27일부터 7월 2일까지 캠브리지에서 열리는 국제 학생 회의(International Student Conference)에 참석하였습니다. 33개 나라에서 온 800여 명의 학생들이 그 회합에 참석하였고, 키네드(Kinnaird)와 그의 부인도 함께 참석하였습니다. 거기서는 '그리스도 우리의 자유' 라는 주제로 토론하였습니다. 그 주제는 당시의 국제적인 상황을 장악하던 분위기에는 전혀 걸맞지 않은 주제였습니다. 영국 학생들

---

33. *Evangelical Times* (April 1981), p.14.

1,000여 명이 해외에서 온 학생들과 합석하였습니다.

종합 대학교(university)들과 단과 대학(college)들 내에서의 복음주의 운동에 관한 역사책을 쓴 더글라스 존슨(Douglas Johnson)은, 그의 책에서 1939년의 국제 학생 회의에 대하여 다음과 같이 논평하였습니다.

"당시 그 회의에는 유대감과 열정이 대단히 고양되어 있었다. 여러 번의 회합을 통해서 많은 유익한 견해들이 오고갔으며, 대단히 의미 있는 계획이 수립되었다. 그 회의가 잘 진행되고 있음을 보여 주는 가장 고무적인 표증은, 심지어 영국 내의 작은 운동 단체들조차 이웃 나라의 대학들에 학생 대표단을 보낼 계획을 하고 있었다는 점이다. 더 규모가 큰 여러 개의 운동 단체들이 최근에 영국 여러 교파들이 내건 모델에 대표단을 교환하는 문제를 논의하고 있었다."[34]

1941년과 1942년, I.V.F. 컨퍼런스가 캠브리지의 트리니티 대학(Trinity College)에서 열렸습니다. 그 두 번의 컨퍼런스에서 로이드 존스는 의장 자격으로 연설을 하였는데, 그때 대학의 학장인 트레베리안(G.M. Trevelyan)도 참석하였습니다. 트리니티 대학의 강당에서 열린 신학적인 회합에서 로이드 존스는 데이비즈(D.R. Daives, 전에는 공산주의자였으나 후에는 기독교로 개종한 사람)와 대담을 하였고, 그 공적 대담을 통해 그의 뛰어난 명석함이 드러났습니다.

로이드 존스는 출판물을 통해서도 학생들에게 영향을 미쳤습니다. 대학원 학생 협의회(Graduates Fellowship)는 '대학원 학생 협의회 뉴스레터(The Gratuates Fellowship Newsletter)' 라는 제목이 붙은 서한을 이전에 연합회의 회원이었던 모든 사람들에게 보내기로 결정하였습니다. 그 서한에는 로이드

---

34. *Contending for the Faith* (Inter-Varsity Press, 1979), p.185.

존스의 메시지도 들어 있었습니다.

　1947년에 로이드 존스는 '실행 위원회(Excutive Committee)'의 초대 의장이 되었습니다. 이어서 '복음주의 학생 국제연맹(Interational Fellowship of Evangelical Students, 약자로 I.F.E.S.)'의 총재가 되었습니다. 1947년 8월 말쯤에는 하버드 대학(Harvard Universtity) 내의 국제 총 이사회(International General Committee)의 의장직을 맡았고, 1951년에는 휴 고흐(Hugh Gough)와 함께 옥스퍼드에서 한 선교회를 주도하였습니다. 1958년에는 그의 책 『권위』(Authority)가 I.V.F.에서 발행되었습니다.

　더글라스 존슨은 로이드 존스가 I.V.F.와 학생들의 세계에 일반적으로 어떤 공헌을 하였는지를 강조합니다.

　"여러 해 동안 로이드 존스 박사는 대학의 여러 선교 단체에서 설교하거나 개강 예배나 여러 회의에 참석하거나, 혹은 토론을 인도하거나 학생들에게 충고하기 위하여 상당히 많은 시간을 사용했다. 그는 강단에서나 회의장에서 진리에 대한 충직함을 나타내는 강력한 표본을 제시하였고, 가장 큰 문제에 집중하였다. 그러한 점은 개인적인 상담에서도 마찬가지였다."[35]

　그의 설교와 상담은 웨일즈에 있는 여러 협회들의 성장에도 도움을 주었습니다. 그는 북웨일즈와 남웨일즈가 그에게 보여 준 신뢰를 바탕으로 할 수 있는 한 많은 도움을 학생들에게 주었습니다. 의심할 여지 없이 그는 웨일즈 신학대학 학부생들과 대학원 학생들에게 영감을 주는 지도자였습니다.

　저는 로이드 존스가 1964년 카디프에 왔을 때, 그 방문으로 인하여 야기된 소요와 흥분을 잘 기억하고 있습니다. 웨일즈 기독교 연맹(Christian Unions

---

35. Ibid., p.233.

of Wales)[36]은 매년 정기회의를 가지자는 안건이 통과되었을 때, 로이드 존스를 강사로 부르기로 결정하였습니다. 그리고 그 후 3년 동안 그는 정기 월례회의에서 주 강사로 연설하였습니다.

로이드 존스는 설교를 통해 학생들에게 세 가지를 강조하였습니다. 교리의 절대적인 중요성, 위대한 성경 진리를 나타내는 데는 어떠한 타협도 있을 수 없다는 점, 그리고 모든 것을 하나님의 말씀의 빛에 비추어서 판단해야 한다는 것이었습니다.

방법론과 논증보다는 생각하는 것에 있어서 성경적이어야 한다는 것이 그의 단골 메시지였습니다. 그는 생각하지 않는 기독교는 정말 가증스러운 것이라고 생각했습니다. 올리버 바클레이(Oliver Barclay)와 함께 그가 '복음주의 학생 세계 전체의 위대한 지도자'였다고 말하는 것이 결코 과언이 아니었습니다. 복음주의 학생 세계에 대한 그의 영향력은 웨스트민스터 채플에서의 목회 사역을 정리할 때까지 이어졌습니다. 왜냐하면 I.V.F.의 총재직을 그만둔 지 11년이 되는 해인 1963년에 다시 그 회의 총재가 되어 1964년까지 봉직하였기 때문입니다.

그가 이처럼 제한 없이 학생들에게 소중한 많은 시간을 할애할 마음을 가지고 있었다는 것은, 자신이 만나게 되는 사람들의 믿음을 보살펴 주려는 그의 열망을 잘 보여 줍니다. 그러한 자세는 그의 목회 사역의 위대한 모습들 중의 하나를 확증해 주었습니다. 비록 그의 지성은 어느 대학교의 연구원에 못지않게 명석하였지만 그는 결단코 학문적이거나 이론적인 것으로 끝낸 적이 없습니다. 그는 항상 학생들과 그 밖의 사람들이 바르고 영적이며 성경적으로 생각하도록 하는 일에 관심을 가지고 있었습니다. 토론하는 주제가 어

---

36. '박사'와 웨일즈 내의 I.V.F.에 대한 부록 2를 참고하십시오.

떤 것이든지 항상 이 공식을 적용하였습니다. 경제나 신학, 사회나 역사, 정치적인 주제들에 관하여도 상관없이 말입니다.

1960년대에 6년 동안 어느 학생 단체의 일원으로 있었던 저는 그가 복음주의자들에게 주었던 영감을 기억합니다. 그것이 그처럼 특별했던 것은 그가 무엇보다 먼저 자기 자신이 체험한 문제들에 관하여 설교하고 논증한다는 느낌 때문이었습니다. 그가 다루는 논제들은 항상 성경적인 관점에서부터 끌어 온 것들이었습니다. 곧 성경을 가장 근본으로 여기는 원리들로부터 끌어 온 것입니다.

그는 어느 누구도 적당히 어설프게 논증하지 못하게 하였습니다. 그것이 바로 그가 학생들에게 호소력을 가지게 된 이유입니다. 그는 절대 자기 메시지를 학문적인 형식이나 대학에서 연구하는 사람들에게 맞추기 위해서 재단하지 않았습니다. 이는 그 자신의 회상을 통해서 명백하게 볼 수 있습니다.

"저는 27년 전 옥스퍼드 대학교의 어느 단과 대학 강당에서 주일 오전에 설교했던 일을 결코 잊을 수 없습니다. 저는 다른 곳에서 늘 설교하던 방식 그대로 그곳에서 설교하였습니다. 예배가 끝나고 강단에서 미처 다 내려오기도 전에 그 대학 학장의 부인이 황급히 올라와서 말하였습니다.

'목사님 제가 이 예배당에서 드린 예배 중에서 가장 주목할 만한 예배가 오늘 이 예배입니다.' '무슨 뜻인지요?'

'예, 목사님께서는 이 예배당에서 설교하신 목사님 가운데서 우리를 죄인으로 취급하신 첫 번째 목사님이라는 사실을 아시나요? 여기에 오신 모든 설교자들은 이 예배당이 옥스퍼드 대학 내에 있는 예배당이라는 사실 때문에, 학식 있고 지성적인 설교를 준비하느라고 특별히 애를 쓰신 것이 분명합니다. 물론 그 목사님들은 우리 모두가 위대한 지성인들이라고 생각하고 계셨습니다. 정말 그 가련한 분들은 자주 자기들이 그렇게 대단한 지성을 갖추지 않았음을 밝히는 일부터 시작했습니다. 그들은 분명히 자신의 학식과 교양의 마지막 한 방울까지 다 짜내려고 애를 쓰느라 긴장하고 계셨음이 틀림없습니다.

그러나 우리는 정말 아무런 감동이나 감명을 받지 못했습니다. 우리는 수필들을 들어 왔고 우리의 영혼은 메마른 채로 있었습니다. 우리가 비록 이 옥스퍼드 대학 내에서 생활을 하지만, 그럼에도 불구하고 여전히 죄인임을 그 목사님들은 잘 이해하지 못하시는 것 같았습니다.' 37

자, 이 진술은 극히 지성적인 숙녀, 한 대학 학장의 부인이 있는 사실을 그대로 진술한 것입니다."

그러나 그는 대학에 있는 청중 앞에서 '하나님'에 관하여 토론하는 일에는 절대 찬동하지 않았습니다. 왜냐하면 그는 하나님께서는 토론을 위한 주제가 되실 분이 아니라고 확신했기 때문입니다. 왜냐하면 하나님의 존재가 그러하시고 그분의 됨됨이가 그러하시기 때문입니다. 그래서 그는 1942년 옥스퍼드의 토론 연맹회에서 조드(C.E.M. Joad) 박사와 더불어 종교 문제에 대해 토론해 달라는 초청을 매몰차게 거절했습니다.

수많은 사람들은 복음을 설교하고 나타낼 수 있는 놀라운 기회를 거절한 그가 잘못되었다고 생각했습니다. 그러나 그는 그러한 경우에는 '오락'만을 제공할 뿐이라는 신념을 조금도 굽히지 않았습니다. 그러한 토론이 사람들로 하여금 기독교 신앙을 가지게 하는 효과적인 방편이 될 수 없다고 믿었던 것입니다.

---

37. *Preaching and Preachers*, p.126.

로이드 존스의 관점과 논쟁

"저는 우리가 다음과 같은 것을 보편적인 법칙으로 세워야 한다고 주장합니다. 곧, 예배에 있어서 건물의 양식이나 의식의 문제, 노래하는 것이나 음악의 문제에 관심을 기울이면 기울일수록 그것을 더욱 강조하게 되기 마련이고, 그럴수록 영성은 더 낮아지기 쉽다는 것입니다. 그럴수록 영적 기품이나 영적 총명, 영적인 열망은 그만큼 덜 기대할 수밖에 없게 됩니다."

4장

로이드 존스의 관점과 논쟁

'박사'를 논쟁하기 좋아하는 사람으로 생각한 이들이 많았습니다. 그러나 그가 어떤 성향의 사람이며 어떠한 관점을 견지하였는지를 알게 되면 그러한 생각이 정말 옳지 않음을 알게 될 것입니다.

그는 예리한 지성을 갖추고, 하나님의 말씀을 담대히 설교하였으며, 복음의 본질적인 진리들을 희석시키는 것을 단호하게 거절하였습니다. 어떠한 논점에 접근하더라도 분석적이고 논리적이며 성경적이었습니다. 또한 노련한 토론자의 완숙한 기술도 발휘하였습니다.

그는 토론에서 인기를 얻는 데에 급급한 사람은 아니었습니다. 그가 관심을 가지고 있는 문제들은 하찮은 것이 아니라 매우 진지한 것들이었습니다. 그는 논쟁의 가능성이 충분한 문제들이라고 하더라도 겁을 내지 않았으며, 논란에 휩싸임으로써 혹독하게 비판을 받거나 오해를 받는 경우에도 물러서지 않았습니다.

대규모의 복음 전도 운동

역사적인 사건들 자체를 직접 다루기 전에, 『목사와 설교』에서 강조한 요점들로 시선을 돌려 보겠습니다. 그렇게 함으로써 대대적인 복음 전도자적 개혁 정신에 대한 그의 반응이 설교의 개념 전체에 일관성 있게 배어 있음을 알 수 있을 것입니다.

그는 설교를 교회의 균형 잡히고도 일상적인 생활의 일부분으로 보았습니다. 그러하기에 설교를 특정한 시간에만 크게 강조되어야 하는 것으로 여기지 않았습니다. 그래서 그는 지속성 없이 간헐적으로 이따금씩 일어나는 전도 캠페인과 같은 일에는 항상 거리를 두었습니다. 『목사와 설교』 9장 '결심을 위한 요청(Calling for Decisions)'에서 그는 이 주제에 대하여 매우 광범위하고도 포괄적으로 논의하고 있습니다.

로이드 존스는 18세기 중엽부터 나타나기 시작한 음악에 대한 강조를 '빅토리아 풍의 인습과 거짓 지성주의'의 일부에 지나지 않는다고 여겼습니다. 그는 이러한 경향을 볼 때면 '오르간 반주자 폭군(organist tyranny)'의 위험이나, '노래 부르는 귀신'의 위험이 떠올랐습니다. 이러한 경향으로 인해 찬양대원의 수가 증가하였습니다. 특히 웨일즈에서 그러하였습니다. 그는 다음과 같이 말합니다.

"저는 우리가 다음과 같은 것을 보편적인 법칙으로 세워야 한다고 주장합니다. 곧, 예배에 있어서 건물의 양식이나 의식의 문제, 노래하는 것이나 음악의 문제에 관심을 기울이면 기울일수록 그것을 더욱 강조하게 되기 마련이고, 그럴수록 영성은 더 낮아지기 쉽다는 것입니다. 그럴수록 영적 기품이나 영적 총명, 영적인 열망은 그만큼 덜 기대할 수밖에 없게 됩니다.

저는 더 나아가서 이 시점에서 반드시 필요한 한 가지 질문을 던져 보고 싶습니다. 우리는 우리의 교회 생활에 깊이 파고들어와 정착하고 있는 나쁜 습관들을 버려야 합니다. 그 습관들이 하나의 폭군이 되었습니다. 저는 진리를 제한하려는 사람들과, 그 일을 하는 정해진 형태에 대해서 지적한 적이 있습니다. 그런 사람들은 예배에 있어서 어떠한 변화도 싫어하며 엄격하게 정해진 틀 속에 있으려고 합니다. 그래서 저는 우리가 이미 이러한 질문을 던졌어야 했다고 보는 것입니다.

왜 음악이 필요하다고 강조하고 있는 것입니까? 왜 그 음악이 자리를 잡고 있어야 한다고 말합니까?"[1]

그는 자신이 던진 그 질문에 대해서 이렇게 답변합니다.

"이러한 문제를 생각해 봅시다. 우리가 그 일을 하면서 추구해야 할 목표는 모든 회중이 다 함께 하나님을 찬미하는 것입니다. 오르간 반주의 진정한 기능은 합창을 돕는 것입니다. 즉, 그것은 부수적인 것입니다. 반주가 주도해서는 안 됩니다. 그렇게 하도록 내버려 두어서는 안 됩니다.

저는 심지어 이렇게 말하고 싶습니다. 설교자가 찬송시뿐만 아니라 그 찬송시를 노래할 곡조도 선정해야 한다고 말입니다. 왜냐하면 때로는 그 둘 사이에 충돌이 있을 수도 있기 때문입니다.[2] 운율이 맞는데도 찬송의 메시지와 정면으로 충돌하는 곡조들이 있습니다. 그러므로 설교자는 이러한 문제들을 결정할 권한을 가지고 있어야 합니다. 이 권한을 누구에게도 양보해서는 안 됩니다."[3]

---

1. *Preaching and Preachers* (Hodder & Stoughton, 1971), p.267.
2. 역자주 – 우리나라에서는 찬송가라고 하면 찬송가와 곡조가 함께 고정되어 있어 선택의 여지가 없지만, 그 당시의 영국에서는 찬송가사가 따로 있고 그 가사를 노래할 곡조도 별도로 있어서 예배 때마다 찬송가 가사와 그 곡조를 정해야 했습니다.
3. Ibid., p.267.

그는 음악이 복음을 진정으로 설교하는 데에 이롭지 못한 분위기를 가져다줄 수도 있다고 보았던 것입니다. 그가 볼 때 음악은 '흥미 요소' 일 뿐이었습니다. 그는 예배당의 조명을 확장시키는 것도 받아들일 수가 없었습니다. 그것도 '단순한 심리 병의학적인 조건'을 갖추는 것에 불과하였습니다. 이러한 모든 요인들과 영향들은 물론 호소하는 것조차도 진리로 말미암지 않은 효과들을 가져올 수 있다고 믿었던 것입니다. 이를 예증하기 위해서 그는 신문에 났던 한 이야기를 인용하였습니다.

"영국의 어떤 전도자가 주일 밤에 하는 라디오 방송에서 찬송 프로그램을 인도해 달라는 요청을 받았습니다. 그 프로그램은 30분 동안 방송되는 종교 프로그램이었습니다. 주가 바뀔 때마다 여러 교회들이 번갈아가며 그 일을 부탁받았습니다.

그러던 중, 특별히 그 유명한 복음 전도자가 런던의 알버트 홀에서 이 프로그램을 진행하게 되었습니다. 통상적으로 이 프로그램은 방송이 나가는 시간보다 몇 달 앞서 계획되었습니다.

이 프로그램이 실제로 방송되기 한 주쯤 전에 또 다른 복음 전도자가 런던에 도착했습니다. 이 소식을 들은 영국의 복음 전도자가 그에게 30분 동안 찬송을 부르는 프로그램 바로 앞에 설교를 해 달라고 요청을 하였습니다. 그는 그 요청을 수락하였습니다. 그렇게 설교하게 된 그 전도자는 주어진 시간에 설교를 마쳐 달라는 부탁을 받았습니다. 왜냐하면 '방송중' 이라는 사인이 들어오는 순간에 찬송을 부르는 프로그램이 방송되어야 하기 때문입니다. 그래서 그는 황급하게 설교를 마쳤습니다. 그러자 그 즉시 30분간의 찬송 프로그램이 방송되었습니다.

그 찬송 시간이 끝나자 그들은 더 이상 '방송중' 이라는 사인의 통제를 받을 필요가 없었습니다. 방문 전도자는 그가 늘 하던 대로 '제단 앞으로 나오시오'라고 호소를 하며 거기 있는 사람들에게 앞으로 나오도록 초청하였습니다.

다음 날 신문기자가 그 전도자와 인터뷰를 하였습니다. 인터뷰를 하면서 '호소한 결과에 만족하느냐'라고 질문하였습니다. 그러자 그는 만족하지 못하고 오히려 크게 실망했다고 답변하였습니다. 왜냐하면 그렇게 호소하여 나온 사람들의 수가 런던이나 다른 곳에서 늘 접하던 숫자보다 훨씬 적었기 때문입니다.

신문기자 질문을 던졌습니다. '이런 경우에 그 반응이 비교적 적은 것은 무엇 때문입니까?' 그 전도자는 서슴없이 대답하였습니다. '그 이유는 아주 간단하죠. 설교가 끝나고 나서 즉시 호소하지 못하고 30분 동안 찬송한 다음에 호소했기 때문입니다.' 그것이 그에 대한 이유라는 것입니다. 설교를 끝내고 나서 즉시 호소할 수만 있었다면 그 결과는 훨씬 더 크게 나타났을 것이라는 말입니다."[4]

로이드 존스가 볼 때에, 바로 이러한 요소들 가운데 어떤 것들이 바람직하지 못하다는 것을 보여 주는 또 다른 증거가 있는데, 그것은 그리스도를 위해서 '결단한' 모든 자들 가운데 십분의 일만이 믿음을 견지한다는 사실입니다.

그는 숫자에 관심을 기울이는 '육적인 생각'을 강력히 배격하였습니다. 그는 근본적으로, 대중적인 복음 전도 운동을 통해서 복음에 반응하거나 결신하리라고 예상되는 수는, 성령의 역사(役事)와는 전적으로 차이가 있음을 알았습니다. 그가 보기에 복음 전도자의 호소는 '진리 자체의 안에' 있어야 했습니다.[5]

---

4. Ibid., pp.272-273.

5. Ibid., p.282.

그는 구원을 성령의 고유한 역사라고 보았습니다. 성령의 역사는 철저하고도 영구적으로 지속되는 역사입니다. 그러하기에 그런 결과에 너무 지나치게 관심을 기울이거나 빠져 들어서는 안 된다는 것이 그의 견해였습니다.[6]

위에서 논의한 몇 가지 요점을 확인하기 위하여 빌리 그레함(Billy Graham) 박사가 주도하는 복음 전도 운동에 대해서 살펴보겠습니다.

1954년에 헤링게이 복음 전도 운동(Harringay Crusade)이 열리게 되었습니다. 당시 복음주의자들은 빌리 그레함 박사의 설교를 통해서 수백 수천 명이 회심할 것을 내다보면서 크게 흥분해 있었습니다. 이번 전도 운동은 큰 기회가 될 것이고, 부흥의 시발점이 되며, 교회의 수가 점점 줄어들고 있는 추세에서 벗어나는 전환점이 될 것이라고 믿었습니다. 또한 영국의 그리스도인의 삶과 증거에 새로운 활기를 불어넣을 것이라고 기대했습니다.

그러나 로이드 존스는 그 전도 운동에 별로 열심을 갖지 않았습니다. 그는 자신이 그러한 복음 전도를 위해서 부르심을 받은 것이 아니라고 생각했습니다. 이러한 그의 자세는 다른 복음주의자들로부터 많은 비판을 받았습니다.[7] 많은 사람들이 그를 오해한 까닭에 그는 적지 않은 외로움을 겪기도 하였습니다.

---

6. Ibid., p.282.
7. 허버트 카슨(Herbert Carson)은 'Evangelical Times(April 1981)' 에 이러한 글을 기고하였습니다.
"그러나 1945-1955년의 분위기에서는 가만히 있거나 중립적인 입장을 취할 가능성이 전무하였다. 대대적인 대중 복음 전도에 대한 자신의 입장을 말하지 않을 수 없는 상황이었다. 실로 그 일은 복음주의적 정통성의 시금석이 되었다. 한 분개한 복음주의 지도자는 로이드 존스를 부총재로 두고 있는 I.V.F.를 의심하기까지 하였다. 그가 그 복음 전도 운동을 지원하지 않는다는 이유에서이다. 그는 계속해서, 그러한 독단적인 입장은 로이드 존스에게 상당한 대가를 요구하였다고 말했다."

그러나 로이드 존스의 그러한 반응을 변호하자면, 대중 매체를 통해 여론을 형성하고 기술적으로 여론을 유도하는 세계 속에서 대중 복음 전도를 한다는 것이 가질 수 있는 여러 가지 문제들을 지적할 수 있습니다. 그런 일이 50년대나 80년대에 있었다고 할지라도 말입니다.

그런 경우에는 항상 단순하고도 피상적인 회심의 문제가 떠오르기 마련입니다. 지속적인 최면 효과를 유발하는 강력한 조직력의 압박, 즉 음악과 장황한 호소들의 영향으로 많은 사람들이 감정적으로 반응하며 순간적으로 믿음을 가지는 것처럼 보일 수도 있지만 금방 넘어져 버리게 됩니다.

물론 그러한 모임에서도 진정한 회심들이 많이 일어나기도 합니다. 그러나 어떤 회심자들은 처음의 열심이 잦아지자마자 금방 뒤로 물러가 버리기도 합니다. 새로운 회심자들이 거대한 복음 전도 운동의 흥분된 분위기와는 전혀 다른 평범한 생활이 진행되는 교회 속에서, 특히 자유주의적이거나 영적으로 둔감한 교회 속에서는 더욱 그러합니다.

그럼에도 불구하고 그의 단호한 태도는 의심할 여지 없이 1954년의 관계자들을 화나게 만들었습니다.

이러한 전도 운동의 가장 급박한 문제는 새로운 회심자들이 교회에 소속되는 일에 관한 것입니다. 불가피하게도 그들 중 많은 사람들이 복음주의적이지 않은 교회로 인도되었고, 그래서 그들이 처음에 가졌던 열심과 특심이 보살핌을 받지 못하게 되었습니다.

기독교의 역사를 살펴보면, 교회는 부흥으로 이어지는 하나님의 말씀에 대한 참된 설교의 선도(先導)를 따라 진행되고 움직여 나갔습니다. 그러하기에 복음을 설교하는 것은 별개로 다루어질 문제가 절대 아닙니다. 오히려 교회가 계속해야 할 일이며 증거와 예배의 한 부분으로 인정되어야 합니다. 앞에서 언급한 설교 이외의 요인들과 방식에 지나치게 의존하는 것은, 구원과 거듭남에 있어서 성령의 역사가 절대적인 주권으로 작용한다는 관점에 배치된다는 것을 주목해야 합니다. 구원과 거듭남은 성령의 고유한 사역입니다.

그렇다고 해서 빌리 그레함 박사가 설교에 있어서 하나님의 특별한 복을 받은 놀라운 사람이라는 사실을 깎아내리려는 의도는 조금도 없습니다. 단지 빌리 그레함 박사의 모든 방식을 무비판적으로 다 받아들여서는 안 된다는 것입니다.

분명히 로이드 존스 목사는 빌리 그레함 박사의 몇 가지 방식들에 대해서 탐탁지 않게 생각했습니다. 그래서 그는 헤링게이 복음 전도 운동에 있어서 그 어떠한 역할도 담당하지 않았으며, 빌리 그레함 박사가 영국을 방문했을 때도 웨스트민스터 채플에서 빌리 그레함 박사를 만나서 서로 의견을 나누기는 하였지만, 그의 전도 운동에는 전혀 참여하지 않았습니다.

성령의 인치심에 대한 가르침

이제 '성령의 인치심(sealing of the Spirit)'에 대한 로이드 존스의 가르침을 살펴보겠습니다. 그는 이미 출판된 두 권의 설교집을 통해서 이 주제에 대하여 매우 길게 강론하였습니다. 하나는 1974년에 출판된 『로마서 강해』(Romans)인데, 로마서 8장 5-17절 강해인 '하나님의 자녀(Sons of God)'입니다. 이 설교는 1960년 3월에서부터 1961년 4월까지 금요일 밤마다 설교한 것들입니다.

성령의 인치심과 관련된 다른 책은 1978년에 출판된 『에베소서 강해』(Ephesians)인데, 에베소서 1장 강해서인 '하나님의 궁극적인 목적(God's Ultimate Purpose)'입니다. 이 설교들은 1954년부터 1955년까지 주일 오전 예배 때 전해진 것들입니다.

이 두 책은 복음주의자들 사이에서 상당한 논란을 불러 일으켰습니다. 특히 '개혁주의' 신학을 지지하는 사람들 사이에서 논란의 불을 붙였고, 그 논란은 1980년대까지 계속 진행되었습니다.

에베소서 강해의 스물한 번째 설교에서 그는 성령의 인치심을 그리스도인의 '기업'의 일부로 다루면서, 에베소서 1장 13절에서 사용된 '인침(sealing)'이라는 단어를 다른 성구들과 비교하였습니다(요 6:27 참고). 그런 다음에 그는 다음과 같은 중요한 질문을 던집니다.

"그리스도인의 삶과 체험에서 인치심의 위치는 정확히 어디인가?"

로이드 존스 목사의 역설에 의하면, '성령의 인치심은 믿는 일 뒤에 일어나는 것이고, 믿는 일에 부가적인 어떤 것'입니다. 그리고 그 '성령의 인치심'은 믿음과 구별되는 것이며, 믿음의 한 부분이 아닙니다.

그는 자신의 관점을 실증하기 위해서 17세기 청교도들의 경우를 예로 듭니다. 토마스 굿윈(Thomas Goodwin), 죤 오웬(John Owen), 그리고 그 이후의 저술가들인 찰스 시므온(Charles Simeon), 찰스 핫지(Charles Hodge)의 주장에 호소합니다. 또한 성경에 나타난 여러 가지 실례들로서, 사도행전 8장(빌립과 사마리아인), 사도행전 9장(다소 사람 사울의 회심), 사도행전 15장(고넬료와 그 가족을 그리스도의 교회로 받아들이도록 변호한 베드로 사도의 설득), 사도행전 19장(에베소에서의 바울) 등의 사건들을 제시합니다.

그의 결론은 이러합니다.

"믿는 일과 인침을 받는 일은 구분됩니다. 인침은 믿을 때에 즉시 자동적으로 일어나는 것이 아니며, 실로 항상 그 둘 사이에는 시간적인 간격이 있습니다."

그는 계속해서 말합니다.

"그 간격이 짧을 수도 있습니다. 그래서 믿는 일과 인치심을 받는 일이 동시적으로 일어나는 것처럼 보일 수도 있습니다. 그러나 항상 그 둘 사이에는 간격이 존재합니다."

이러한 논리의 결말로서 그는 말합니다.

"참된 신자도 인치심을 받지 못할 수 있습니다. 인치심은 그리스도인이 된 모든 사람들에게 불가분하게 일어나는 것이 아닙니다. 다른 말로 해서, 회심과 인침은 같은 사건이 아닙니다."

그는 로마서 강해에서 인치심이 회심과 거의 동시적으로 일어난 몇 가지 경우들이 있다는 것을 인정합니다. 그러나 중요한 단어는 '거의(almost)'라는 말입니다. 그가 어떻게 말하는지를 주목해 보십시오.

"그러나 다른 모든 실례들과 예증들에 비추어 볼 때, 그런 경우들에서도 틀림없이 믿음이 먼저였음을 깨닫게 됩니다. 그 간격이 매우 짧을 뿐입니다. 다른 대부분의 경우에는 그 믿음과 인치심 사이의 간격이 분명하게 드러납니다. 그 간격이 긴 경우도 있습니다. 중요한 원리는 그 두 가지 일이 항상 분리되어 있다는 것입니다. 분명히 이것은 불가피한 일입니다. 왜냐하면 성령께서 지금 우리의 영에 확신을 주신다면, 성령께서 확신시켜 주시는 어떤 일은 우리의 영 속에서 이미 일어났음에 틀림없기 때문입니다.

신자가 되지 않고서는 '우리 영으로 아바 아버지라 부르짖는 양자의 영'을 모실 수가 없습니다. 믿는 일이 앞서야 합니다. 성령께서 하시는 일은 우리 영으로 더불어 증거하는 것입니다. 만일 우리의 영 속에 그 어떠한 증거도 없었다면 성령께서는 그것을 확증하실 수가 없을 것입니다. 그러므로 성경의 분명한 가르침과 사람들의 증언, 일어나고 있는 일의 본질로 미루어 짐작하게 되는 분명한 추론 등의 모든 입장에 비추어 볼 때 믿는 일이 성령의 증거보다 먼저 있어야 합니다."[8]

성령의 인치심에 관한 또 하나의 그의 진술은 에베소서 1장 강해의 스물두 번째 설교에 나타납니다. 여기서 그는 '성령의 세례'와 '성령의 인치심'을 사실상 같은 것으로 보고 있습니다. 또한 그는 인치심의 본질에 해당되지 않는 것이 무엇인지를 지적합니다. 성령의 인치심은 거듭나게 하거나 회개케 하거나 믿음을 갖게 하는 성령의 역사는 아니라는 것입니다. 또한 성령의 인치심은 우리의 영적인 총명을 위하여 특별하게 주어지는 성령의 기름 부으심도 아니며 성화 자체도 아닙니다.

성령의 인치심은 성화와 직접적인 의미에서 아무런 관련이 없습니다. 성령의 인치심은 매우 독특하고도 구별된 어떤 일입니다. 성령의 인치심은 '말씀을 믿거나 말씀을 통해서 논증한 결과로' 나오는 구원의 확신을 의미하는 것도 아니며, 우리가 통제할 수 있는 성령의 충만함도 아닙니다.

그렇다면 이런 의문이 생깁니다. '성령의 인치심에 관한 중심적인 진리는 무엇인가?' 에베소서 1장 강해에서 그는 말합니다.

"성령의 인치심은 우리에게 우리가 하나님의 아들 됨을 확신하게 하며, 하나님을 '아바 아버지'라고 부르짖게 하는 '양자의 영'을 주시는 것입니다."

로마서 8장 16절의 말씀을 다루면서 그는 성령의 인치심을 다음과 같이 규정합니다.

"성령의 인치심은 어떤 사람이 자기가 하나님의 자녀라는 사실을 가장 확실하게 믿을 수 있게 하며 동시에 구원의 전체 계획을 더욱 잘 이해하게 합니다. 진리에 관하여 빛을 발하는 일종의 발광체라고 할까요."

그는 덧붙여 말합니다.

"우리는 우리를 향하신 하나님의 사랑에 대한 절대적인 확신을 가지게 되고, 우리가 하나님의 자녀인 것과, 하나님께서 '우리를 영원한 사랑으로 사

---

8. Romans 8:5-17 The Sons of God, p.318.

랑하셨다' 는 사실에 대한 절대적인 확신을 가지게 됩니다."

그리고 나서 그 모든 문제를 다음과 같이 요약하여 말합니다.

"그뿐만이 아닙니다. 이 체험은 여러 가지 은사들을 동반할 수도 있습니다. 오순절에 일어났던 일처럼 말입니다. 제가 '있을 수도 있다' 라고 말하는 것에 유념하시기를 바랍니다. 여기에는 다양한 양상이 있기 때문입니다. 매번 동일하게 반복되지는 않습니다. 방언으로 말하지 않으면 성령 세례를 받은 것이 아니라고 주장하는 사람들이 전적으로 비성경적인 이유가 바로 여기에 있는 것입니다. 사도는 고린도전서 12장에서 '모두 다 방언으로 말하겠느냐?' 라고 묻습니다. 물론 대답은 분명히 '아니다' 입니다. 모든 사람들이 이적을 행하지는 못하는 것과 같습니다.

또한 하나님의 성령이 부어지고 수많은 사람들이 성령 세례를 받았던 위대한 부흥의 시기에 기독교 역사가 어떻게 이어져 나갔는지를 살펴보십시오. 거기에는 성령 세례를 받은 사람들이 이적을 행했다는 언급이 없고, 저희가 '방언으로 말하였다' 는 암시도 전혀 없습니다. 이 점은 성령 세례를 체험한 개인에게도 동일하게 해당됩니다. 은사를 수반할 수도 있고 그렇지 못할 수도 있습니다. 이러한 요인들은 다양합니다.

이 일에 있어서 절대적인 것은 오직 하나님께서 자기 백성들을 사랑하신다는 것에 대한 확실성과 확신입니다. 의심이나 어떤 의문의 여지도 없이, 자신이 하나님의 자녀라는 의식을 절대적으로 가지게 된다는 것입니다. 성령께서 친히 그것을 말씀하십니다. '성령이 친히 우리 영으로 더불어 우리가 하나님의 자녀인 것을 증거하시나니' (롬 8:16)."[9]

이적을 행하거나 방언으로 말하는 경우와 같이, 이러한 확신이 성령의 은

---

9. Ibid., p.305.

사들을 동반할 수도 있습니다. 물론 로이드 존스도 이러한 은사들의 다양한 성질을 공정하게 인정합니다. 다만 그의 관점에 따르면, 이러한 체험이 각 신자에게 주어지는 방식이 다양하다는 것입니다.

어떤 그리스도인은 성경을 혼자 조용히 읽을 때에 그러한 일이 나타납니다. 성경의 어느 대목이 독특하고도 특별한 방식으로 튀어나와 보이는 경우입니다. 또는 그런 일이 성경과는 전혀 무관하게 일어날 수도 있습니다. 즉, 그 일이 '영 안에 있는 내적 의식'인 경우입니다. 때로는 설교자의 도움으로 일어날 수도 있고, 설교자의 도움 없이 일어날 수도 있습니다. 이 모든 일은 성령의 주권을 예증하는 한 방식에 불과한 것입니다(로이드 존스의 '성령의 인치심'에 대한 상세한 토론은 '부록 3'을 참고하십시오).

기독교 연합의 초석

관심이 있는 독자들은 이 제목이 1962년 12월에 출판된 로이드 존스 목사의 책과 제목과 같다는 것을 알아차릴 것입니다.[10] 그 책은 1962년 6월에 있었던 목사들의 모임에서 행한 두 번의 연설의 내용을 담고 있습니다.

1948년 암스테르담에서 세계 교회 협의회(World Council of Churches, 약자로 W.C.C.)의 1차 회의가 열린 후, 연합(unity)의 문제는 기독교의 모든 분파에서 상당히 주목을 받는 토론의 쟁점이 되었습니다. 그 책은 그러한 연합의 문제에 대한 로이드 존스 목사의 입장을 대변하고 있습니다.

그는 서론 부분에서 먼저 최근에 제기된 여러 가지 견해들을 살펴봅니다. 로마 가톨릭 교회는 다른 분파들을 '로마 가톨릭 교회의 제도와 조직 안으로

---

10. *Basis of Christian Unity*(Inter-Varsity Fellowship, 1962).

흡수하는 것'을 추구하였습니다. 희랍(그리스)·러시아 정교회의 관점은, 교회의 다른 분파들이 그리스도의 참된 교회인 희랍·러시아 정교회로 들어와야 한다는 것이었습니다. 또한 어떤 이들은 스스로를 '그리스도인이라고 칭하는 모든 사람이 함께 모여 교제를 나누고, 같은 전선(前線)을 구축하여 기독교의 원수들과 맞서 싸워야 한다'고 믿었습니다.

그러고 나서 그는 당시 복음주의 진영 내에서 주를 이루었던 개념을 설명하였습니다. 그것은 '일종의 포럼의 형태로 함께 모이는 식의 연합'을 염두에 둔 개념이었습니다. 다시 말하면, 기독교 신앙에 관한 다양한 관점들을 논의하고, 사람마다 가지고 있는 상이한 통찰력을 발표하게 하면, 결국 어떤 공통분모(共通分母)에 도달할 수 있을 것이라는 희망을 가지고 있었습니다.

그런 다음에 그는 요한복음 17장(특히 21절)과 에베소서 4장(특히 13절)의 교훈을 점검해 나갑니다. 그리고 사활을 좌우할 만큼 중요한 질문들을 던지고는 거기에 대하여 답변합니다.

"첫째, 참된 연합의 본질과 성격은 무엇인가? 둘째, 연합의 문제에 있어서 교리와 신조(belief)의 위치는 어디인가? 셋째, 어떤 방식으로 연합이 이루어질 것인가?"

그는 요한복음 17장에서 지향하는 연합은 특정 그룹의 사람들에게 한정된다는 것을 지적합니다.

"우리 주님께서 하나 됨에 대해서 말씀하시면서 그 대상들로 지목하는 사람들은 특정한 나라에서 태어나는 자들이나, 어떤 족속이나 어떤 눈에 보이는 교회에 속한 사람들이 아닙니다. 그들은 주님의 말씀을 받고, 주님의 가르침, 특히 주님 자신에 관한 가르침을 받아들이는 사람들입니다. 그들은 주님께서 누구시며, 주님께서 하나님의 보내심을 받았고, 자신들을 위하여 이 일을 이루라고 보내심을 받았다는 것을 아는 사람들입니다. 그들은 말씀을

'믿고, 받아들인' 사람들입니다.

그들이 바로 주님께서 이 연합의 대상들로 지목한 사람들입니다. 즉, 주님께서 말씀하시는 연합은 우리가 지금 복음의 메시지라고 부르는 이 말씀을 받고 믿는 사람들에게만 해당되는 것입니다."

이 연합은 투쟁하여 쟁취하는 것이 아니라, 성령의 역사로 말미암아 하나님께로부터 주어지는 것입니다.

"(그것은) 성령의 역사와 거듭남의 행사를 통하여 산출되며, 우리 주님의 인격과 그분이 하신 일에 관한 교훈을 모두 믿고 받아들이는 모습으로 자신의 정체를 드러냅니다."

그런 다음에 그는 에베소서를 약간 상세하게 분석합니다. 요한복음 17장은 성부 하나님께 드린 예수님의 기도인 반면, 에베소서 4장 1-16절은 가르침을 필요로 하는 그리스도인들에게 주어진 권면입니다.

로이드 존스 목사는 성경적인 교리가 그리스도인의 연합과 복음 전도를 위한 초석이 되어야 한다고 강조합니다. 그는 이렇게 결론짓습니다.

"성령도 한 분이시고 주도 한 분이시며 믿음도 하나요 세례도 하나며 모든 만유를 통치하시는 하나님도 한 분이시다' 라는 사실에 대하여 찬동하지 않는 사람들 중에는 어떤 교제도 존재하지 않습니다. 그러한 마음으로는 참다운 교제를 나눌 수 없는 것입니다.

어떤 사람들은 '죄에 대한 하나님의 진노'를 믿고, '그 진노가 이미 하늘로부터 나타났' (롬 1:18 참고)는 사실을 믿습니다. 또 어떤 사람들은 하나님의 진노를 전혀 믿지 않을 뿐만 아니라, 그러한 것을 가르치는 것은 하나님을 모독하는 것이라고 말합니다. 그들은 하나님께서 진노하실 수 있다는 것 자체를 믿을 수가 없다고 주장합니다. 그러한 두 부류의 사람들 사이에는 진정한 연합이 있을 수가 없습니다.

참된 교제는 성령의 역사하심으로써 사람의 타락한 상태에 관한 이러한 진수가 되는 진리들을 믿는 사람들, 아울러 우리가 다 '본질상 진노의 자녀라'(엡 2:3)라는 사실과 우리의 구원과 회복을 위해서 주 예수 그리스도 안에 있는 하나님의 행사를 믿는 사람들 속에서만 존재하는 것입니다.

바울이 갈라디아 사람들에게 말한 것처럼 자신들은 복음이라고 말하지만 '복음이 아닌'(갈 1:6,7 참고) 다른 어떤 것을 믿는 사람들과 주를 믿는 사람들 사이에는 진정한 교제가 존재하지 않습니다.

한 부류의 사람들은 자신이 구원받고 하나님의 거룩한 존전에 나아감을 얻었다고 믿습니다. 그들이 믿는 오직 유일한 근거는 하나님의 크신 사랑 속에서 당신의 아들을 '우리를 대신하여 죄로 삼으시고'(고후 5:21), '그 아들을 아끼지 아니하시고 우리 모든 사람을 위해서 내어 주신'(롬 8:32 참고) 사실입니다. 반면에 다른 부류의 사람들은 그리스도의 죽으심이 큰 비극이며 궁극적으로 우리 자신의 순종과 선행과 종교의 실제를 통해서 하나님께서 우리를 용서하시고 우리 자신을 구원한다고 믿습니다.

이러한 두 부류의 사람들 사이에 교제와 연합이 있을 수 있다고 말하는 것은 얼마나 우스꽝스러운 일입니까!"

이 연설에서 로이드 존스 목사는 특유의 힘과 따뜻함과 명료성을 가지고 논리를 제시해 나갑니다. 진리와 교리라는 두 기둥의 영향 없이 연합에 대한 생각들을 형성했던 사람들과 자신을, 면밀하고도 강하게 구분합니다.

그는 기독교 신앙이 분석되거나 면밀한 진술들과 전제들로 표현될 수 없다는 의미에서 '신비로운 것'이라는 주장을 받아들일 수가 없었습니다. 또한 그것이 대부분 알려지지 않은 채로 남아 있으며, 궁극적 진리를 감지하는 '통찰력'일 수 있다고 주장하는 다양한 관점들도 용납할 수 없었습니다. 그는 오류에 노출될까 봐 두려워 삼가는 것은 사랑 가운데 진리를 말해야 하는 그리스도인의 중요한 책임을 회피하는 것이라고 보았습니다. 궁극적으로 '박사'는 연합을 '생명의 차원'에서 보았던 것입니다.

"일차적으로 연합을 수적인 차원에서 생각해서는 결코 안 됩니다. 연합은 항상 생명의 차원에서 보아야 합니다. 수와 힘 있는 조직만을 중요하게 여기는 현대적 관점은 성경의 가르침을 정면으로 대치합니다. 그러한 관점은 '남은 자'에 대한 위대한 성경 교리를 정면으로 대적하고 있습니다.

요나단은 자기 병기 든 자 한 사람만을 데리고 블레셋 대군들을 대면해야만 했을 때, 그 진리를 아주 완벽하게 진술하였습니다. "우리가 이 할례 없는 자들의 부대에게로 건너가자. 여호와께서 우리를 위하여 일하실까 하노라. 여호와의 구원은 사람의 많고 적음에 달리지 아니하였느니라"(삼상 14:6).

또한 기드온과 미디안 사람들과의 싸움에서 이 교리는 더욱 결정적으로 드러납니다. 우리는 사사기 7장에서 하나님께서 이스라엘에게 승리를 주시기 전에 먼저 이스라엘의 군대 숫자를 삼만 이천 명에서 삼백 명으로 감축시키는 것을 발견합니다."

또한 그가 에베소서 4장 1-16절의 강해집, '그리스도인의 연합(Christian Unity)'에서 선언한 바도 이와 같습니다.

"성령으로 말미암는 연합은 우선 영적이고도 눈에 보이지 않으며 내적인 것입니다. 물론 그 연합은 눈에 보이는 외적인 모습으로도 드러납니다. 왜냐하면 우리가 그리스도인으로서 함께 경배하고, 교회에 속하여 있으며, 서로 끊임없이 접촉하기 때문입니다.

그러나 그 연합 자체는 내적인 것입니다. 우리는 그 순서의 중요성에 다시 한번 주목해야 할 것입니다. 외적인 것을 먼저 시작하고 나서 내적인 것에 도달하려고 해서는 안됩니다. 내적인 것을 먼저 시작한 다음에 그것을 외적으로 표현해 나가야 할 것입니다."

✺ 복음주의 내에서의 관계와 갈등

'박사'는 누구에게도 매이지 않는 독립적인 사고를 가지고 있었습니다. 그는 어떤 복음주의의 틀에도 자신을 꿰맞추지 않았습니다. 따라서 복음주의 내에서의 그의 상호 관계들이 항상 조화를 이루는 것은 아니었습니다.

그는 웨스트민스터 채플에서의 목회 사역을 채 2년도 남겨 두지 못한 때에 공개적으로 복음 전도를 하였던 여러 큰 분파들과 날카로운 갈등을 겪게 됩니다. 이 일은 1966년 8월 18일, 웨스트민스터 센트럴 홀에서 열린 '영국 내 복음주의 총회(National Assembly of Evangelicals)'에서 일어났습니다. 복음주의 동맹(Evangelical Alliance)이 그 모임을 지원하였고, 그래서 그는 이전에 사석(私席)에서 그 복음주의 연맹 위원들에게 진술하였던 관점과 논증들을 공식적으로 다시 진술할 수 있었습니다.

그 모임의 진정한 의미를 알아보기 위하여 그 모임의 배경이 되는 몇 가지 요인들을 살펴보되, 특히 웨일즈의 상황을 고려하는 것이 필요합니다.

1960년대 중반에 전통적인 교단들은 그들이 전통적으로 고수했던 역사적 표준(historical standard)뿐만 아니라 성경에 계시된 진리의 큰 부분들을 버린 것이 분명하게 드러났습니다. 바로 이때 웨일즈 출신의 박애주의자 데이비드 제임스(David James)가 상당한 액수의 돈을 비국교도 교단들에게 내어 놓았습니다. 단, 그 교단들이 제임스와 약정한 기한 내에 연합을 이룬다는 조건으로 말입니다.

에큐메니칼 운동(ecumenical movement, 교회 연합 운동)에 관심이 있는 사람들은 이 제안을 열렬하게 환영하며 받아들였고, 곧 교회 연합을 위한 제안서가 작성되었습니다. 그러나 복음주의자들은 그 일을 환영할 수가 없었습니다. 그들은 곧 그러한 제안에서 제시된 새로운 교회 구조가 광범위한 신학적 관점들을 모두 허용한 나머지, 교단들 내에서의 자신들의 입지를 재고하지 않을 수 없다는 것을 인식하게 되었던 것입니다.

수년간 알지 못하는 사이에 버림받은 근본적인 진리들은 교회 연합을 위한 제안들의 결과로 결성되는 어느 조직 안에서도 회복될 기미가 보이지 않았습니다. 그러나 잉글랜드의 상황은 전혀 달랐습니다. 평신도이든 성직자이든 간에 잉글랜드의 영향력 있는 사람들은 에큐메니칼 운동의 기본적인 강조점을 받아들이고 있었습니다.

이러한 모임들 때문에 로이드 존스 목사는 복음주의자들이 오랫동안 교회의 교리에 대하여 제대로 주의를 기울이지 못하였다는 것을 더욱 확신하게 되었습니다. 그가 이해하고 있는 신약 성경의 가르침에 의하면, 교회 분열의 죄악을 저지르는 사람들은 사실상 그리스도의 몸에 속해 있으면서도 여전히 여러 개의 교단으로 나누어져 서로 분리되어 있는 자들이었습니다. 그들만이 교회 분열의 죄를 지을 수 있었습니다.[11]

또한 그는 그들이 전통적 교단에 남아 있음으로써 (박사의 말대로) '자기들의 주를 부인한' 사람들이 한 일을 인정하고 있는 셈이라고 지적합니다. 즉, 그들은 주 예수 그리스도 자신과 그리스도의 교회를 대적하는 심각한 잘못을 자행한 것입니다. 그리고 그리스도께서 자신의 택성들의 선을 위하여 세우셨던 바로 그 제도를 모독한 것입니다.

그리하여 이들이 기성 교단들에 어느 정도까지의 영향력을 끼쳤는가에 대한 문제가 급박하게 떠오르게 되었습니다.

이것을 생각하면서 1966년 10월의 모임을 살펴보겠습니다. 그 모임을 지

---

11. *Striving Together: The Evangelical Movement of Wales – its principles and aims* (J. Elwyn Davies, Evangelical Press of Wales, 1984), pp.8-9.

켜보던 사람들은 그 회의의 분위기를 '흥분 어리다', '극적이다', '긴장이 가득하다' 등으로 다양하게 묘사합니다.

그 모임은 확실히 획기적인 것이었습니다. 왜냐하면 로이드 존스 목사는 복음주의자들을 설득시켜 '교회의 교리'에 대하여 진지하고도 건설적으로 생각하도록 하려는 목적을 가지고 있었기 때문입니다. 그는 이 주제야말로 더할 나위 없이 긴박한 것이라고 느꼈습니다. 왜냐하면 복음주의자들 사이에 이미 분쟁이 있었기 때문입니다. 그들 중 많은 사람들은 자신의 교단의 정체성을 보전하려는 데에 사로잡혀 있었습니다. 또한 박사가 그 문제를 진정으로 급박한 문제로 여긴 이유는 복음주의가 가진 에큐메니칼 운동과의 연결 고리들 때문이었습니다.

'박사'는 그의 연설을 두 가지 근본적인 질문들을 중심으로 구성하였습니다. "첫째, 복음주의자들이 단순하게 교회의 부속물로 남아 있을 준비가 되어 있는가? 둘째, 기독교회란 무엇인가?"

그는 복음주의자들이 연합해야 하며, 자신이 보기에 타협적인 교단들에서 떠나야 한다고 역설하였습니다. 그는 이렇게 하여야만 진정으로 진리를 견지하고 영예롭게 할 수 있다고 논증했습니다. 단지 수에만 관심을 기울이는 것이 아니라 믿음과 교리와 그에 마땅한 행실 속에서 동맹을 유지하기 위한 길은 그것밖에 없다는 것입니다.

그가 그 연설을 맺으면서 내리는 결론의 한 부분은 이에 대한 극적인 호소를 잘 드러내고 있습니다.

"우리는 수에 관심이 있는 것이 아니라 진리에 관심이 있습니다. 집으로 돌아가서 다시 한 번 기드온의 이야기를 읽어 봅시다. 그리고 하나님께서 한 사람을 통해서 어떻게 역사하시는지를 살펴봅시다. 만일 우리가 하나님의 진리를 위하여 단호한 자세로 서 있다면, 하나님께서 우리를 높이시고 복되게 하실 것이라고 확신합니다.

그러므로 동료 복음주의적인 그리스도인들이여, 분발하여 하나님의 부르심에 귀를 기울입시다. 만일 우리가 오직 한 가지 목적, 곧 주님의 영광만을 바라본다면, 우리는 성령의 인도하심을 받아 이 난제들에 대한 참된 해답을 얻을 수 있을 것입니다."12

그는 연설을 마치고 자리에 앉았습니다. 이때 곧바로 그 모임의 의장인 존 스토트(John Stott) 목사가 일어나서 강한 어조로, 로이드 존스가 지금까지 말했던 것에 대한 이의를 제기하였습니다. 로이드 존스의 논리가 수긍이 가든지 가지 않든지 간에 의장이 그런 식으로 불쑥 끼어드는 것은 분명히 질서에 어긋나는 일이었습니다. '박사'는 존 스토트 목사가 그런 식으로 행동한 것에 당연히 크게 실망을 했고, 두 사람 사이에 설전이 벌어졌습니다.

어떤 사람들은 이 설전을 두고 로이드 존스가 복음주의자들이 물러설 준비를 해야 한다고 주장했던 것이라고 이해하기도 했으며, 또 어떤 이들은 그가 그러한 결정적인 촉구를 하기 위해 발언을 할 수 있는 순간을 기다리고 있었던 것이라고 말하기도 하였습니다. 그러나 이러한 견해들 중 어느 것도 정확한 것은 아닙니다.

후에 스토트 목사가 회의를 그런 식으로 진행한 것에 대해 로이드 존스 목사에게 사과를 했다는 풍문이 떠돌았지만, 제가 아는 바로는 공적인 석상에서 그러한 사과를 한 적은 없습니다. 존 스토트 목사는 분명히 '박사'를 상당히 좋아하고 존중했습니다. 그리고 틀림없이 그는 그의 광범위한 영향력을 매우 예리하게 깨달았을 것입니다.

존 스토트 목사의 행동은 젊은 복음주의자 성직자들이 영국 국교회에서

---

12. *Evangelical Magazine of Wales* (April 1981), p.41.

대량으로 이탈할 것을 예상한 결과였을지도 모릅니다. 영국 국교회 내의 많은 젊은 복음주의 성직자들이 로이드 존스 목사의 견해에 영향을 받을 수 있었기 때문입니다. 그래서 존 스토트 목사는 이러한 조짐을 막기 위해 강력하게 대응해야 하겠다고 생각하고 그런 반응을 보였을 수도 있습니다.

거의 20년이 지나서야 깨달은 것이지만, 그 10월의 밤에 복음주의 동맹이 로이드 존스 목사를 초청하여 공식적으로 연설하도록 한 것은 특별한 이유 때문인 것처럼 보입니다. 그 회합을 주도했던 사람들은 로이드 존스가 어떤 노선을 따를 것인지를 이미 알고 있었음에 틀림없습니다. 그 모임에서 공식적으로 그의 견해를 드러낸 것은, 그 견해를 지지하는 열광적인 세력이나, 그러한 견해로 인하여 일어나는 큰 논란으로 제시되는 여러 제안들 자체를 태동 단계에서 죽여 버리고자 하는 의도가 있었을 가능성이 큽니다.

로이드 존스가 그 연설에서 밝히는 견해를 기대하는 사람이 많았음에도 불구하고, 그가 오염된 교단들에서 떠나라고 요청할 것이라고는 누구도 생각하지 못했을 것입니다. 복음주의 동맹이나 존 스토트 목사가 이런 요청에 대하여 타협점을 모색하려는 시도를 전혀 하지 않았다는 것을 생각하면, 무엇 때문에 존 스토트가 어느 편에도 기울어지지 않고 공정해야 할 의장의 역할을 다하지 못했는지를 이해할 수 있을 것입니다.

그러한 해석은 틀림없이 복음주의 동맹의 취지들에 있어서 명백하게 드러난 '정치적 관점'을 취하는 것에 영향을 줄 것입니다. 죽은 아이처럼 귀를 막고 있는 대부분의 사람들에게 무섭게 호소하는 그의 나팔 소리만이 남아 있을 뿐이었습니다. 유서 깊은 교단들로부터 복음주의자들이 대거 이탈하는 일은 없었습니다.[13] 특히 영국 국교회 내에 있는 복음주의 진영을 주도하는

---

13. 부록 4를 참고하십시오.

지도자들은 로이드 존스 목사가 자신의 관점을 주장하는 만큼 단호하게 그의 주장을 거부하였습니다.

그해에 로이드 존스가 다시금 영국 복음주의 협의회(British Evangelical Council)의 연례 회의에서 그러한 호소를 하였음에도 불구하고 그에 대한 반응은 냉담하였습니다. 오히려 그가 소망하였던 것과 정반대의 결과가 나타났습니다. 그 10월 모임의 여파로 복음주의 진영어 속한 이들 가운데 몇몇 분파들이 로이드 존스의 가르침에 등을 돌리게 된 것입니다.

그러나 이러한 경향과 비교하여 웨일즈 내에서는 세 가지 매우 중요한 움직임이 나타났습니다. 첫째로, 복음주의 신앙에 전적으로 힘 있게 헌신하는 새로운 교회들이 점차로 나타났습니다.

둘째로, 웨일즈 복음주의 운동(Evangelical Movement of Wales)이 관심을 가지게 된 문제들에 관하여 서로 논의하고 기도하기 위해서 '교회 쟁점을 위한 컨퍼런스(Church Issues Conference)'를 열었습니다.

셋째로, 1972년 8월에 신학의 우월성과 양심의 문제들 때문에 기존의 전통적인 교단들 내에 있는 대학에 다닐 수 없다고 느끼는 사람들을 위해서 4년제 신학 수련 과정이 생겼습니다. 이 과정은 세 가지 요건을 필수적으로 요청했습니다. 해마다 두 주간은 강의실에 출석하여 수업을 받아야 하며, 지정된 연구 과정을 1년 동안 밟아야 합니다. 그리고 개 교회의 목회자들로부터 교훈이나 가르침을 언제라도 받을 수 있게 합니다. 그러한 신학 과정이 시작된 지 10년이 지난 1982년에는 동일한 수업 내용을 완전히 웨일즈어로만 진행하는 과정이 생겨났습니다.

이처럼 웨일즈 내에서 감동적인 영적 쇄신의 물결이 일렁이는 것과는 대조적으로, 영국 국교회인 성공회에 속해 있는 복음주의자들의 관점은 그 후로 20년 동안 변하지 않았습니다. 이를 보여 주는 결정적인 증거가 1983년에 발행된 데이비드 왓슨(David Watson) 참사[14]의 자서전, 『당신은 나의 하나님』(You Are My God)에서 발견됩니다. 그는 감탄할 만한 이 역작의 11장에서 이렇게 역설합니다.

"만일 성령의 새롭게 하시는 역사(役事)가 정말 어떤 의미를 가지려고 한다면, 그 역사는 틀림없이 '주요 교단들(mainline denominations)' 안에서 일어날 것이다."

그는 또한, "하나님의 목적은 기존 기독교 전통들의 마른 뼈들을 새롭게 하시는 것이므로, 우리는 눈앞에 즐거움을 주는 어떤 것들 때문에 그 목적을 회피하려 해서는 안 될 것이다"라고 선언합니다.

그 자서전에서 그가 견지하는 종합적인 논지는 이러합니다.

"새롭거나 독립적인 그룹들을 창출하는 어떤 일을 하게 되면, 전 세계에 걸쳐 거의 이만 천 개의 교단으로 나누어져 있는 서글프고도 낙담스러운 기존의 상황을 더욱더 악화시키는 결과만을 가져올 것이다."

같은 장(章)에서 그는 세인트 마이클(St. Michael)의 요크(York)지방에 얼른 보기에 역설적(逆說的)인 형세(形勢)가 존재했었노라고 기록합니다. "나의 일이 갈수록 더 교회 연합 운동적이 되어 간다고 하더라도 우리는 더욱더 의식적으로 영국 국교도인 성공회 교도가 되었다."

그는 "성령의 새롭게 하시는 역사가 영국 성공회 전통 자체 내, 혹은 '다른 어떤 주류가 되는 전통' 안에 자리 잡은 것이 아니라면 전혀 가치가 없다"라고 결론을 내립니다.

데이비드 왓슨은 요크 지방에서 근본적으로 영국 성공회에 속해 있는 회

---

14. 역자주 – 영국 성공회에서의 대성당 참사(參事, canon) 회원을 가리킵니다.

중들이 그 예전(禮典, Anglican liturgy)을 따른 예배 형식 속에서 풍부하고 신선한 자유를 누리는 것을 발견했다고 합니다. 여기서 제가 말하려는 요지는, 왓슨이 주류 교단들 안에서만 개혁이 일어나야 함을 고집하는 것이, 바로 1966년 10월에 '박사'가 주장했던 것과 정면으로 충돌한다는 점입니다.

이 복잡하고도 긴장이 감도는 쟁점들은 그 의미에 따라 두 가지 서로 상반되는 생각들을 불러 일으킵니다. 먼저, 로이드 존스 목사가 전통적인 교단들과의 관계와 그 교단들에 미친 영향들이 어떠한지에 관한 문제요, 두 번째는 그가 보편적으로 복음주의에 끼친 영향이 어떠한지에 관한 문제입니다. 이 두 가지 문제에 대해서 정확하게 대답하는 것은 그리 간단하지 않습니다. 왜냐하면 그의 영향력의 범위를 측정하는 일이 거의 불가능하기 때문입니다.

전통적인 교단의 전통주의자들이든지 자유주의적인 색채를 띠고 있는 자들이든지 간에, 모두 로이드 존스 목사의 설교 속에 나타나 있는 논증의 지성적인 힘과 열정적인 웅변에 감탄하였습니다. 그러나 두 부류는 적어도 복음과 그들의 교회 자체의 본질에 관련된 많은 요점들에 대한 로이드 존스의 관점을 두고는 상이한 결론을 내렸습니다.

이러한 견지에서 볼 때 한 가지 설득력 있는 결론은, 그의 설교가 성공회교도들, 침례교도들, 메소디스트들이나 다른 이들이 전통적으로 견지해 왔던 특성에 대해서는 눈에 띌 만한 변화를 가져오게 하지 못했다는 것입니다. 그들이 특별하게 강조하고 주장하는 요점들에 대해서도 그러합니다.

아마 보편적으로 복음주의에 대해서도 이와 같은 결론이 적용될 수 있을 것입니다. 그의 설교는, 1922년에 풀 코너(Poole Conner) 목사가 설립한 '복음주의 독립교회 협의회(Fellowship of Independent Evangelical Churches, F.I.E.C.)'를 매우 격려해 주었습니다. 그러나 이미 밝힌 바와 같이, 복음주의

자들이 새로운 그룹을 형성해야 한다는 자신의 요청을 따르지는 않았습니다. 이러한 사실은 아마 노령(老齡)의 '박사'에게 상당한 좌절감을 안겨 주었을 것입니다.

또한 로이드 존스가 20세기에 주장하던 것과, 플리머스 형제단(Plymouth Brethren)15이 19세기에 주장하던 것의 연결 고리를 언급하는 것도 의미가 있을 것입니다. 그가 처음으로 형제단을 소개받은 것은 1929년 라넬리(Llanelli)에서였습니다. 그가 그곳에서 크리스마스를 보내고 있을 때, 지역 '노천 형제단 총회(Open Brethren Assembly)'는 그에게 스코필드 성경(Scofield Bible)16을 선물하였습니다. 머레이에 의하면, 그들은 로이드 존스에게 '예언적 신앙의 중요성을 유념해 달라'고 말했다고 합니다.17 그들은 로이드 존스의 비협조적인 태도를 보고 적지 않게 놀랐음에 틀림없습니다.

그 운동 출신으로 가장 잘 알려지고 가장 유능한 학자인 브루스(F.F. Bruce) 교수는 그때의 일을 더욱 정확하게 기억하고 있었습니다. 그는 어느 집회에서 잠깐의 휴식 시간을 맞아 휴게실에 앉아 있다가 자신들의 교회가 서로 연합하는 것을 불안해하는 많은 사람들과 깊은 대화를 나누고 있는 '박사'에게 주목하였습니다.

박사는 교단을 떠나서 새로운 복음주의적 그룹을 형성하는 것에 대한 자기 생각을 그들에게 설명하고 있었습니다. 그런데 그것을 지켜보고 있는 브루스에게 박사가 갑자기 물었습니다.

---

15. 역자주 – 세대주의의 창시자인 다비(J.N. Darby)는 교회를 '형제단(Brethren)'이라고 불렀다고 알려져 있는데, 이 본부가 플리머스 항구에 있었다고 하여 이러한 이름이 붙었다고 전합니다. 세대주의를 플리머스 형제단이라고 부르는 사람들도 있습니다.

16. 역자주 – 세대주의적인 성경입니다.

17. *Murray*, op.cit., pp.194-195.

"왜 당신들(형제단)은 이 일에 우리와 함께하지 않는 것입니까? 우리는 그 일에 있어서 가치 있는 어떤 일을 함께할 수 있습니다."

브루스의 회고는, 로이드 존스가 믿음을 이해하는 측면에서 형제단을 안중에도 두지 않았다는 식으로 형제단 사이에 유포된 추측을 바로잡아 줄 것입니다. 아마 그는 형제단은 어떤 연합이나 교회론적인 행위를 취할 수가 없다는 것을 인식하지 못했던 것 같습니다.

그들은 그러한 교회론적 존재(ecclesiastical existence)가 지역 개 교회 내에만 국한된 것이라고 여겼습니다. 각 형제단 교회는 독립적이고, 자치적입니다. 그 형제단 운동에는 여러 형제단 교회들을 함께 연결시키거나 서로 연관시키는 구심점이 전혀 없습니다. 그래서 로이드 존스 목사는 1966년 10월의 연설에서 그들을 전혀 언급하지 않았습니다.

그러나 그는 형제단에 속한 개개인에게 상당한 영향력을 끼쳤습니다. 형제단에 속한 많은 사람들은 런던에 있는 다른 많은 사람들처럼 정기적으로 웨스트민스터 채플의 주일 오전 예배에 참석하였습니다. 그들이 그렇게 웨스트민스터 채플을 찾은 까닭은, 믿음의 근본적인 요점들을 타협 없이 담대하게 설교하는 그의 진취적인 자세를 높이 평가하였기 때문입니다.

그러나 로이드 존스 목사의 견해가 자신들의 견해와 일치하지 않는다고 느껴질 때나, 믿음에 있어서 비본질적인 것으로 여기는 주제를 가지고 선포할 때, 그들은 자신이 로이드 존스와 항상 함께하지는 않을 것임을 미리 각오하고 있었습니다. '박사'와 형제단 사이에 견해 차이를 가장 심각하게 드러내는 것은, 성령으로 세례 받는 것에 관한 가르침입니다.

어떤 사람이 웨일즈에 있는 형제단에서 양육 받고 자라났다면, 그 사람은 로이드 존스의 영향을 받았을 것이라고 단언할 수 있습니다. 제가 학교에서 공부를 계속해 나갈 때, 그의 복음 설교를 듣고 엄청난 격려를 받은 일을 지금도 기억합니다. 대학을 다니는 동안 그의 영향력은 더욱더 커졌습니다. '좌우로 흔들리는 60년대'에는 냉소주의와 표준들을 낮추는 일이 팽배하였지만, 박사의 사역을 통해서 얻은 저의 반석 같은 확실성 앞에서 그것은 맥을 추지 못하였습니다. 저와 같은 세대에 속한 다른 많은 그리스도인들에게도 동일할 것입니다.

그 논쟁을 불러 일으킨 1966년 10월의 그 밤 이후 거의 20년이 지나면서 나타난 모든 현상에서 끌어낼 수 있는 결론들은 무엇일까요?

개인적인 차원에서 로이드 존스의 용기는 정말 존경받을 만합니다. 그는 논쟁거리가 될 만한 주제에 대한 견해들을, 다른 관점을 가진 사람들에게도 담대하게 제시할 준비가 되어 있었습니다. 그는 포괄적이고도 힘 있게 자신의 논리를 전개해 나갔습니다. 의심할 여지 없이 그가 말할 수밖에 없었던 요점들에 대한 어떤 이들의 반응은, 불행히도 로이드 존스 목사를 서글프게 하였고, 그로 하여금 혼자라는 외로움을 느끼게 하였습니다.

그러나 이 일에 관하여 전반적으로 주목할 만한 특성은 그가 자신의 생애 속에서 만났던 이전의 다른 사람들과 같이, 자기와 근본적으로 의견을 달리하는 사람들에게도 여전히 친절하게 대할 수 있고, 그들과 함께 있을 수 있는 능력을 가지고 있었다는 것입니다.

불가피하게 분기점이 된 그 밤의 일의 여파로, 말도 안 되는 자기 아집에 사로잡힌 입장들이 수용되었고, 꾸며 낸 이야기들이 널리 퍼졌으며, 불필요하게 거친 견해들이 파급되었습니다. 특히 그의 견해들이 우선적으로 반(反)성공회적이라는 꾸며 낸 이야기들이 전해졌습니다.

그러나 그것은 사실이 아니었습니다. 그가 논증을 통해 반박한 것은 큰 우산과 같은 조직이었습니다. 다시 말하면, 교회를, 완전히 다른 관점들을 가지고 있는 사람들까지도 포용하기에 충분히 광범위한 조직으로 생각하는

'포괄주의적'인 관념을 배격하였던 것입니다. '박사'는 복음주의자들이 그러한 집단에 머물러 있는 것은 교회의 본질과 기능에 관한 신학의 가르침을 소홀히 하는 것이라고 주장하였습니다.

또 다른 오해는 교회를 이탈하는 시기에 관한 것입니다. 어떤 사람들은 로이드 존스 목사가 즉각적으로 교회와 교단에서 이탈할 것을 주장한다고 단정하기도 했고, 또는 적어도 빠른 시간 내에 그렇게 할 것을 촉구했다는 식으로 말하기도 했습니다.

그러나 그는 전혀 그러한 의도로 말한 적이 없었습니다. 그는 교단을 이탈하는 것이 '일률적으로' 일어나는 문제라고 보지 않았습니다. 그가 볼 때, 그 일은 인내하면서 관용을 가지고, 아울러 존귀함을 잃지 않고 접근해야 할 문제였습니다. 그 문제야말로 교회 안에 있는 사람들을 교육하는 차원에서 이루어져야 하는 것으로 보았습니다. 그리하여 사람들로 하여금 그 주제에 대한 신학적인 가르침에 온전히 동조할 수 있도록 해야 한다는 것입니다. 그래서 점차 그들이 그 가르침을 적용하고 그 가르침에 따라서 행동할 용의를 가지도록 해야 한다는 것입니다.

그는 '한 번에 한 발자국씩' 접근해 나가야 함을 강조하였습니다. 그는 목사들과 평신도들이 자신들의 교단을 떠난다는 생각을 할 때, 형제적인 그리스도의 사랑의 자세로 해야 함을 강조하였습니다. 즉, 어쩔 수 없이 이렇게 하는 것이라는 식으로 행동해야 한다는 것입니다. 그 일은 '그들'의 논리가 아니라 '우리'의 논리로서 가장 분명하게 진행되어야 합니다.

또한 그는 재산 문제가 수반될 때에는 그와 연관된 일들을 처리하되, 우애(友愛)와 예의를 갖추고 처리해야 한다고 말합니다. 언제라도 신랄한 법률적 거래의 정신에 가능한 한 사로잡히지 않고 진행해야 합니다.

지금은 이렇게 로이드 존스 목사가 마음에 두었던 것을 사람들이 충분히 이해했더라면, 그것에 수반된 여러 난제들을 피할 수 있었음이 분명해졌습니다. 그러나 그가 그 일을 마음에 두고 있었을 당시에는, 그가 무엇보다 진리에 관심을 두었음을 모든 이들이 완전히 다 이해할 수는 없었습니다.

20년 전에 나온 논증들 중에 무엇이 옳고 무엇이 그른지 간에, 오늘날의 전통적인 교단들과 복음주의의 상태를 숙고하는 것은 유익한 작업입니다. 전통적인 교단들 내에서는 성경의 진리를 그 교단의 선입견과 관습에 맞추는 일이 계속되고 있습니다. 비국교도 교회이든지 성공회 교회이든지, 정규적인 기반을 가진 영국의 교회들의 출석률이 점차 감소하고 있습니다.

또한 전통적인 교단들 내에 머물러 있는 복음주의자들은 갈수록 혼돈에 빠져 가고 있으며, 진리와 실천 모두에 강한 긴장이 서려 있습니다. 많은 복음주의자들 역시 영국 내에서 자유주의 신학이 가차없이 진군하는 것을 보면서 낙담하고 있습니다.

그러한 요인들이 더하여 갈수록 부흥은 계속 지연되고 있습니다. 부흥이야말로 로이드 존스 목사가 부단히 기도하고 바라던 바입니다. 그러나 유럽과 미국 출신의 뛰어난 복음 전도자들이 간헐적으로 대규모 전도 집회를 여는 일을 통해서 바로 이 사실에 대한 인식이 희미해지고 있습니다. 그러나 '박사'와 우리가 너무나 잘 알고 있듯이 복음 전도가 부흥은 아닙니다.[18]

로이드 존스 목사의 예언자적 호소는 1966년에는 크게 무시당하고 말았습니다. 그러나 제가 보기에 1986년에는 그 예언자적 외침이 여전히 건전하고 성경 진리와 일치하고 있다는 가치를 드러내고 있습니다.

---

18. '박사'는 에반스(Eifion Evans)의 『1904년의 웨일즈 부흥』(The Welsh Revival of 1904)의 서론에서 이렇게 말합니다. "그리스도인들은 반드시 부흥과 조직화된 복음 전도의 차이를 분명하게 알아야 합니다."

로이드 존스에 대한 평가들

"예레미야 시대처럼 사람들이 당혹해하면서 '주께로부터 임한 어떤 말씀이 있는가?' 라고 울부짖었을 때, '있다' 라는 대답이 다시 주어진 것입니다. 그것은 새로운 것이 아니었습니다. 그러나 하나님의 말씀이 언제나 그러하듯이, 그것은 온전히 그 시대에 맞는 것이고 전적으로 시의 적절한 것이었습니다."

5장

로이드 존스에 대한 평가들

이 책은 학문적인 전기(傳記)가 아니라 오직 공적인 전기일 뿐입니다. 또한 이 책은 한 위대한 인물의 공덕을 아무런 비판 없이 기리기 위한 것도 아닙니다. 그러나 '박사'가 많은 사람들에게 막대하면서도 지속적인 영향력을 끼친 것을 인정하는 것은 중요한 일입니다. 바로 이 장은 많은 이들의 전형이 되기에 적합한 '사례가 될 만한 사실들'을 담고 있습니다.

✽ 철저한 복음주의자가 말하는 로이드 존스

이러한 개인적인 견해들을 소개하면서, 맨 처음으로 퀸 스트리트(Queen Street)에 있는 서레이 고달밍 침례교회(Godalming Baptist Church)의 데렉 문(Derek Moon) 목사에게로 시선을 돌려 보겠습니다. 그는 1940년대 후반에 잠시 동안 웨스트민스터 채플의 한 지체가 결성하고 지도하는 성경 공부에 참여한 적이 있습니다. 그렇게 그는 마치 주변인처럼 그 교회와 연결이 되어 있었고, 로이드 존스 목사와도 간헐적으로 접촉하게 되었습니다.

그런데 로이드 존스 목사의 에베소서 1장 13절 설교 테이프를 들었을 때, 그러한 간헐적이고도 주변적인 접촉이 의미 있는 진전을 하게 되었습니다. "그 안에서 너희도 진리의 말씀, 곧 너희의 구원의 복음을 듣고 그 안에서 또한 믿어 약속의 성령으로 인치심을 받았으니(In whom ye also trusted after that ye heard the word of truth, the gospel of your salvation, in whom also after that ye believed, ye were sealed with the Holy Spirit of promise)."[1]

이 구절에 대한 강해는 데렉에게 깊은 인상을 남겼습니다. 그는 이 강해로 인해 자신이 그리스도인이 되어야 할 필요성을 온전히 인식하게 되었습니다. 그리고 그는 그리스도인이 되었습니다. 그 후 한 주가 지나기 전에 성령 세례를 체험하게 됩니다.

그는 2년 동안 웨스트민스터 채플에 참석하였고, 계속되는 성경 강해를 통해서 큰 은혜를 받았습니다. 그리고 자신의 회심에 대해 '박사'와 의논하였고, 장래를 위한 계획과 목적에 대해서도 상의하였습니다. 금요일 밤과 주일은 그에게 교훈과 지식을 얻는 시간들이 되었고, 갈수록 기독교 지식에 대한 이해가 증가하였습니다. 그리하여 그의 멘토와 같이, 그도 행실과 교리가 서로 분리될 수 없는 관계임을 알게 되었습니다. 믿음과 행위가 서로 결합되어 있다는 것을 알게 된 것입니다.

그 후 1960년대 초에 데렉은 하반트(Havant)의 레이 파크(Leigh Park)에 있는 다른 침례교회로부터 부목사로 와 달라는 청빙을 받았고, 1963년 1월에 그 교회에서 장립을 받게 됩니다. 로이드 존스는 데렉에게 영적인 권면자

---

1. 이는 흠정역(Authorized Version)을 번역한 것입니다.

일뿐만 아니라 침례교단에 보낸 그의 지원서에 서명한 추천인 중의 한 사람이기도 했습니다. 로이드 존스 목사와의 관계는 다른 여러 면에서 깊어졌습니다. 물론 주로 웨스트민스터 협의회를 통해서였습니다.

데렉 목사는 박사에게서 받은 주요한 영향에 대해서 말해 달라는 요청을 받고 다음의 여섯 가지 요인들을 말하였습니다.

"첫째, 설교할 때의 엄청난 권위가 있습니다. 그것은 어린 그리스도인들과 학생들, 성숙한 그리스도인들, 또한 목사들에게까지 확신을 주었습니다. 당시의 분위기로는 복음주의자가 되기로 작정하는 것은 별로 인기가 없었습니다. 이러한 권위는 그가 훈련된 자세로 하나님의 말씀을 끊임없이 읽은 직접적인 결과가 아닐까요?

둘째, 진리의 중요성에 대한 끊임없는 강조입니다. 로이드 존스 목사에게 있어서 오류를 저지르지 않기 위한 유일한 방호책과 안전책은 항상 변치 않는 성경의 진리였습니다.

셋째, 사람들에게 용기를 주는 위대한 격려자로서의 능력입니다. 특히 그는 어려운 시기를 통과하고 있는 이들에게 그러하였습니다. 그 어려움이 영적인 것이든 정서적인 것이든, 또는 심리적인 것이든 상관없이 말입니다.

넷째, 다른 그리스도인들에게 본을 보이는 그의 삶입니다. 그의 생애는 절제와 헌신과 일관성으로 유명했습니다.

다섯째, 영적으로 생각하는 것을 강조한 점입니다. 이러한 강조는 하나님의 말씀이 근본적으로 중요함을 강조하는 중에 나온 것입니다. 웨스트민스터 협의회에서 그는 사람들이 명료하지 못하고 희미하거나 비논리적이거나 되는 대로 적당하게 생각하는 것을 참을 수 없어했습니다.

여섯째, 하나님의 사람으로서의 그의 품격들입니다. 로이드 존스 목사는 단지 한 사람의 설교자만이 아니었습니다. 그는 모든 의미에서 항상 진지하고도 청결한 마음과 용기를 가진 하나님의 사람이었습니다. 그는 교회 연합에 대한 자신의 입장이나 빌리 그레함 전도 대회와의 협력을 거절할 때 필연적으로 따라올 고독을 참아낼 각오가 되어 있었습니다."

이러한 내용에 첨가하여 데렉은 박사의 특별한 기억력과 기민한 재치를 언급합니다. 또한 그의 생애는 지극히 행복한 결혼으로 말미암아 전혀 흐트러짐이 없는 총체적인 응집력을 가졌다는 사실도 언급합니다.

❈ 학계의 권위자가 말하는 로이드 존스

저는 학계를 대표할 만한 목사 중 한 사람으로, 지금은 은퇴하여 서레이의 크랜레이(Cranleigh)에서 살고 있는 클레멘트 코넬(Clement Connel) 목사의 말을 들어 보았습니다.

그는 캠브리지에서 고전(古典)들을 전공하고 나서 리젠트 파크 칼리지(Regent Park Collge)에서 2년간 더 연구하면서 침례교회에서의 목회 사역을 준비하고 있었습니다. 클레멘트는 그 후에 15년을 목사로 섬겼습니다. 그중 10년은 하로우(Harrow)의 레이너 힐(Rayner's Hill)에서 사역했고, 나머지 5년은 런던 남부의 헤르네 힐 침례교회(Herne Hill Baptist Church)에서 사역하였습니다. 그 후 25년을 줄곧 런던 바이블 칼리지(London Bible College)에서 신약과 헬라어 신약을 가르쳤습니다. 또한 그중 24년 동안은 여러 연구소의 소장으로 섬겼습니다.

클레멘드의 관점은 데렉과는 약간 차이가 있었는데, 그것은 클레멘트는 데렉과 달리 로이드 존스에게서 영향을 받은 시점이 이미 체험되고 성숙한 그리스도인이 된 이후였기 때문입니다.

그는 1942년부터 1962년까지 20년간 웨스트민스터 협의회의 회원이었고,

1945년과 1946년에 그 협의회의 서기로 활동하였습니다. 그러하기에 그는 2차 대전을 거쳐 박사가 목회직에서 은퇴하기 6년 전까지의 일을 박사의 곁에서 지켜본 증인이었습니다.

클레멘트의 회고에 따르면, 그가 젊은 목사로서 그 협의회에 처음 가입하였을 때, 그 모임은 매월 정기적으로 열렸는데, 모이는 날 오후 1시 30분에 시작하였으며, 당시 총 회원은 20명에서 30명 정도였다고 합니다. 당시에는 회원의 수를 의도적으로 매우 제한하였습니다. 왜냐하면 그 협의회가 너무 커지지 않게 하기 위함이요, 또한 끊임없이 논란을 불러 일으킬 만한 관점들을 가진 이들에게는 가입을 권하지 않기로 했기 때문입니다.

모임을 시작하면서 그들은 먼저 성경적인 문제들에 대하여 논평하거나 회원들의 어려움들을 서로 나누었습니다. 그러고 나서 차를 마시면서 잠깐의 휴식 시간을 가진 다음 더욱 자세하게 논의할 주제 하나를 회원들의 동의로 결정합니다.

그는 로이드 존스 목사가 이러한 토론을 인도하는 데 '능숙' 하였다고 말합니다. 브루스 교수도 여러 번의 I.V.F. 컨퍼런스를 통해서 바로 그 점을 지적하였습니다.

그는, 주제를 분석하고 있는 중에는 자신이 '확신하는 바가 있음'에도 불구하고 자기의 관점을 직접적으로 진술하지 않았습니다. 그러면서도 그는 토론을 잘 인도하였고 회원들을 자기가 원하는 방향으로 인도하여 바른 결론들을 내릴 수 있게 하였습니다. 클레멘트는 로이드 존스 목사와 의견을 달리하는 회원들도 마음 놓고 자신의 의사를 표현할 수 있었다고 말합니다. 때때로 로이드 존스는 토론을 활발하게 하기 위하여 스스로 '마귀의 대변인'의 역할을 하기도 하였습니다.

'박사'는 남런던에 있는 클레멘트의 교회에 설교를 하러 가기도 하였고,

후에는 런던 바이블 칼리지의 신축 건물 준공식 예배에서 설교하기도 하였습니다. 그는 그런 기회를 빌어 복음주의 신앙의 초석들을 견지하여야 함을 강조하였습니다.

여기에서 클레멘트가, 로이드 존스 목사가 자신에게 미친 영향에 대해서 어떻게 생각하고 있는지를 살펴보겠습니다.

"웨스트민스터 협의회의 가치와 의미를 두 가지로 생각할 수 있습니다. 하나는 실제적인 목회에 대한 도움을 얻을 수 있었다는 것입니다. 그는 경험을 통해서 매일의 목회 사역 속에서 일어나는 복잡한 난제들을 알고 있었습니다. 그래서 젊은 사역자들에게 능히 실제적인 조언을 할 수 있었고, 그로 인해 젊은 목회자들은 크게 감사해하였습니다.

또 하나는, 성경의 많은 대목에 대한 통찰력입니다. 물론 그러한 통찰력을 가지게 된 것은 수년 동안 진지하고도 주의 깊게 성경을 숙고한 결과였습니다. '박사'는 사람들이 이미 가지고 있는 복음주의 신앙에 힘을 주고, 많은 이들에게 신앙의 길을 소개하였습니다. 특히 국제대학생회(I.V.F.)를 통해서 잉글랜드와 웨일즈에 있는 여러 학생 단체들에 속한 회원들에게 복음적인 신앙을 격려한 일은 주목할 만한 일입니다."

클레멘트는 그의 가르치는 사역의 전반에서, 특히 성령의 인침(Sealing of Spirit)이라는 중대한 주제에 대해서 로이드 존스와 함께하였습니다. 그러나 그 역시 1966년 10월에 로이드 존스 목사가 복음주의자들에게 촉구한 일은 '합리적이지 못하고 비현실적'이라고 느꼈습니다.

클레멘트는 로이드 존스에 대한 인상을 다음과 같이 말합니다.

"한 사람으로서, '박사'는 자신을 격렬하게 반대하는 사람들 속에서도 우의(友誼)와 은혜의 심정으로 자제하면서 침착함을 분명하게 유지하였습니다.

한 설교자로서, 그는 성경의 한 대목이나 중요한 본문의 의미를 밝혀내는 방식이 독특했습니다. 특히 절실한 삶의 상황들과 관련될 때에는 더욱 그러하였습니다. 그의 방식은 단순한 주해(註解) 정도에 그치지 않았습니다.

목회자와 상담자로서, 그는 이해심이 많을 뿐 아니라 확실한 도움을 주었습니다. 언제든지 개인적인 난제들을 도울 준비가 되어 있었습니다. 또한 언제나 교회에서 어려움을 겪고 있는 경험이 부족한 목사들을 도울 준비가 되어 있었습니다."

웨일즈의 개혁주의자가 말하는 로이드 존스

웨일즈 사람들이 '박사'를 어떻게 보는지에 대해서는, 감사하게도 24년 동안 히스 복음주의 교회(Heath Evangelical Church, 전에는 장로교회였음)의 담임 목사였던 버논 하이암에게서 들을 수 있었습니다.

그는 자신의 어린 시절을 떠올립니다. 그가 어릴 적에, 부모가 맨체스터의 자유무역청(Free Trade Hall)에 엄청나게 많은 청중들을 불러 모았던 한 설교자에 대해서 이야기하는 것을 들었습니다. 그때 하이암 목사는 볼턴에서 살고 있었으며, 전에는 카디프 나르펀에서 살았습니다. 당시 로이드 존스 목사의 이름이 추앙받고 있었습니다.

하이암이 처음으로 로이드 존스 목사의 설교를 들은 것은, 1946년에 그가 카마르덴에 있는 트리니티 칼리지(Trinity College)를 다니고 있을 때였습니다. 그는 로이드 존스 목사가 '다곤과 법궤'에 대한 메시지를 전하는 것을 듣고 큰 충격을 받았습니다. 그래서 그는 하나님에 대한 진지한 질문을 던지기 시작했습니다. 후에 그는 아베리스트위스(Aberystwyth)에 있는 신학 대학의 학생이 되고 나서 회심하게 됩니다.

그는 이제 자기에게 충고해 주고 자기의 방향을 지도해 줄 누군가가 필요하게 되었습니다. 그러하기에 '박사'와의 첫 만남 이후에 다시 그와 대면한 일은 정말 고무적인 일이었습니다. 그 만남은 1956년 라넬리에서 로이드 존스 목사가 설교를 하기 전에 성경봉독과 기도를 하이암에게 부탁하면서 이루어졌습니다. 로이드 존스 목사가 강단에서 내려와서 그에게 말을 건넸습니다. "사랑하는 아들아, 네가 나를 도왔구나."

정말 그처럼 뛰어난 인물로부터 그러한 칭찬을 듣다니! 그 칭찬은 입에 발린 것이 아니었습니다. 이렇게 만들어진 두 사람 사이의 연결 고리는 로이드 존스 목사가 삶을 마칠 때까지 계속되었습니다.

버논 하이암은 또한 '박사'가 란데위브레피(Llanddewibrefi)에서 설교하던 1960년의 어느 날을 회상합니다. 그때 두 번의 설교가 있었는데, 둘 다 웨일즈어로 행해졌고, 약 900명의 사람들이 그 설교를 들었습니다. 이날은 버논 하이암에게 있어서 여러 면에서 주목할 만한 날이었습니다. 그는 로이드 존스 목사로부터 부성애적(父性愛的) 충고를 받았고, 목회 사역에 관한 여러 가지 문제들을 우호적이고도 친밀하게 나누었습니다.

그러나 그것만이 전부가 아니었습니다. 저녁 집회를 마치고 나서 로이드 존스 목사는 자신이 받은 사례비(謝禮費)를, 사양하는 버논 하이암에게 선물로 받으라고 강청하였습니다.

로이드 존스 목사는 히스(Heath)에 오면 꼭 설교를 하곤 하였으며, 그러한 때에는 '박사'는 하이암과 점심과 차를 함께하곤 하였습니다. 사실 그는 거의 55년 동안 매년 그렇게 하였습니다. 그가 그 교회를 마지막으로 방문한 때는 1979년 10월이었습니다.

1970년부터 1976년 사이에 하이암 목사가 웨일즈 장로교회로부터 이탈하는 문제로 고민하고 있을 때에, 로이드 존스 목사는 하이암에게 엄청난 용기를 불어넣어 주었습니다. 그 당시 매우 외롭고도 염려스러웠던 버논 하이암은 전화로 로이드 존스와 많은 논점들에 대해서 논의하는 일을 매우 귀하게 여겼습니다.

또한 런던에서 두 목사는 사모들과 함께 만나기도 하였습니다. 카디프에서 로이드 존스 목사가 BBC와의 인터뷰에 응했을 때에도 그들 부부는 서로 만났습니다. 그들의 우정은 그때쯤에는 상당히 깊어져 있었고 지속적이고 강화되어 있었습니다. 어떤 의미에서 버논 하이암 목사는 로이드 존스 목사의 가족이 있는 자리에 늘 나타나곤 하는 일원이 되어 있었습니다.

버논 하이암은 또한 자신의 건강이 악화된 일과 관련된 다른 사건을 언급합니다. 그는 천식으로 인한 합병증으로 고생하였습니다. 1965년의 어느 토요일에 하이암 목사는 자신이 너무 쇠약해져서 목회 사역을 계속할 수 없다고 느꼈습니다. 그때 마침 기차를 이용하여 스완시(Swansea)로 여행할 계획을 세우고 있던 '박사'가 이 소식을 듣고 그의 일정을 바꿔서 차를 몰고 카디프에 있는 버논 하이암 목사의 집을 방문하였습니다. 그는 하이암 목사에게 설교하는 일을 계속하라고 종용하였습니다.

또한 1972년, 로이드 존스 목사가 연례적으로 히스 교회를 방문하기로 되어 있는 날 바로 전날에 버논 하이암 목사의 주치의는 그가 계속 병원에 머물러 있는 것이 좋겠다는 판단을 내렸습니다. 그리하여 하이암 목사는 한 해의 최절정으로 여기는 일을 놓치게 된 셈이었습니다. 그런데 로이드 존스 목사가 하이암 목사가 있는 병원으로 찾아왔습니다. 그리고 그 병실에 있는 다른 환자들과도 간단하게 대화를 나누었습니다.

설교할 일 때문에 로이드 존스 목사가 병실을 떠난 후에 로이드 존스와 대화를 나누었던 한 환자가 버논 하이암에게 와서, 즈금 전에 찾아왔던 그분이 누구냐고 물었습니다. 처음에는 하이암이 대충 대답하면서, 왜 그것을 알고 싶어하느냐고 물었더니 그 환자는 이렇게 대답하였습니다. "그분이 너무나 정결하기 때문이에요."

잠시 후 버논은 그 병동에서 걸어 다니다가 천식으로 크게 고통을 받고 있는 한 사람과 마주치게 되었습니다. 그는 병세가 매우 심하였습니다. 그러나 그는 이렇게 말하였습니다.

"우리 천식 환자들은 새벽에 대해서는 전문가들이죠. 우리는 흔히 새벽을 기다리곤 하죠. 그러나 지금 나는 그 희망이 하나의 연못이 되었다고 말하고 싶습니다. 새벽은 이제 믿음의 새벽이 되었습니다."

그는 박사의 사역을 통해서 이미 회심한 사람이었습니다. 그때 그는 1947년에서 1949년 사이에 정기 간행물로 발행되었던 『희망이 연못이 되리라』(The Mirage Shall become a Pool)라는 책을 읽고 있었던 것입니다.

버논 하이암은 마지막으로 1977년 초에 뉴포트(Newport)에 있는 그레함 해리슨 목사의 교회에서 열렸던 집회와 연관된 일을 회상합니다. 그는 자신을 괴롭히는 두려움 때문에 마음이 매우 쇠약해져 있었습니다. 그 정도가 얼마나 심한지를 로이드 존스 목사가 그에게 물었습니다. 그런 다음에 로이드 존스 목사는 함께 기도하여 사탄을 물리쳐야 한다고 제안하였습니다.

버논 하이암은 로이드 존스 목사와 함께 힘 있고도 집중적으로 기도하면서 하나님의 임재를 느꼈습니다. 그 기도를 통해서 사탄을 물리쳤을 뿐만 아니라 그 이후에 그의 천식으로 인한 어려움들도 모두 치료되었습니다. 그 이후부터 그에게는 천식을 위한 약물 치료가 필요하지 않게 되었습니다. 전에는 주말에 설교를 하기 위해 교회에 갈 때 약을 한 꾸러미나 가지고 가야만 했지만 이제는 약에 대해서는 생각조차 하지 않아도 되는 것입니다.

로이드 존스 박사와 버논 하이암 목사의 우정은 이미 말했듯이 박사의 생애 끝까지 계속되었습니다. 로이드 존스 박사가 마지막으로 그를 방문하였을 때, 버논 하이암에게 두 가지 일을 기억하라고 요청하였습니다.

"나는 은혜로 말미암아 구원을 받은 죄인일 뿐입니다. 영원한 나라에 넉넉히 들어감을 얻게 해 달라고 나를 위해서 제발 기도해 주시오."

그 후 하이암은 로이드 존스 목사의 장례식을 집례하라는 요청을 받았고, 버논 하이암은 그것을 큰 명예로 생각하였습니다.

하이암 목사에게 '박사' 께서 당신에게 어떤 의미를 가지느냐고 묻자 그는 이렇게 말하였습니다.

"그는 실로 정말 순결하신 분이었고, 온전히 신뢰할 만한 분이었습니다. 그분이 어떤 것에 대해서 말씀하신다고 할지라도, 그가 그것을 깔보거나 멸시하는 것이 아님을 절대적으로 확신할 수 있었습니다. 다른 사람에게 힘과 위로를 주는 이 정직성과 능력은 박사의 사모에게도 동일하게 있었습니다. 그분은 친절하시고 자상하시지만 결단코 천박한 유머를 하지는 않았습니다.

나는 설교자와 목회자로서 내가 아는 거의 모든 것을 그분에게서 배웠습니다. 그분이 하나님의 말씀을 강론하는 것을 듣는 것은 삶의 최고의 기쁨 중의 하나였습니다. 그분은 목사들에게만이 아니라, 거대한 무리를 이루어 그의 설교를 듣기 위해서 몰려든 일반 사람들에게도 깊은 영향력을 끼치는 삶을 영위한, 탁월한 그리스도인이었습니다."

❖ 그와 다른 길을 선택한 사람이 말하는 로이드 존스

'박사'에 대해 여러 가지 복합적인 관점들을 가진 이들이 있습니다. 그중에 한 사람이 찰스 마틴(Charles Martin) 목사입니다. 그는 제게 보낸 편지에서 자기 입장을 요약하여 다음과 같이 밝혔습니다.

"내가 회중 교회(Congregatioal Church)에 부임한 것은 1972년 7월이었습니다. 그때는 그 교회가 장로교도들과 연합하기 직전입니다. 1978년까지는 미래에 대한 아무런 계획도 없이 그 교회에 머물러 있었습니다. 그러나 1978년에 이르러서는 당시에 연합 개혁 교회(United Reformed Church)라고 불리는 교단에 머물러 있기로 뜻을 정하였습니다. 사실 제가 마음을 정하지 못하고 있을 동안에 저는 웨스트민스터 협의회의 일원이었습니다. 그때 '박사'가 저에게 두 통의 편지를 보내왔습니다.

첫 번째 편지는 제가 조언을 부탁드린 데 대한 답장이었는데, 정말 은혜롭고도 도움을 주는 답장이었습니다. 그분은 제 편지를 보고는 제가 의도하였던 것보다 조금 더 나아간 자리에서 저를 이해하고 있었습니다. 저에게 연합 개혁 교회 교단을 떠나라고 종용하셨을 뿐 아니라, 그런 결정을 내리는 것을 당연한 것으로 여기셨습니다. 심지어 목회지를 찾는 것을 도와주시겠다는 제안까지 하셨습니다.

얼마 후에 저는 그분께 당시 제가 사역하고 있던 세인트 조지 햄스테드(St. George's Hampstead) 교회의 25주년 예배에서 설교해 달라고 부탁을 드렸습니다. 그때가 1979년 11월이었습니다. 박사의 건강이 아주 좋지 않은 상태라는 것을 알았지만 그분은 흔쾌히 허락하셨습니다. 그러나 후에 그분은 제가 연합 개혁 교회 교단의 목회자로 남아 있기로 결정하고 웨스트민스터 협의회를 떠났다는 것을 아시고는 그 허락을 취소하셨습니다. 그분의 두 번째 편지는 정중하였으나 교제의 단절을 분명하게 통보하는 것이었습니다."

찰스 마틴은 로이드 존스 목사가 자기 교단에 미친 영향에 관해서 분명한 견해들을 가지고 있었습니다.

"저와 그분과의 접촉은 시기적으로 매우 늦었습니다. 그분으로부터 영향을 받은 사람들의 대부분이 회중 교회 연합 교단(Congregational Union, 나중에는 Congregational Church가 됨)을 오래전에 떠났습니다. 그러나 저는 그분이 끼친 중요한 영향이 복음주의자들이라고 자처하는 우리를 격려하여 진리를 위해 단호한 자세를 견지하라는 것이라고 생각하였습니다.

사실 그분은 두 가지 다른 영향력을 가지고 있었습니다. 첫째로 그분은 우리의 교단들을 양분화시켰습니다. 혹은 그렇게 되도록 영향력을 행사하였습니다. 그분은 복음주의자들을 투쟁하는 세력으로 만들어 갔습니다. 둘째로 그분은 저를 포함한 몇 사람들에게 우리의 동기(動機)를 보다 더욱 깊이 점검할 수 있도록 격려했습니다. 그리고 오늘날과 같이 복음주의에 등을 돌리는 상황에서 복음주의자가 된다는 것에 관하여 왜 절실하게 느껴야 하는가를 정리해 보게 하셨고, '예수님을 바라보면서 우리 앞에 펼쳐진 길을 인내하며 달려가도록' 용기를 주었습니다.

제가 마음을 정하는 데 도움을 준 한 가지 일이 있는데, 그분은 그 일을 결코 알 수 없을 것입니다. 그리스도의 몸 된 교회가 어디에 존재하든지, 거기에는 그리스도의 몸을 더럽히고 변질시키는 것이 있기 마련입니다. 단지 자신이 복음주의 협의회, 또는 회중 교회, 그와 같은 성질을 가진 어떤 그룹에 속해 있는 목사라고 자처하는 것이 교회 안에 있는 문제들로부터 도망쳤음을 뜻하지는 않는다는 것입니다. 교리적인 불순에서는 피할 수 있을지라도 얼마든지 교만과 굳은 마음으로 가득 차는 상황에는 다시금 처할 수 있는 것입니다. 그것은 틀림없이 교리적인 오류만큼이나 성령님을 근심시키는 것이고, 그만큼 복음에 해를 가하는 것입니다.

저는 그런 일이 다음과 같은 식으로 찾아온다고 생각합니다. '박사'께서 충만하게 가지고 있는 그 명료한 비전이 때로는 더 교활한 모습을 띠거나 흐려질 수도 있다는 것입니다. 기독교 신앙과 목회 사역에 있어서 숙고해야 할 여러 가지 중요한 다른 면들과 똑같이 말입니다. 성령께서는 우리가 꿈꾸지 못하는 곳에서 역사하십니다."

찰스 마틴의 이러한 견해는 로이드 존스 목사와 적대적인 것은 아닙니다. 그러한 관점은, 로이드 존스 목사가 1966년 10월에 복음주의자들에게 촉구한 그 일이 있은 후 몇 년 동안 연합 개혁 교단에 속한 많은 사람들이 가지고 있던 반동적 관점을 매우 단순하고도 전형적으로 나타낸 것일 뿐입니다.

사실 찰스 마틴은 로이드 존스 목사에 대하여 긍정적인 입장을 가지고 있습니다. 그럼에도 불구하고 왜 이 두 사람이 서로 다른 길을 갔는지, 그 이유는 쉽게 알 수 있습니다.

교리적 불순은 피할 수 있을지 모르지만 교만과 굳은 마음을 피하기는 어렵다는 논증은 '박사'의 관점에 전혀 영향을 주지 못했을 것입니다. 왜냐하면 로이드 존스는 정확하게 이해되고 적용된 교리가 그리스도인을 교만과 오만, 또는 어떤 다른 결함, 비그리스도인적 행실에 빠지지 않도록 안전하게 지켜 준다고 주장하고 싶었을 것이기 때문입니다. 로이드 존스 목사가 교리를 따로 떼어서 보거나 일상의 삶에서 분리시켜서 본 적이 없다는 사실을 생각할 때 그것은 정말 옳은 말일 것입니다.

간헐적인 만남을 가진 사람이 말하는 로이드 존스

로이드 존스 목사와 오랜 시간 동안 간헐적으로만 접촉했던 사람들이 많이 있습니다. 그럼에도 불구하고 그들도 그의 목회 사역과 설교에 관한 나름대로의 관점을 제시할 수 있으며, 그의 개인적인 인품과 전체적인 영향력에 대해서도 나름대로의 관점을 제시할 수 있습니다. 이러한 사람들 중에 한 사람이 스코틀랜드 어스킨의 윌리엄 맥밀란(William McMillan) 목사입니다.[2]

그는 보수주의적 복음주의자로 그리스도인으로서의 삶을 시작했습니다.

그러나 후에 그 입장은 크게 바뀌었습니다. 그는 한 통의 편지를 통해서, 지금은 작고한 트룬(Troon)의 세인트 조지 교회(St. George Church)의 톰 알란(Tom Allan) 목사의 견해를 알려 주었습니다. 그는, '로이드 존스 목사야말로 영어로 성경을 가장 위대하게 강해한 사람일 것이다' 라는 견해를 가지고 있었습니다.

맥밀란은 로이드 존스 목사가 1950년대 후반과 1960년대 초반에 스코틀랜드를 여러 번 방문하였던 것 중에 한 경우를 기억하고 있었습니다. 그것은 스코틀랜드의 국립 성경 공회(National Bible Society of Scotland)가 주최하는 주요 행사와 연관된 방문입니다.

"이 행사는 한 주간 내내 지속되는 일련의 집회들로 이루어져 있었습니다. '박사'는 세인트 조지 교회에서 점심 시간에 드려지는 예배에서 말씀을 증거하였습니다. 말씀의 주제는 '그리스도와의 혼인(Being Married to Christ)' 이었습니다. 설교는 오후 1시 10분에서 1시 45분까지, 약 35분간 전해졌습니다. 그 설교가 도시의 근로자들을 위한 것이었기 때문에 시간이 엄격히 제한되어 있는 것을 알고 그는 평소보다 덜 열정적이었습니다. 그러나 저녁 집회에서 몇 번에 걸쳐서 설교한 뒤에는 자신의 본래 모습을 되찾았습니다."

스코틀랜드에 방문한 또 다른 경우에는 사도행전 24장을 본문으로 해서 설교를 하였는데, 이 역시 주목할 만한 것입니다. 맥밀란 목사는 그 설교가 어떠했는지를 제게 묘사해 주었습니다.

"그 설교의 제목은 '벨릭스와 두르실라 앞에 선 바울' 이었습니다. 그 설교는 한 시간가량 진행되었습니다. 그러나 길게 느껴지지는 않았습니다. 그는

---

2. 맥밀란 목사는 1984년 8월에 매우 친절하게도 자신의 견해를 자세히 담은 편지를 저에게 보내왔습니다.

설교에서, 셰익스피어가 자신의 희곡(戲曲)에 등장하는 인물들의 성격을 묘사하듯이, 관련된 세 사람의 특성을 개요적으로 설명하였습니다. 그런 다음 그는 선(善)과 절제와 심판에 관한 바울의 강론을 살펴보았습니다. 끝으로 복음을 거절하는 벨릭스에 관하여 언급했습니다. 그 설교는 위대한 강해였고 정말 힘 있는 설교였습니다."

맥밀란의 세 번째 회고는 1960년대 후반에 있었던 일련의 청년 집회들과 연관된 것입니다.

"트룬의 세인트 조지 교회당은 1,200여 명의 사람들로 가득 찼습니다. 그 설교는 시편 8편을 본문으로 삼고 있었는데, 미국 우주인들이 달에 착륙한 것과 연관된 설교였습니다. 1시간 15분 동안 계속된 그 설교는 세 가지 중요한 질문들을 중심으로 전개되었습니다. 곧, 이 시편에서 하나님에 관해 무엇을 배울 수 있는가? 이 시편에서 사람에 관해 우리에게 무엇을 보여 주는가? 그리고 우리는 이 시편으로부터 예수님에 관해 무엇을 배우는가? 그 설교로 인하여 그날 밤은 충만한 도전의 밤이 되었습니다."

이러한 여러 경우들이 맥밀란으로 하여금 '박사'에 대한 종합적인 평가를 내리게 해 주었습니다.

"나는 비록 근본주의자는 아니라고 하더라도 그분에 대한 높은 존경심을 가지고 있습니다. 그분은 목회 사역 전체를 통하여 큰 용기와 일관성을 보여 주었으며, 설교자로서의 소명에 대해 정말 신실하였습니다. 그는 한 번도 설교 준비를 소홀히 한 적이 없었습니다. 저는 최근에 그의 설교가 담긴 카세트 테이프 몇 개를 구입하여 듣고는 많은 유익과 은혜를 받았습니다. 그분은 의심할 여지 없이 하나님의 위대한 사람입니다. 다른 많은 사람들처럼 저는 그의 목회를 통하여 복을 받았습니다."

맥밀란 목사의 평가는 이 장에 소개된 다른 역사적 사례들에 비하여 포괄적이지는 않지만, 의미 있고 공정합니다. 그는 근본주의자가 아님에도 불구하고 로이드 존스의 설교가 힘을 북돋아 주고 사람의 마음을 고양시키는 특성이 있음을 발견하였습니다. 그는 로이드 존스 목사가 정직한 사람이며, 설교자로서의 자기 소명에 매우 충실한 사람이었음을 알았습니다. 무엇보다 그는 로이드 존스를 '하나님의 사람'으로 생각하였습니다.

이러한 평가는 절대적으로 받아들여야 합니다. 심지어 많은 논란의 대상이 되는 그의 일부 신학적 견해에 반대하는 사람들마저도 받아들여야 하는 사실입니다. 맥밀란처럼 바로 그러한 사실에 주의를 기울여야 할 것입니다.

❁ 웨스트민스터 채플의 평신도가 말하는 로이드 존스

지금까지 소개된 견해들은 목회 사역이나 학문의 영역에서의 전문가들이 가지고 있던 견해입니다. 그러나 지금 소개할 웨스트 서섹스(West Sussex)의 크로리 다운(Crawley Down)에서 살고 있는 말콤(Malcom)과 메리 신딘(Mary Sinden)은 그러한 전문가가 아닙니다. 그들은 1950년대 초에 웨스트민스터 채플에 참석하여 정기적으로 예배를 드렸습니다. 비록 그들이 런던에서 다른 곳으로 이사를 하게 되었지만 그때에도, 그리고 로이드 존스 목사가 그 교회에서 은퇴한 이후에도 몇 번 더 그를 만날 기회가 있었습니다.

그들이 그를 마지막으로 만난 것은, 그가 1976년, 취핑 노톤(Chipping Norton)에서 열린 코츠월드 바이블 위트니스 집회(Cotswold Bible Witness Rally)에 방문했을 때였습니다.

그들은 기독교 가정에서 자라났고, 그들의 삶은 복음적이고도 성경적인 믿음 안에 잠겨 있었습니다. 그들은 자라나면서 죄에 대한 각성을 경험하고 그리스도인으로 헌신했습니다.

그러나 영적 보호막이 되어 주던 가정을 떠나자 그들의 믿음은 혹독한 시험과 시련을 받게 되었습니다. 말콤은 2차 세계대전 후반기에 군대에 들어가면서 그 신앙의 혹독한 시련을 겪었습니다. 메리는 교원(敎員)들을 길러 내는 대학에 등록하면서 그런 시련을 만났습니다.

'박사'는 그들에게 매우 특별한 의미가 될 만한 존재로 나타났습니다. 그들의 말을 들어 보겠습니다.

"우리는 복음에 익숙해져 있었습니다. 믿음으로 하나님의 자녀가 되었다는 점에 대해서 확신하였고 거의 의심할 여지가 없었습니다. 건전치 못하거나 세상에 속한 것들이 비집고 들어올 틈을 허락하지 않기 위해 견고하게 구축된 방어 구조가, 비록 우리의 마음에서는 아니더라도 우리의 생각 속에서는 하나님께서 형성해 놓으신 어떤 공백들을 채우지 못하게 만들었습니다.

우리가 수년간 들어왔던 충실한 가르침에도 불구하고, '우리가 그 모든 것을 다 안다'는 희미한 의식, 일종의 익숙함이 자리 잡고 있었습니다. 그러나 우리 속에 있는 소망에 관한 절대적인 확신이 넘치는 이유를 제시할 준비나 무장은 되어 있지 않았습니다.

바로 그때 로이드 존스 목사를 만났습니다. 수년 동안 우리는 방어적인 마음을 가지고 있었습니다. 우리는 우리가 참석했던 어느 교회당 밖의 작은 머릿돌에 새겨져 있던 글을 기억합니다. '복음을 변명하기 위하여 세우다(Set for the defence of the gospel).'

우리의 이 '방어적이고도 변증적인 태도'는 로이드 존스 목사의 논리적인 설교를 듣고 바뀌었습니다. 웨일즈에서는 그분을 교회에서 일어난 배도(背道)의 교리를 되돌린 분이라고 평하였습니다. 잉글랜드에서 그의 목소리는 단호하고도 확신이 넘치며, 거침없이 흘러나왔고, 전혀 타협하지 않고 차근 차근 메시지를 풀어 나갔습니다.

당대의 많은 설교자들에게서 전형적으로 나타나던 방식, 곧 음악이나 간증, 어떤 술수나 시선을 끌기 위한 재미있는 이야기들을 덧붙이는 식의 수단은 하나도 없었습니다. 그의 설교는 단순하고도 힘 있고 권위 있는 설교였습니다. 언제나 그 전해진 메시지와 짝을 이루었던 감동적인 믿음의 찬송시 몇 구절을 인용할 뿐이었습니다.

그의 설교는 시간마다 언제나 누구든지 복음의 진리와 그 논리성을 한순간이라도 의심할 수 없게 만드는 감동을 주었습니다. '박사'는 복음을 위하여 결단코 '겸연쩍어하는 변명조'로 말한 적이 없었습니다. 우리는 그분을 '진리를 위한 최상의 대언자'로 기억합니다.

그분은 설교를 시작하면서 간단한 요점들을 반복적으로 제시하고 나서 '마귀의 논리'를 철저하게 쳐부수곤 하였습니다. 정확하고도 분석적으로 말입니다. 그러면서도 누구든지 충분히 이해할 수 있을 만큼 평이하게 진행되었습니다. 마귀의 논리를 '쳐부수는 일'을 하고 나면, 모든 사람은 진실로 '그것이 의미가 있는 줄을 이제 알았네요'라고 말하게 되었습니다. 또한 그런 일은 성령의 권능 안에서 구원하고 견지하는 은혜를 힘입어, 설교의 긍정적인 부분을 듣기 전부터 일어났습니다."

말콤과 메리 신딘이 그의 설교에서 받은 주된 인상은 다른 많은 사람들과 같이 그의 설교의 권위와 능력으로 인한 것이었습니다. 그들은 또한 웨스트민스터 채플에서 로이드 존스가 목회하던 시대에 대한 오해를 절대로 용납하지 않았습니다.

웨스트민스터 채플은 단순히 주일에 회사에 출근하는 사람들을 위하여 설교하는 곳이 아니었습니다. 웨스트민스터 채플은 많은 사람들에게 특별한 기회를 제공했습니다. 즉, 학생들이나 젊은 사업가들은 런던 중심부의 아주 가까이에서 그의 설교를 들을 수 있었던 것입니다. 뿐만 아니라 웨스트민스터 채플은 가족적인 교회였습니다.

말콤과 메리가 로이드 존스 목사의 목회 사역을 통해서 받은 격려는 그들에게 그리스도인으로서의 체험이 계속되는 하나의 동인이 되었습니다. 곧 그들이 후에 런던에서 이사하여 서레이의 어핑턴(Uffington)이나 보내마우스(Bournemouth)나 빈스컴브(Binscombe)에서 기독교 사업에 뛰어들어 일할 때도 여전히 유효하였다는 말입니다.

그들의 관점은 그들이 '회중 속에 있는 사람'이었기 때문에 특히 가치가 있습니다.

오랜 친분을 가진 사람이 말하는 로이드 존스

다음에 소개할 사람은 거의 40년간 '박사'와 여러 번 접촉을 가졌던 해롤드 로드웰(Harold J. Rodwell) 목사[3]입니다. 그는 지금은 은퇴하여 더햄(Durham)에 살고 있습니다.

해롤드가 처음으로 박사와 접촉하게 된 것은 참으로 기이하고도 특별한 상황에서였습니다.

"나는 1943년 2월 10일자 'The Christian Herald'에 게재된 박사의 설교들 가운데 한 편을 읽는 중에, 복음을 설교하기가 가장 어려운 부류의 사람이 농촌에서 일하는 사람들이라고 하는 그의 견해를 보게 되었습니다. 그

---

3. 감사하게도 그는 나에게 편지를 보내 주었을 뿐만 아니라, 그가 로이드 존스 목사에게서 받은 편지를 빌려 주기도 하였습니다.

들이 노천(露天)에서 보내는 시간이 많기 때문인지, 통풍이 잘되지 않는 교회당 안에서는 꾸벅꾸벅 조는 경향이 있다는 것입니다.

나는 이 진술이 사실과 다르다고 생각했습니다. 나는 어찌나 화가 났던지, 그를 만나기만 하면 따져 묻겠다고 생각했습니다. 그런데 그 기회가 1943년 10월 워씽(Warthing)에서 휴가를 보낼 때 찾아왔습니다.

나는 테버나클(Tabernacle) 교회당으로 찾아갔습니다. 그리고 예배를 드리고 난 다음에 그 교회 사무장에게 박사와의 면담을 요청하였습니다. 박사는 친절하게도 곧바로 나를 만나 주었습니다. 인사를 나누고 나서 대번에 'The Christian Herald'에서 읽었던 설교에 관해서 이야기했습니다. 나는 '만일 박사가 우리 교회에 오셔서 설교하신다면 졸지 아니할 농부들과 그들이 고용한 일꾼들로 이루어진 회중을 박사 앞에 대령시키겠다'라고 말했습니다. 박사는 매우 재미있어 하면서 나의 도전적인 요청을 받아들였습니다."

이 일로 인하여 로이드 존스 목사는 1944년 5월 30일에 해롤드 목사가 사역하고 있는 헌팅던셔(Huntingdonshire)의 옐링(Yelling)에 있는 교회의 설립 기념 예배에서 설교를 하게 되었습니다. 그날의 모든 예배마다 예배당은 사람들로 가득 찼습니다.

해롤드와 로이드 존스 목사와의 만남은 그렇게 시작되어 로이드 존스 목사가 세상을 떠날 때까지 지속되었습니다. 로이드 존스가 쓴 마지막 몇 통의 편지 가운데 하나(1980년 12월 4일자)가 바로 해롤드 로드웰 목사에게 보낸 것입니다.

"나의 친애하는 친구여,

당신의 친절한 편지를 받은 것이 얼마나 유익한지요. 정말 그 편지는 저에게 큰 기쁨을 주었습니다.

5장 로이드 존스에 대한 평가들 175

저는 당신이 생생하게 언급한 모든 사실들과 사건들을 기억하고 있으며, 그 일들을 생각하면서 하나님께 감사합니다.

불행히도 제 건강이 좋지 않습니다. 1976년에 한 번의 수술을 받았고, 올해 6월에도 또 수술을 받았습니다. 6월에 받은 수술 이후에는 아무 일도 할 수가 없습니다. 3, 4주마다 병원에 가야 합니다. 오히려 그 일이 나를 더 쇠약하게 만듭니다.

저는 우리가 함께 은혜로운 하나님의 선하심을 즐거워한 일과 그토록 오랫 동안 우리에게 주신 한없는 복락으로 인하여 하나님께 감사합니다.

저는 당신이 어떻게 느끼는지를 잘 알고 있습니다. 그러나 하나님께서 당신을 인도하실 것입니다.

우리 가족은 따스한 사랑의 문안을 당신과 당신의 가족들에게 보내며, 하나님께서 당신을 더욱 복되게 하시기를 기도합니다.

당신을 진실로 사랑하는 D.M. 로이드 존스."

'박사'는 의심할 여지 없이 자신을 잘 드러내지 않는 사적인 사람이었습니다. 어떤 사람들에게는 그가 차갑고도 냉정하고 엄격하게 보였습니다. 이안 머레이가 쓴 박사의 전기를 읽은 많은 사람들은, 실제로 박사와 인격적으로 만나는 것이 어떤 것이었을까에 대해 감을 잡을 수 없어서 당황하곤 하였습니다. 그러므로 해롤드 로드웰이 가진 박사에 대한 인상들은 박사에 대해서 상당히 많은 것을 말해 준다는 점에서 중요한 공헌을 하고 있는 것입니다.

"박사는 나를 편안하게 해 주는 정말 놀라운 능력을 가지고 있었습니다. 그는 결단코 자신이 어느 누구보다 더 큰 사람인 체한 적이 없습니다. 그는 항상 다른 사람의 말을 청종하고 경청할 준비가 되어 있었으며, 판단을 내리는 데에는 매우 조심스러웠습니다.

나는 어떤 주제에 대해서도 그와 의논할 수 있다고 생각했습니다. 특히 결혼 초기의 가족 문제에 관해서도 그와 상의할 수 있었습니다.

우리의 우정은 내가 침례교회를 떠나 1950년 영국 국교회에 가입했을 때, 조금 부자연스러워졌습니다. 그러나 1967년에 내가 침례교회에서 장립을 받았다는 소식을 그에게 알리자, 그는 매우 행복해했습니다.

그가 얼마나 큰 회중 앞에 있든지, 또는 다른 사람들과의 관계로 얼마나 바쁘든지 간에, 나는 항상 문안 인사 몇 마디를 전하기 위해서 그를 만날 수 있었으며, 가능하면 기도의 말까지도 나눌 수 있었습니다.

그는 언제나 내 아내와 가족들, 나의 교회, 나의 농장에 관심을 가져 주었습니다. 내가 1970년 동부 앵글리아(East Anglia)를 떠난 후에는 그와 직접 만나서 대화를 나눌 기회는 없어졌지만, 우리는 계속해서 편지로 관계를 유지하였으며, 그 일은 그가 세상을 떠날 때까지 계속되었습니다.

나는 항상 그를 하나님과 동행한 사람으로 기억할 것입니다. 그는 영혼들과 살아 계신 하나님의 교회가 잘되는 일에 큰 열정을 가지고 있었습니다. 또한 값없이 베풀어 주시는 주권적인 은혜의 교리를 선포하는 일을 사랑했습니다."

해롤드 로드웰의 회고들은, 로이드 존스 목사가 정말 가까이하기 쉬운 사람이었다는 것을 보여 줍니다. 그가 해롤드에게 보낸 편지들에는 진정한 따뜻함이 있습니다.[4]

---

4. 그 두 통의 편지를 여기에 싣는 것이 유익하리라 생각됩니다. 둘 다 박사의 사저인 런던의 어링(Ealing)의 마운트 파크 스트리트 39번지에서 보낸 것입니다. 첫 번째 편지는 1961년 3월 16일에 쓴 것입니다.
  "친애하는 친구여,
  오늘 아침에 당신의 편지를 통해 헌팅던셔에 정착하였다는 소식을 접하고 여간 기쁘지 않습니다. 그렇게 하한편 해롤드의 논평들은 '박사'를 그처럼 견고한 사람으로 만든 영성과 인품의 조화를 분명하게 보여 줍니다. 그의 조언은 지혜롭고도 건설적이었습니다. 그는 사람들을 다루는 일에 있어서 예민한 감각을 가지고 있었습니다. 그는 연단을 받은 사람이었지만 차갑거나 무뚝뚝하지 않았으며, 진지하고도 동정심을 가진 사람이었습니다.

❧ 복음주의 세계를 정확히 관찰한 친구가 말하는 로이드 존스

저는 마지막으로 전에 프리 칼리지(Free College)의 교수였던 콜린스를 만

신 것은 정말 잘하신 것 같습니다. 그곳에서 매우 행복해지실 것이라고 확신합니다. 특히 사모님께 알맞는 어떤 일을 만나게 되리라 믿습니다. 처방받은 대로 꼭 지켜 나가면 건강이 아주 좋아질 것을 확신합니다. 편지로 소식을 알려 주시니 정말 좋습니다. 1944년 그 끔찍한 시기에 친절을 베푸신 일을 우리는 결코 잊지 못할 것입니다. 우리 가족 모두는 당신의 가족들 모두를 진심으로 사랑합니다.

진실한 당신의 벗 D.M. 로이드 존스."

이보다 앞서 1960년 4월 2일에 보낸 편지도 같은 맥락에서 쓴 것입니다.
"나의 친애하는 친구여,

우리가 지난번에 만나기는 하였지만 다시 한 번 당신을 뵙고 간단한 대화를 나눌 수 있었던 일이 제게는 얼마나 즐거운 일이었는지를 알려 드리기 위해서 간단하게 몇 마디를 적어 보내는 것이 좋다고 생각되어 이렇게 편지를 씁니다. 당신을 만나서 지난 수년 동안 우리가 나눈 행복한 교제를 회고할 수 있다는 것은 언제나 기쁨입니다.

말씀드렸듯이, 당신이 정말 어려운 시기를 겪었다는 소식을 듣고서 안타까우면서도, 당신에게 일어난 일에 대해서 듣는 것이 즐겁습니다. 당신을 요동하게 하는 그 모든 일들에도 불구하고 예전과 같이 잠잠하게 견뎌 내고 믿음과 용기와 소망으로 충만한 상태를 유지하는 것을 보는 것이 좋습니다. 언제나처럼 그 때문에 당신을 만나는 것이 제게는 그렇게 좋은 것입니다.

하나님께서 당신의 모든 가족에게 끊임없이 복을 주시기를 원합니다. 제 아내도 저와 같이 당신의 가족 모두에게 가장 따뜻한 사랑을 보냅니다. 진실한 당신의 벗 D.M. 로이드 존스."

나 보았습니다. 그는 '박사'에 대한 논평을 하기에 아주 적절한 사람입니다. 학문적인 사람이면서도 설교자이고, 박사의 친구이기도 하기 때문입니다.

그가 저에게 보낸 긴 편지에서 회상하는 바에 따르면, 로이드 존스 박사가 스코틀랜드에서 설교하기 오래전부터 그곳에 있는 사람들은 그 이름을 친숙하게 알고 있다고 합니다.

그러나 물론 그곳에는 박사를 석연치 않게 보는 시각들도 있었습니다. 의학과 같은 중요한 전문직을 위한 공부를 한 사람이 거기에서 등을 돌려 전혀 공부하지 아니한 다른 세계로 들어가는 것이 옳은지에 대한 문제가 제기되었던 것입니다. 스코틀랜드 사람들 역시 로이드 존스가 '별난사람'이라고 생각했습니다. 그 단어의 의미를 가장 좋게 받아들인다고 하더라도 '보통 사람들과는 다른 사람, 또는 주의 깊게 대처해야 할 인물'이었던 것입니다.

그가 훌륭하게 출발을 한 것은 사실입니다. 그러나 그가 그 진로로 계속 나아갈지가 의문이었습니다. 그래서 1938년 스코틀랜드의 글래스고(Glasgow)에서 여러 날 밤에 계속해서 설교를 하게 되었을 때, 거기에 몰려든 청중들은 스스로 그 문제에 대한 판단을 내릴 기회를 가졌던 것입니다.

청중들의 결론은 만장일치였습니다. 하나님을 위한 새로운 음성이 그 나라에 울려 퍼지기 시작했고, 사람들은 그 소리에 귀를 기울였습니다. 글래스고 사람들은 새로운 사도적 목회 사역이 시작되었다고 확신하였습니다.

그렇다면 에딘버러 사람들도 그들과 동일한 확신에 이르게 되었을까요? 에딘버러 사람들이 '박사'를 평가할 기회는 1939년 4월에 찾아왔습니다. 그때 그는 에딘버러의 어셔 홀(Usher Hall)에서 일주일 동안 열리는 선교 대회에 초청받았습니다.

"밤마다 홀은 간절한 마음으로 말씀을 듣는 사람들로 가득 찼습니다. 청중들 가운데는 젊은 사람들이 아주 현저하게 많았습니다. 그의 설교에는 현대적 복음 전도의 기교들이 전혀 나타나지 않았습니다. 설교는 평이하고도 견실하며 탐사적이었고, 마음을 사로잡았습니다. 에딘버러는 글래스고와 마찬가지로 그와 그의 메시지를 존중했습니다.

로이드 존스 박사는, 그렇게 스코틀랜드 복음주의자들이 젊은 시절에 참석했던 그 집회들을 통해서 그들의 마음속의 한 자리를 얻게 되었고, 평생 그 자리를 빼앗기지 않았습니다.

그가 감당하기에는 너무나 많은 설교 요청이 쇄도하였습니다. 그런데 놀라운 것은 그가 그렇게 많은 요청들을 다 수락하였다는 것입니다. 스코틀랜드 복음주의 협의회(Scottish Evangelical Council)는 그를 거듭 초청하여 집회에서 설교하게 했습니다. 글래스고, 에딘버러, 던디(Dundee), 그리고 애버딘(Aberdeen) 등의 가장 큰 홀을 정해 놓고 그를 위한 집회를 일부러 마련하였던 것입니다. 인버네스(Inverness)에서도 그를 초청하였습니다. 딩월(Dingwall)과 스토노웨이(Stornoway)에서도 그렇게 하였고, 결국 그의 이름은 스코틀랜드 전역에서 귀에 익은 단어가 되었습니다."

이 순회는 스코틀랜드의 신앙 역사에 있어서 특별한 의미를 가진 시기에 일어났습니다.

"스코틀랜드는 이미 선진 운동(Forward Movement)을 시작했으며, 종교적 캠페인(Religion Campaign)과 성령의 싸움의 증거를 시작했고, 영적인 기운을 더욱 북돋우기 위하여 다른 여러 수단들을 강구하고 있었습니다.

그러나 그 결과는 절망적이었습니다. 교회는 여전히 침체 상태였으며, 제자리에 계속해서 머물러 있을 것 같았습니다. 교회 연합 운동 지도자들은 자기들이 구상하는 '세계 교회(World Church)'를 위한 청사진을 만드느라고 분주했습니다. 그러나 그 일들은 계획대로 진행되지 않았습니다.

그런데, 예레미야 시대처럼 사람들이 당혹해하면서 '주께로부터 임한 어떤 말씀이 있는가?' 라고 울부짖었을 때, '있다' 라는 대답이 다시 주어진 것입니다. 그것은 새로운 것이 아니었습니다. 그러나 하나님의 말씀이 언제나 그러하듯이, 그것은 온전히 그 시대에 맞는 것이고 전적으로 시의 적절한 것이었습니다."

콜린스는 로이드 존스의 특별한 일화에 대하여 언급합니다.

"한번은 인버네스에서 목회자들을 상대로 하는 집회가 열렸는데, 로이드 존스 박사는, 여기저기를 다니면서 경험한 교회의 상황 속에서 발견했던 약속의 표지들을 알려 달라는 요청을 받았습니다. 그는 그 요청을 받아들여 앞으로 다가올 좋은 일에 대한 조짐을 보여 주는 사건들과 상황들을 주의 깊게 예시하면서 분석하였습니다.

이어진 토론에서 한 목사가 일어나서 말했습니다. 최근에 일어나고 있는 좋은 일에 대한 조짐들 중에 교회 연합 운동에 대해서 박사가 전혀 언급하지 않은 것이 놀랍다는 것입니다. 박사가 그 이유를 어떻게 설명했는지를 아십니까? 그에 대해 즉시 대답했습니다. 그가 그 운동을 언급하지 않은 것은 그것이 현시대와는 전혀 상관이 없다고 여겼기 때문입니다!

그러나 그 질문자는 만족하지 않았습니다. 분명히 그는 계속 고집을 부렸습니다. 많은 교회들이 함께 기독교 연합에 관심을 갖는 것이야말로 최고의 조짐으로 간주되어야 한다고 주장하였습니다. 그러면서 앞으로 부흥이 도래할 것을 보여 주는 것 중에 그보다 더 분명한 조짐을 찾을 수 있겠냐고 되물었습니다. 박사의 대답은 이러하였습니다. '그러면 목사님은 따로 떨어져 뒹구는 시체들을 함께 모아 놓으면 살아날 것이라고 믿으십니까? 그것은 흥미로운 이론이군요. 그러나 저는 그 이론을 받아들일 수 없습니다.'

당황한 질문자는 손을 들어 항복하고 말았습니다!"

이 일화에 대해서 콜린스 교수는 다음과 같이 논평하였습니다.

"그러나 그 대답은 장난기 어린 농담이 아닙니다. '박사'는, 자유주의적인 교회 연합 운동 사업은 그들이 공언(公言)하는 목적을 결코 성취할 수 없다고 판단했습니다. 진리의 성령께서는 계시된 진리의 궁극적인 표준과 그렇게 명백한 차이를 보이는 노력을 인정하지는 않을 것입니다."

콜린스는 또한 로이드 존스 목사가 스코틀랜드 복음주의자들에게 그처럼 뜨겁게 환영받은 몇 가지 이유를 말하였습니다. 다음 내용은 그 이유 중 하나입니다.

"박사는, 지극히 어려운 상황 속에서도 개혁주의의 분명한 노선을 견지하려고 애쓰는 소수 그룹들과 교단들의 일에 협력할 충분한 각오가 되어 있었습니다. 그는 실로 이러한 여러 단체들 사이에서 살아 있는 연결 고리가 되었습니다. 그리고 우리는 모든 특별한 경우에 그가 어떻게 처신하는지를 주목하였습니다."

끝으로, 콜린스 교수는 '박사'에 대해 가졌던 전반적인 인상을 다음과 같이 요약하였습니다.

"우리는 모두 교회 연합 문제들에 있어서 로이드 존스 박사의 지도력을 암묵적으로 인정하고 있었습니다. 우리는 에딘버러에서 많은 토론을 거쳐 영국 복음주의 협의회(British Evangelical Council)를 조직하였으며, 잉글랜드와 스코틀랜드, 웨일즈와 아일랜드로부터 발기인들을 선출하고 교단들의 상호 교육을 통해서 그 협의회를 진행하기로 계획을 세웠습니다. 그 과정 전반에 걸쳐 '박사'께서 도움을 주셨으며, 그 협의회가 몇 년 동안 성장하는 데에는 박사의 지혜로운 지도에 많은 덕을 입었습니다.

로이드 존스 박사는 실로 '시의 적절한 시기에 그 교회에 주어진 위대한 사람'이었습니다. 그가 목회자로서의 역할을 감당했던 잉글랜드와 웨일즈에서는 그가 행한 일 때문에 특별하게 기억될 것입니다. 그런데 스코틀랜드도 그를 기억해야 할 중요한 이유를 가지고 있습니다. 그를 통해서 회심한 사람들이 스코틀랜드의 변경(邊境) 지역 전체에서 발견되었으며, 심지어 스코틀랜드 해안을 둘러싸고 있는 가장 먼 섬들에까지도 그를 통해 회심한 사람들이 있었습니다.

그의 병세가 악화되어서 이제 다시 회복되리라는 기대를 하지는 않았지만, 그의 죽음의 소식을 듣고 우리 모두는 깜짝 놀랐습니다. 그러나 우리는 잡아 둘 수 없는 한 지도자를 떠나보내고 슬퍼하면서도, 다함께 그의 계속되는 목회 사역을 즐거워하였습니다. 왜냐하면 진실로 '그는 죽었으나 말하고 있기' 때문입니다."

다양한 사례들 속에 나타난 일관된 평가

지금까지 살펴본 개인적인 견해들은 여러 가지 면에서 중요합니다. 특히, 다음과 같은 면에서 더욱 그러합니다. 그 역사적인 사례들은 다양하지만 또한 가치 있는 사실들을 공유하고 있습니다. 그 사례들은 로이드 존스와 그의 목회 사역에 대한 복합적인 그림을 그리는 데에 의기가 깊습니다. 그 사례들의 넓은 범주나 다양성을 생각해 봅시다.

데렉 문은 로이드 존스 목사의 설교를 통하여 회심한, 철저한 복음주의 목사를 자처하는 사람입니다. 코넬은 보수주의적인 성경 대학에서 자기 인생의 대부분을 보낸 학문적인 사람입니다. 그는 로이드 존스 목사의 신학의 어떤 부분은 받아들일 수 없다고 생각합니다. 하이암 목사는 복음주의 계통에서 웨일즈적이고도 개혁주의적인 분파들을 대표하는 사람입니다. 그는 로이드 존스 목사의 설교와 역할의 중요성을 매우 높이 평가합니다.

찰스 마틴은 1966년에 박사가 새로운 복음주의 그룹을 형성하자고 촉구하는 일에 반대했던 연합 개혁 교회 교단의 의견을 대표합니다. 맥밀란은 로이드 존스의 목회 사역에 관해서 광범위하면서도 비복음주의적 관점을 제시합니다. 말콤과 메리는 '박사'가 웨스트민스터 채플에서 사역할 때 그 목회 사역 현장에 정기적으로 참석한 사람들입니다. 그들은 그 속에 영원하고도 지속적인 가치가 있는 것을 발견하였습니다. 로드웰은 여러 해 동안 그와 개인적인 친분을 쌓은 사람이며, 콜린스는 박사의 친구이자 목사요, 스코틀랜드나 잉글랜드의 복음주의 세계를 정확하게 관찰한 사람입니다.

이런 사람들 사이에는 기질이나 문화, 교육이나 교회론에서 차이가 있습니다. 그러나 그들이 로이드 존스 목사의 강력하고도 교육적인 목회 사역에 관하여 강조하고 주장한다는 점은 동일합니다. 또한 로이드 존스 목사가 영적인 난제들이나 정서적, 또는 다른 난제들을 가진 허다한 사람들을 기꺼이 도우려는 자세를 가진 것에 대해서도 같은 목소리를 냅니다. 그가 하나님의 사람으로서 정직하였으며, 그 가정에도 헌신적이었음을 말하는 데에도 차이를 보이지 않습니다.

그들은 로이드 존스 목사의 영향이 유익하고도 근본적이었으며, 언제나 힘을 주는 것이었음을 확인시켜 줍니다. 여기에 제시된 다양한 사례에서 등장하는 사람마다 자기 나름대로의 방식으로, 로이드 존스 박사가 한 사람으로서, 또한 목사로서 통일성과 진실성을 가지고 있었음을 말합니다.

이러한 관점들은 그의 생애와 목회 사역의 의미를 보여 주는 한 표본이 될 것입니다.

마틴 로이드 존스, 그의 위대한 유산

"성결은 우리가 어떤 집회에서 받는 체험이 아닙니다. 성결은 거룩하신 하나님께서 죄와 사람들에게 정욕과 욕심을 갖게 하는 속임수를 미워하신다는 것을 이해하고 아는 것입니다. 또한 그것을 진정으로 아는 사람, 그래서 옛사람을 벗어 버리고 하나님의 형상을 따라서 새사람을 입는 사람은 의와 거룩 안에서 지으심을 받은 사람뿐입니다."

6장
마틴 로이드 존스, 그의 위대한 유산

이제 로이드 존스라는 사람과 그의 사역의 두드러진 특징들을 몇 가지로 종합해서 평가해 보겠습니다.

한 인간으로서의 로이드 존스

그는 정말 엄청난 지적 능력을 소유하고 있었습니다. 그가 성 바돌로매 병원에서 이룩한 학문적 성공은 그의 가족이나 지인들에게는 별로 놀라운 일이 아니었습니다. 그는 의사로서 능수능란하게 진단할 수 있었고, 그 능력은 호더가 일찍이 인정한 바였습니다. 만일 그가 의학계에 계속 남아 있었다면 저명한 의사로서 부(富)를 축적할 수 있었을 것입니다. 그러하기에 그가 의학계를 떠난다는 소식이 알려지자 많은 대중매체들에서 큰 관심을 나타냈습니다. 런던을 떠나 남웨일즈의 애버라본이라는 매우 낙후된 지역으로 떠난다니 말입니다.

그러나 그는 이러한 매체들에서 그에게 관심을 기울이는 것을 별로 달가워하지 않았습니다. 왜냐하면 그는 본질적으로 웨스트민스터 채플 밖에서의 자신의 활동에 대해서는 신중할 뿐 아니라 확고한 차단막을 쳐서 노출되지 않도록 일관성 있게 관리한 '사적'(私的)인 사람이었기 때문입니다.

또한 그는 적어도 두 권의 자신에 관한 전기(傳記)가 출판되는 것을 막았습니다. 뿐만 아니라 여러 번 자신의 생애에 대한 책이 출판되는 것을 허락하지 않았습니다.

저 역시 개인적인 경험을 통해서 그 사실을 알았습니다. 저는 1975년 『하나님의 사람들』이라는 책을 쓰면서, '당신을 그 속에 포함시키려고 하니 허락해 달라'고 요청하는 편지를 그에게 보냈습니다. 그러나 그는 정중하면서도 매우 단호하게 거부 의사를 밝혔습니다.

"1975년 9월 5일,

친애하는 피터스 씨에게,

전에 제게 보내 주신 당신의 편지에 대해서 우리 가족들은 매우 감사해하고 있습니다.1 저는 여러 번 비슷한 제안을 받고서 그런 문제에 대하여 숙고하였습니다. 그러나 그럴 때마다 항상 그 일을 통해서 진정으로 유익한 뜻이 이루어질 수 없다고 느꼈습니다. 저는 당신의 편지를 받고 그 문제에 대하여 다시 생각해 보았지만 여전히 제 생각은 변하지 않습니다.

저를 그러한 사람들 가운데 포함시키려고 생각하셨다니 감사합니다. 그리고 당신께서 저에게 주신 그 영예에 감사합니다.

---

1. 당시 그는 딸 엘리자베스와 그녀의 남편 프레드릭 캐더우드와 함께 캠브리지에서 연구에 몰두하고 있었습니다.

당신의 안녕을 빕니다. D.M. 로이드 존스."

자신을 드러내는 것을 싫어하는 자세는 그의 전 생애 동안 변함없이 지속되었습니다. 겨우 그의 삶이 끝날 무렵, 그는 이안 더레이 목사가 자신의 전기를 쓰는 일에 협조하였습니다. 머레이는 로이드 존스 가족의 전폭적인 지원, 특히 로이드 존스 목사의 사모의 지원을 받고 전기를 쓰기 위한 준비를 하였습니다.

제가 이 점을 강조하는 것은 이안 머레이가 쓴 로이드 존스 목사의 전기 제1권의 서평에, 마이클 하퍼(Michael Harper)가 '남의 시선을 잘 피해 가는 박사(Elusive Doctor)' 라는 제목으로 논평하였기 때문입니다.

"분명히 로이드 존스 목사는 특별한 의미를 가진 사람 중에서 대중매체의 관심을 참으로 놀랍게 피해 간 거의 유일한 사람일 것이다. 그는 전 생애 동안 단 한 번 신문기자의 인터뷰에 응하였으며, 웨일즈어로 된 TV 방송에 딱 한 번 출연한 적이 있었다."

그런 다음에 다음과 같이 덧붙였습니다.

"그는 자신의 전기를 쓰려는 어떤 사람에게도 정확한 도움을 주지 않았다. 이안 머레이도 제한된 자료들을 가지고 최선을 다하는 수밖에 없었다."

실상, 이안 머레이의 말에 의하면, 그 전기의 아주 많은 부분이 그와 담화를 나누는 중에 준비되었다고 합니다. 그리고 그 많은 부분에서 그의 생애에 대한 보편적인 해석도 이안 머레이 자신이 한 것이었습니다. 이안 머레이가 전기를 써 나가는 데에 로이드 존스 목사가 적극적으로 참여하기 시작한 것은 1980년의 일로 그때부터 그가 죽을 때까지 계속해서 적극적으로 참여하였습니다.

로이드 존스 목사는 설교나 신학, 의학 이외에도 많은 분야에 관심을 가지고 있었습니다. 음악에도 큰 관심을 기울였으며, 비록 정치적인 규례에 대해서 한 번도 설교한 적은 없었지만 정치에 대해서도 날카로운 관심을 보였습니다. 또한 그는 크리켓에 상당한 관심을 가지고 있었습니다. 물론 일이 많아서 경기에 자주 참관하지는 못하였지만, 로이드 존스 목사의 부인이 저에게 말한 바에 의하면, 그는 젊은 시절 런던의 로드 크리켓 경기장에서 벌어지는 크리켓 국제 대회 결승전에 관심이 커서 여러 해 동안 직접 경기장에 가서 관람하기도 하였다고 합니다.

그는 또한 가족을 헌신적으로 사랑하는 사람이었습니다. 이 점이 로이드 존스의 뒤를 이어 웨스트민스터 채플의 담임 목사가 된 켄달 박사에게 깊은 인상을 남겼습니다.

어느 날 저녁, 로이드 존스와 그의 부인이 켄달의 목사관에서 저녁 식사를 한 후에 코트를 입고 나가려던 참이었습니다.

"그가 나를 바라보면서 다음과 같이 말했을 때 그의 눈은 젖어 있었다. '내가 살아오면서 정말 안달하였던 일이 한 가지 있습니다. 나는 의학계에서나 다른 어떤 일에서도 남을 앞지르려고 안달한 적이 없었습니다. 그런데 그 일을 위해서라면 무엇이든지 할 수 있겠다고 할 정도로 나를 사로잡은 한 가지 일이 있습니다.' '그 일이 무엇입니까?'라고 내가 물었다. 그러자 그는 자기 아내를 바라보았다.

그는 자기에게 일어났던 일 중에서 그녀를 자기 생애의 동반자로 얻은 일을, 자신이 그리스도인이 된 일 다음으로 가장 큰일로 여겼던 것이다. 그러한 애정이 그의 두 딸과 손자들에게도 미쳤다. 그는 자신의 두 딸, 엘리자베스와 앤을 그들은 결코 이해할 수 없는 마음으로 사랑하였다. 그가 영광의 나라로 떠나려 할 때 그를 머뭇거리게 한 오직 한 가지 문제는, 자기 아내와 가족을 남기고 가는 일이었다."2

의심할 여지 없이 그의 가족의 안전과 안정이 그의 생애 동안 그에게 큰 위로의 원천이 되었습니다.

바로 이 시점에서 로이드 존스 목사의 부인에 대해 말하는 것이 옳을 것입니다. 그녀도 탁월한 의사였습니다. 그러나 제가 남편의 설교와 목회 사역과 관련하여 사모가 감당해야 할 역할에 대해서 어떻게 생각하느냐고 물었을 때, 그녀는 이렇게 말하였습니다. "그가 늘 행복하게 강단에 서게 해 주는 일이죠." 이렇게 겸손한 진술이야말로 로이드 존스 목사와 그의 아내가 가장 완전한 의미에서 함께 수고하고 있었다는 사실을 넌지시 말해 주고 있습니다.

이 모든 것은 1968년 3월, 심각한 수술을 위해서 그가 병원으로 후송될 때 했던 말을 들어 보면 바로 입증될 것입니다. 로이드 존스 목사는 웨스트민스터 채플에서의 자신의 사역이 이제 종지부를 찍어야 할 시점에 와 있다는 것을 아내에게 넌지시 말했습니다.

"또한 그 일은 당신에게도 끝을 의미하지요."

그녀는 목사와 회중을 위해서 30년 동안 그 둘 사이에서 자연스럽고도 지혜롭게 처신해 왔습니다. 또한 채플에서는 목회 문제들에 관해서 그녀에게 자주 상의하곤 하였습니다. 그러므로 로이드 존스 목사가 그 교회를 떠남으로 인하여 교인들이 크게 충격을 받는 것만큼, 그녀가 그 교회를 떠난다는 것도 역시 동일하게 충격적인 일이라는 것은 놀라운 일이 아니었습니다. 웨스트민스터 채플의 교회 생활과 예배에 대한 그녀의 공헌을 그곳 사람들이 그만큼 귀하게 여기고 존중했다는 것입니다.

여기서 우리는 켄달 목사가 '*Westminster Reccrd*' (1981년 6월호)에 기고

---

2. *Westminster Record* (Memorial Number, June 1981), p.463.

하였던 글의 몇 부분을 참고할 수 있습니다. "나는 로이드 존스 박사의 성공에 그의 부인이 한몫을 하였다는 사실을 하나님이 드러내 주실 것이라고 확신한다." 이러한 단언을 듣고 화를 낼 사람은 없을 것입니다.

그래서 목사의 은퇴는 베단 사모 개인에게도 큰 영향을 미치지 않을 수가 없었던 것입니다. 웨스트민스터 채플은 그녀의 말대로, 그녀의 삶 자체였습니다.

그녀는 남편이 목회직에서 은퇴한 후에도 계속해서 웨스트민스터 채플의 예배에 참석하였습니다. 물론 예배가 시작되고 첫 번째 찬송을 부를 때 조심스럽게 예배당에 들어갔다가 마지막 찬송을 부르기 전에 살짝 빠져나오곤 했습니다. 그것은 무엇보다도 후임(後任) 목사가 전임(前任) 목사의 가족이 어깨 위에서 내려다보고 있다고 느끼는 것을 절대 원하지 않았던 로이드 존스 목사의 일관된 태도 때문이었습니다.

'박사'는 한 인격체로서 진지하게 생각하였으며, 세련되고도 뛰어난 유머 감각을 가지고 있었지만 결코 천박하게 행하는 사람이 아니었습니다.

또한 그는 절제되고도 왕성한 독서 습관을 가진 사람이었습니다. 『목사와 설교』라는 책에 그런 면이 어렴풋하게 드러나 있습니다. 그 책에서 그는 목회 사역 초년기에 목사로서 일 년에 성경 전체를 통독하는 것은 '최소한'의 의무라고 말합니다.[3] 책을 읽고 그 읽은 것을 적용하는 일은 공휴일에도 쉬지 않았습니다.

그는 다른 모든 것들과 마찬가지로 독서 역시 균형 있게 하였습니다. 웨스트민스터 신학교 학생들에게 충고하기를, 신학 서적만 읽을 것이 아니라 전

---

3. *Preaching and Preachers*, pp.172, 179-180, 182-183 참고.

기(傳記)들, 교회사, 특히 부흥에 관한 책들, 더욱 경건한 책들을 읽어야 한다고 하였습니다.

로이드 존스 목사는 웨일즈어를 쓸 줄 아는 웨일즈 사람이었습니다. 그는 웨일즈의 역사와 문학과 문화에 매우 정통하였고, 집에서는 웨일즈어만 사용하였습니다. 이러한 습관은 그가 웨일즈어로 출판된 기독교 사망자 명부록에 탁월한 위치를 차지하게 하였습니다.

'Y Faner'라는 웨일즈어로 된 신문은 그의 '웨일즈 풍'을 크게 강조하면서, "웨일즈 신학은 그에게 신앙의 한 부분이었다. 드한 그는 한 나라로서의 웨일즈를 사랑하였다. 웨일즈 땅은 그에게 중요하였고 그 웨일즈 땅을 찾아왔으며 그는 웨일즈 땅을 즐겼다'라고 진술하였습니다.

✤ 그리스도인으로서의 로이드 존스

'박사'는 하나님의 사람이었습니다. "왜 나는 그리스도인인가?"[4]라는 그의 신앙고백은 자기 삶 속에서 성부 하나님, 성자 하나님, 성령 하나님께서 행하신 일에 집중되어 있습니다.

"내가 그리스도인이 된 것은 순전히, 오직, 전적으로 하나님의 은혜 때문이며, 나의 생각이나 말이나 행함 때문이 아니다.

하나님께서 그분의 성령으로 나를 살리시고 각성시키사 성경이 가르치는 심오하고도 확실한, 사활을 좌우하는 진리들을 인식하게 하셨다.

하나님께서 나를 인도하사 내가 '허물과 죄'로 죽었다는 것과 세상과 육체와 마귀의 노예라는 것을 알게 하셨고, 내 속에 '선한 것이 하나도 없다'는

---

4. *Westminster Record* (Memorial Number, June 1981), p.473.

것을 알게 하셨으며, 내가 하나님의 진노 아래 있으며 영원한 심판을 마주하고 있음을 알게 하셨다.

하나님께서 나를 인도하사 내 모든 고통과 불행의 진정한 원인, 아니 모든 사람들의 고통의 진정한 원인이 하나님을 미워하고 죄를 사랑한, 악하고 타락한 본성임을 알게 하셨다. 죄악 된 것을 내가 행했다는 것뿐만 아니라, 나 자신이 내 존재의 중심에서부터 아예 죄악 되어 있다는 것이 고통이다.

이것이 나를 인도하여 내가 소망이 없을 뿐만 아니라 아무것도 할 수 없는 무능한 존재라는 사실을 깨닫게 하였다. 왜냐하면 '구스인이 그 피부를, 표범이 그 반점을 변할 수 있느뇨?'라고 한 것과 같기 때문이다. 모든 도덕적인 가르침과 노력이 소용이 없는 것은 하나님은 완전을 요구하시기 때문이다.

나의 과거의 죄를 속할 수 없고, 현재 하나님을 기쁘게 할 수도 없으며, 장래에도 그렇게 할 소망을 전혀 가질 수 없었다.

바로 그때 하나님은 나에게 하나님의 아들이신 주 예수 그리스도, 곧 '잃은 자를 찾아 구원하러 세상에 오신' 그분을 보여 주셨다. 하나님은 그리스도께서 내 죄를 위하여 죽으셨음을 가르치셨다. 내가 받을 형벌을 담당하시고 십자가에서 죽으셨음을 알려 주신 것이다.

또한 하나님께서 그리스도가 나를 대신하여 하나님의 율법에 완전히 순종하셨음을 가르쳐 주셨다. 그리하여 하나님께서 나를 값없이 용서하셨을 뿐만 아니라 아들의 의(義)를 나에게 전가(轉嫁)시키셨고, 마치 나를 한 번도 죄를 짓지 아니한 사람처럼 여겨 주셨다. 또한 하나님은 내 속에 새로운 성품을 창조하시고 나를 새사람으로 만드셨다. 하나님께서 나를 자신의 가족으로 받아들이시어 자신의 아들의 하나로 인정하셨고, 내가 하늘에 있는 영광스러운 기업을 그리스도와 함께 물려받는 후사가 되었음을 보여 주셨다.

'나의 나 된 것은 하나님의 은혜로 된 것이니 오직 하나님께만 영광을 돌릴지어다.'"

그는 하나님의 사람으로서 돈을 사랑하는 일과 같은 것을 피하고 의와 믿음과 사랑과 온유와 그와 같은 것을 따르라는 바울의 충고를 따라 믿음의 싸움을 싸웠습니다(딤전 6:11,12 참고).

또한 그는 자신의 삶의 중요한 사건들 속에서 하나님의 인도하심과 이끄심을 의식하는 하나님의 사람이었습니다. 실로 그는 자기 삶 전체를 '하나님의 은혜의 역사가 온전히 전적으로 지배하는 삶'으로 여겼습니다. 바로 그러한 사실이 그에게 설교자로서의 순전성을 가져다주었습니다.

그의 삶의 마지막 몇 개월의 시간처럼 하나님의 손이 명백하게 드러난 적은 없었습니다. 이 기간에 그는 평화롭게 주어진 상황을 받아들이고 평정을 유지하여 자신이 수년간 가르쳐 왔던 것을 감동적으로 입증하였습니다.

그는 어떤 사람이 그리스도인으로서 바른 신앙고백을 하였는지를 시험하는 가장 확실한 시금석은 삶의 위기들에 직면했을 때, 특히 죽음을 맞이할 때 어떤 자세를 보이느냐에 있다고 가르쳤는데, 그것을 자신이 친히 감동적으로 입증한 것입니다.

로이드 존스 목사의 부인은 제게 다음과 같은 사실을 말해 주었습니다. 그는 자기 생애 마지막 주간 동안 말을 많이 할 수 없어서 작은 종이 위에 글씨를 써서 가족에게 보여 주었습니다. 그가 딸 앤을 위해 종이에 무엇인가를 썼습니다. 앤은 자연히 침울해져서 걱정스럽게 아버지를 바라보았습니다. 그런데 그 종이에는 이렇게 적혀 있었습니다. '걱정하거나 염려하지 말아라'(빌 4:6,7 참고).

또 자기 아내에게는 이렇게 써서 건네주었습니다. '신문 가게에 연락해서 토요일부터는 'Times'를 넣지 말라고 해요.' 세 번째로 써서 건네준 것은 더욱 의미심장합니다. '내가 낫게 해 달라고 기도하지 말아요. 주님 곁으로 떠나는 나를 붙잡으려고 애쓰지 마세요.'

로이드 존스를 비판하는 사람이 없지는 않습니다. 그러나 아무도 그가 가장 완전한 의미에서 하나님의 사람이었음을 부인하지는 못할 것입니다.

복음주의 지도자로서의 로이드 존스

분명히 그는 20세기에 가장 앞장선 복음주의 지도자 중에 한 사람이었습니다. 이러한 면에 대한 중요한 활동들을 기록할 가치가 있을 것입니다.

영국 국교회나 가톨릭에 속하지 않은 독립 자유 교회들이 더 이상 감당하기 힘들 정도의 압박을 받던 제 2차 세계대전의 가공할 정도로 비참한 시간 동안 용기 있는 그의 행사들, 즉, 성경을 강해하면서 웨스트민스터 채플의 회중을 재건시킨 일, 라일(J.C. Ryle) 감독의 『성결』(Holiness)과 같은 책들이 발행되는 것을 도운 일, U.C.C.F.를 총체적으로 성장시키는 데 크게 공헌한 일, 그 운동의 성경 연구 위원회(Biblical Researsh Committee)에서의 역할, 청교도 컨퍼런스에서의 역할, 웨스트민스터 협의회의 의장직을 맡아 행한 일, 아프리카나 북남아메리카, 호주 등의 많은 나라에 지부를 가진 복음주의 도서관(Evangelical Library)을 지원한 일,[5] 출판사 '진리의 깃발사(Banner of Truth Trust)'를 장려한 일, 에큐메니칼 운동(Ecumeniacl Movement)과 같은 집요한 소동(騷動)에 대하여 보인 그의 확고하고도 성경적인 반응과 같은 일들은, 50년이라는 광범위한 그의 사역을 통해 복음주의자들에게 영향을 미

---

[5]. *Evangelical Times* (April 1981)의 9면에 조프리 윌리암스(Geoffrey Williams)에게 지원을 요청한 편지의 전문이 소개되어 있습니다.

치고 그들을 격려했던 많은 일들 중 일부에 불과합니다.

저는 버논 하이암 목사에게 로이드 존스가 웨일즈 복음주의 활동에 어떤 의미를 가지느냐고 물어보았습니다. 그는 이렇게 대답하였습니다. "로이드 존스 박사의 사역과 영향력이 아니었다면 웨일즈에서의 복음주의 활동은 없었을 것입니다. 웨일즈 복음주의 운동과 매년 열리는 복음주의 목사들의 컨퍼런스에 그가 끼친 영적인 감화는 막대한 것이었습니다."

잉글랜드의 복음주의 활동에 미친 영향에 대해서도 이와 같다고 말할 수 있을 것입니다.

만일 로이드 존스 박사가 이러한 일들과 이와 관련된 다른 문제들에 대해서 스스로 글을 썼더라면, 그것이 얼마나 많은 사람들에게 교훈과 빛을 줄 수 있었을까요! 이런 면에서 그는 지극히 역설적이었습니다. 왜냐하면 그는 다른 사람들을 설득하여 그러한 저작을 출판하라고 부단하게 격려하면서도, 자신은 60대가 되어서야 겨우 자신의 중요한 책을 출판하였기 때문입니다.

케리 에반스(Keri Evans)가 그의 자서전을 웨일즈어로 처음 출판한 것이 로이드 존스에게 크게 고무된 까닭이었음을 아는 사람은 별로 없습니다. 웨일즈어로 된 그 책을 20년 후에 영어로 번역하여 『내 영적 순례길, 철학에서 믿음으로』(My Spiritual Pilgrimage, From Philosophy to Faith)를 선보인 것도 역시 그에게서 크게 영향받은 것이었습니다.

설교자로서의 로이드 존스

우리는 이미 이 책의 3장에서 로이드 존스 목사의 설교가 지니고 있는 주된 특징에 대해서 생각해 보았습니다. 위대한 설교자들은 개인적인 이유들 때문에 많은 사람들로부터 존경을 받습니다.

다음의 내용은 제가 개인적으로 그의 설교에서 가치 있게 발견한 것을 요약해 본 것입니다.

첫째, 그의 설교에는 '그가 하나님의 영광에 사로잡혀 있음(preoccupation with the glory of God)'이 드러납니다. 하나님의 영광에 사로잡히는 문제는 바로 그의 많은 설교들 속에 자주 등장하는 주제였습니다. 그는 '하나님의 영광에 사로잡힌다'는 것을 우리의 마음과 생각과 몸과 여러 인격적인 요소들을 유한하고 죽을 수밖에 없는 인생을 뛰어넘어 하나님께서 지존자로 통치하시는 저 끝없이 무한한 세계로 고정시키는 것이라고 가르칩니다.

그러한 사로잡힘은 그의 기도 속에서도 자주 두드러지게 드러나기도 하였습니다.[6] 그가 인도하는 예배에 참석할 때마다, 웨스트민스터 채플에서든지 웨일즈에서든지, 아니면 서레이에서든지, 그가 회중들에게 영원히 '영광 중에' 높아지신 그분을 바라보면서 예배하라고 촉구할 때, 저는 고양되고 힘이 강화되는 것을 느꼈습니다.

그에게 있어서 하나님의 격위와, 비교할 수 없는 그분의 영광은 언제나 시작점이었습니다. 신학적인 난제들이나 복잡하고도 난해한 성경 대목을 세밀하게 분석할 때에는 확고하게 정립된 것(하나님의 성품)에서부터 시작해서 진단하고 해결책을 찾아갔습니다. 그럴 때에는 언제나 하나님의 영광과 권위 있는 말씀의 차원에서 그렇게 하였습니다.

로이드 존스 목사는 하나님의 본질적인 영광을 묘사하되, 거대하고도 외경심을 갖게 하는 장엄한 그 무엇으로 묘사하였습니다. 곧 필적하기 어려운 위엄을 가진 그 무엇으로 그려 냈습니다.

---

6. *The Monthly Record of the Free Church of Scotland (February 1984)*, p.43.

둘째, 그의 설교 속에는 '복음의 기이함에 대한 강조(insistence on the wonder of the gospel)'가 두드러지게 나타납니다. 복음으로 말미암아 도취되고, 황홀하게 되고, 감격하게 된 상태가 그의 근본적인 성품이었습니다. 그는 한 번도 그런 감격을 잃어버린 적이 없었습니다.

그가 1926년 11월 28일에 샌드필즈를 처음으로 방문하였을 때, 그는 고린도전서 2장 2절에 입각하여 설교하였습니다. 설교 제목은 '예수 그리스도와 그의 십자가에 못 박히심'이었습니다. 그리고 그가 애버라본에서 목회 사역을 시작한 지 50주년을 맞이하는 1977년 2월에 샌드필즈를 방문하여 같은 본문으로 설교하였습니다. 이때 그는 그 설교의 첫 부분에서 몇 가지 요점을 지적하면서, 이 숭고한 본문 말씀은 '삶에 대한 자신의 전체적인 자세의 표현'이라고 말했습니다.

'박사'에게 있어서 복음은, 죄 가운데 있는 인간의 절망적인 곤경과 상실과 부패함을 해결하는 '유일한' 해결책이었습니다. 그는 바울처럼 복음을 자랑하였습니다. 복음은 구원을 주시는 하나님의 방식이기 때문이며, 그 복음은 모든 이들을 위하여 역사하기 때문입니다.

그가 복음의 호소력과 가치에 대해서 어떻게 생각하고 있었는지를 보여주는 대목이 여기 있습니다.

"아닙니다. 복음의 영광은 바로 여기에 있습니다. 복음은 우선 하나님께서 예수 그리스도의 격위 안에서 무엇을 하고 계시며, 무엇을 하셨는지에 대한 공표입니다. 그것이 바로 바울이 전하는 복음의 진수입니다. 그가 이 서신의 나머지 부분에서 계속해서 밝혀 나가는 바와 같습니다.

모든 사도들이 선포했던 복음이 바로 그것입니다. 그들은 그리스도이신 예수님을 설교하였습니다. 그들은 선포하였고 공표하였습니다. 사도들은 무엇보다 먼저 자신들이 '복음'이라고 부르는 것을 청종하라고 사람들에게 촉구하였습니다. 그들은 삶과 생활을 위한 프로그램을 짜는 것을 우선시하지 않았습니다. 그들은 어떤 관점을 제시하면서 그것을 사람들에게 받으라고 촉구하는 식으로 하지 않았습니다. 그들은 세상을 돌아다니면서 새로운 질서나 삶을 위한 새로운 계획을 전파하는 일을 우선시하지 않았습니다.

그들은 먼저 사실들(facts)을 진술하였고, 그 사실들이 무엇을 뜻하는지를 설명해 나갔습니다. 그들은 하나의 프로그램을 설교한 것이 아니라 '그리스도의 격위(Person)'를 설교했습니다.

사도들은 나사렛 예수가 하늘로부터 이 땅에 내려온 하나님의 아들이라고 말했습니다. 그들은 나사렛 예수께서 흠 없고 점 없고 죄 없고 완전하고 철저한 삶을 영위함으로써, 또한 이적을 행하심으로써 자신의 독특한 신성(神性)을 나타내고 확증하셨다고 말했습니다.

십자가에서의 예수님의 죽음은 단순히 그의 생애의 끝이 아니라, 자기 동족으로부터 배척당한 결과였습니다. 십자가에서의 죽음은 더욱 깊고도 영원한 의미를 가지고 있습니다. 그 일은 인간이 하나님과 화해하기 위해서 반드시 일어나야 하는 일입니다. 그 일은 성부 하나님과 성자 하나님 사이에 오간 거래였습니다. 성자께서 '나무에 달려 자기 몸으로 우리의 죄를 친히 감당' 하셨습니다. 옛 이사야의 예언을 이루신 것입니다.

이사야는 메시야가 '우리의 범죄함을 인하여 상한 바 되시고, 그가 채찍에 맞으심으로 우리가 나음을 입을 것이다' 라고 말했습니다. 다른 곳에서는 그 일을 다음과 같이 표현합니다. '하나님께서 그리스도 안에 계시사 세상을 자기와 화목하게 하시며'(고후 5:19). '죄를 알지도 못하신 자로 우리를 대신하여 죄를 삼으신 것은 우리로 하여금 저의 안에서 하나님의 의가 되게 하려 하심이니라'(고후 5:21).

그러나 그것이 전부가 아닙니다. 그는 무덤에서 다시 살아나셨고, 선택된

증인들에게 자신을 나타내신 후에 하늘로 올라가셨습니다. 또한 그분은 하늘로부터 초대 교회에 성령의 은사를 보내 주셨습니다. 그분은 그들에게 새로운 일을 하게 하셨을 뿐만 아니라, 새생명과 권능을 허락하셨습니다. 그들의 삶은 완전히 변화되었습니다. 그들은 이제 진정한 생명이 무엇인지를 알게 되었고 그 생명을 가지게 되었습니다. 그것이 바로 복음의 메시지입니다.

복음의 전체 강조점은 하나님께서 무엇을 하셨느냐에 있습니다. 복음의 내용은 하나님의 구원의 방식, 사람들을 의롭게 만드시는 하나님의 방식입니다. 사람은 오직 그것을 받고 그것에 복종해야만 합니다."[7]

셋째, 우리는 이 대목에서 그와 사도들과의 공통점을 발견할 수 있습니다. 바로 '사실들에 대한 강조(emphasis on the facts)'입니다. 그는 전체 성경이 아니고는 '그 성경의 충만한 진리를 이해하는 것'이 불가능하다고 부단히 주장하고 입증하였습니다. 이것은 자명한 이치요, 그의 설교 속에 자주 등장하는 주제였습니다.[8]

끝으로, '영적 사고에 대한 전반적인 질문(whole question of spiritual thinking)'이 있습니다. 1981년 3월, 그가 죽은 후에 발매된 신문에 여러 편의 추모사가 게재되었는데, 그것들은 모두 박사가 많은 목사들에게 '생각하라'고 가르쳤고, '영적으로 생각하라'고 가르쳤다는 사실을 언급하였습니다. 그는 진부하고도 경건적 어투나, 비실천적인 판에 박힌 문구, 감정적인 도피주의나 쉬운 실용주의적 노선을 제시하지 않았습니다. 오히려 성경과

---

7. *The Plight of Man And The Power Of God*(Oliphants, 1942), pp.82-83.
8. *From Fear to Faith*(I.V.F., 1953), p.73.

인생을 아는 깊은 지식을 가지고, 정직하고도 사실적인 사고로써 복잡한 인생의 모든 일들을 감당하도록 권면하였습니다.

이는 그의 저서 『믿음의 시련』(Faith on Trial)에서 아주 두드러지게 나타납니다. 그는 시편 73편에 등장하는 사람의 난제들을 다룹니다. 왜 경건한 사람은 경건치 못한 사람이 매우 본성에 가까운 모습을 보일 때 고통을 당하는지, 그 난제를 여러 가지 중요한 원리들에 비추어서 살펴봅니다.

그 원리들이란, 하나님은 항상 자기 백성에게 선하신 분이며, 시험을 당하거나 당혹해하는 것 자체가 죄가 아니라는 원리, 시험이 올 때 그것을 어떻게 다루어야 하는지를 알아야 한다는 원리, 그리스도인의 삶을 풍요롭게 하는, 없어서는 안 될 품격들 가운데 하나가 훈련이며, 난제가 무엇이든지 간에 하나님의 진리의 안정된 기초에서 떨어져 나와 그 자체로 대면하거나 접근하려고 해서는 안 된다는 원리입니다.

또한 그 책의 '영적인 생각의 중요성(The Importance of Spiritual Thinking)'이라는 부분에서는, 그리스도인의 삶의 모든 국면을 단순하게 합리적으로만 생각하는 것이 아니라, 영적으로 생각하는 것이 반드시 필요하다는 것을 보여 줍니다. 그리고 그리스도인들은 하나님의 집에 자주 찾아감으로써, 또한 하나님의 말씀을 읽음으로써, 기도와 묵상을 통해서 영적 생각을 촉진시키고 조장해야 함을 보여 줍니다. 특히 기도와 묵상하는 일에 대한 그의 충고는 주의 깊게 주목할 만한 것입니다.

"우리는 참으로 기도하기 전에 먼저 영적으로 생각해야 합니다. 마치 기도가 언제나 곧장 돌진해 들어가야 하는 일인 것처럼, 기도에 대해 입심 좋게 말하는 것보다 더 어리석은 일은 없습니다!"

이 충고는 건전하고 지각 있는 충고입니다. 그러나 아마 인기는 없는 충고일 것입니다.

그가 자주 주장하였듯이, 설교는 반드시 분명한 목표와 연관되어야 합니다. '박사'가 웨스트민스터 채플에서 사역하던 마지막 해에 그 교회를 방문했던 어떤 사람이 받은 인상이 바로 그것이었습니다.

"학생 시절에 영국 성공회 교도인 내가 웨스트민스터 채플을 방문하였을 때, 로이드 존스 박사는 로마서를 본문으로 삼아 설교하고 있었는데, 그 설교를 지금도 기억할 수 있습니다. 지금은 나도 대학 기독인 연맹(University Student Union)의 강사들을 위해서 그 강해를 가르치곤 합니다. 아무튼 그 당시 나는 그의 강해 내용보다는 목회적 적용을 하는 설교 방식이 더욱 인상 깊었습니다. 그는 바로 강해해 나가지 않고, 받아들일 수 있는 분위기 속에서 마음에 전하는 말을 하였습니다. 분명히 그것은 성경을 두고 몇 년 동안 기도함으로 말미암아 나온 것이었습니다.

내가 1968년 웨스트민스터 채플을 방문하였을 때 나에게 인상 깊었던 것은, 기도하는 일과 신실하게 목회하는 일이 합해져서 하나님의 말씀을 갈급해하는 교제를 가져왔다는 사실입니다. 나는 로이드 존스 목사가 바로 이 일로 인하여 그러한 열매 맺는 목회 사역을 계속 견지함으로써 교회에 영향력을 끼쳤다고 생각합니다."9

바로 이 인용구의 마지막 문장이 그의 목회 생애의 정서적 품격과 그의 생애가 끼친 영향을 이해하게 하는 열쇠입니다. 그의 가장 큰 영향력은 그의 강단과 목회 사역을 통해서였다고 말해도 과언이 아닐 것입니다. 왜냐하면 그의 설교집들을 읽거나 카세트 테이프를 통해서 그의 설교를 듣는 전 세계의 모든 사람들은, 작은 체구의 침착한 모습으로 자기 회중을 주의 깊게 살피는 모습을 연상할 것이기 때문입니다.

---

9. 1984년 6월 4일 케이스 뉴엘(Keith Newell)이 저에게 보낸 편지의 일부입니다.

그는 분명히 쟌 후스(Jan Huss)의 유명한 고백의 의미를 실현한 사람일 것입니다.

"나는 하나님의 도우심으로 설교했고, 지금도 설교하고 있다. 만일 하나님의 은혜가 허락한다면, 계속 설교할 것이다. 가난하고 지치고 주저하는 영혼을 그리스도의 집으로 인도하여 그 임금의 잔치에 참여하게 할 수만 있다면 얼마나 좋으랴."10

로이드 존스 유산

맥클레오드의 혹평

제가 이 책을 쓰는 시점은 '박사'가 서런던에 있는 자기 집에서 죽은 지 5년이 경과한 때입니다. 이안 머레이가, 1899년에서 1939년 사이의 그의 생애에 대한 첫 번째 책으로 튼튼한 전기적(傳記的) 기초를 확립하였습니다. 그의 전기 2권이 완성되면 그 계획의 결말을 볼 것입니다.11 그러므로 이제 그의 사역과 영향을 균형 있게 평가하기 위한 무대가 세워진 것입니다. 즉, 일종의 비판적인 여론에 대한 균형 있는 평가를 할 수 있게 된 것입니다.

실로 도날드 맥클레오드(Donald Macleod) 목사는 벌써 '스코틀랜드 자유교회의 월간지(The Monthly Record of the Free Church of Scotland)' 1983년 11월호에서 '로이드 존스 유산'의 본질과 범위를 숙고함으로써 그러한 평가를 시작하였습니다.

---

10. Victor Budgen, On Fire For God: The Story of Jan Huss (Evangelical Press, 1983), p.63.
11. 역자주 - 1940년에서 1981년까지의 로이드 존스의 생애에 대한 두번째 전기가 출판되어 있습니다. 우리나라에서는 그중 일부인 「로이드 존스의 중기」가 역간되었습니다.

이안 머레이의 첫 번째 책에 대한 서평 제목이 '로이드 존스 유산' 입니다. 그 글에서 그는 다음의 인용문이 보여 주는 바와 같이 분명한 자신의 견해를 포함한 여러 가지의 일들을 말합니다.

"난장이들의 세대에서만 그가 다른 사람들보다 우뚝 솟아 있는 것만은 아니었다. 실로 그는 종교 개혁 이후 가장 위대한 설교자였던 조지 휫필드(G. Whitefield)나 스펄전(C.H. Spurgeon)이나 찰머스(Chalmers)와 어깨를 나란히 할 만한 인물이었다."

그가 관찰한 바에 의하면 '박사'가 거인처럼 두 발을 벌려 잉글랜드와 웨일즈 복음주의 양 진영을 디디고 서 있었다는 것입니다. 그러하기에 그의 죽음은 복음주의 전체 운동에 충격적인 사건이었습니다.

반면 맥클레오드는 마틴 로이드 존스 목사의 목회 사역 내에서 자신이 '문제(problem)' 영역이라고 생각하는 바를 상세하게 묘사해서 주목을 끕니다.

첫째, 그는 박사의 소명의 정확한 본질에 대해서 지적합니다. 그는 그 점에 대해서 이렇게 논평합니다.

"목회 사역에 뛰어든 것은 박사 자신의 개인적인 결정이었다. 그가 속한 교단이 규정하고 있는 정규적인 과정에 따라서 신학 수련을 받지 않기로 결심하고, 나아가 그 교단의 정규적인 목회 사역에 들어가지 않겠다고 한 것도 그 자신의 개인적인 결정이었다. 종국에 샌드필즈에서 그의 사역을 시작한 것도 그의 개인적 결정에 의한 것이었다. 이런 모든 개인주의적인 면에서 그는 나를 포함한 복음주의자들을 대표한다."

좀 더 뒷부분에서 그는 이렇게 말합니다.

"목회 사역에 대한 소명이 주로 내면적이라는 개념은 오래전에 형성된 것이었다. 그러나 신학적으로 그 목회 소명에 대해서 말해 줄 수 있는 가장 중요한 요점은, 그 사람으로 하여금 감독의 직분을 사모하게 하는 내면적인 강권함이 있다는 사실이다(딤전 3:1 참고). 오늘날의 차원에서 말한다면, 그것은 자신을 목사 후보생으로 드리고 싶어하는 소원을 의미하는 것이다. 그러나 내면적 소명은 그러한 소원만을 창출할 뿐이다. 그러한 소원은 '목사 후보생들'을 창출하는 것이지, 목사를 창출하는 것은 아니다. 진정한 교회의 외면적인 소명만이 목사를 창출하는 것이다."

둘째, 맥클레오드는 목사가 되기 위한 수련에 대한 문제를 언급하면서, '박사'가 그 수련을 받지 않은 것을 지적합니다.

"많은 사람들이 '박사'를 본(本)으로 삼아 목사들의 수련의 필요성에 반박하는 일에 용기를 얻는다. 그러나 그러한 논증은 잘못된 것이다. 신학 대학에 대한 로이드 존스 박사의 태도가 어떠하든지 간에, 그 엄격한 대학 교육에는 이점이 있다. 그는 또한 의학 전문의로서 철저한 전문적 훈련을 받은 사람이다. 그것을 뛰어넘어 분명히 그는 그 자신을 가르쳤다. 그러나 그 말이 학교를 갓 졸업하였거나 공장이나 사무실에서 새롭게 일을 시작한 모든 젊은이들이 그와 똑같은 일을 할 수 있다는 것을 뜻하지는 않는다.

완전한 논리를 갖추어 말한다면, '박사'의 생애가 입증하는 바는, 모든 설교자가 뛰어난 지성을 갖추어야 하고, 특별한 대학 생활을 해야 하며, 명석한 전문적 평판을 가지고 있어야 한다는 사실이다."

셋째로, '박사를 숭앙하는 집단(Doctor cult)'에 관해서 그는 다음과 같이 판단합니다.

"그는 매우 독특한 방식으로 웨스트민스터 협의회나 웨스트민스터 회의(Westminster Conference), 또는 영국 복음주의 협의회, 웨일즈 복음주의 운동(Welsh Evangelical Movement)에 참여하고 영향력을 나타냄으로써 복음주의의 대주교 역할을 감당하였다. 그는 한 명의 평범한 목사가 아니라 특별한 사람으로 여겨졌다. 그 회합에 다른 어느 누가 참석하였든지 참석하지 않았든지에 상관없이 그에게는 항상 최상의 시간대와 특별한 예우가 주어졌다. 물론 그가 그것을 추구한 것은 아니었지만 그러한 일이 그에게 강권적으로 베풀어졌다. 그러나 그가 그것을 그대로 받아들인 것은 잘못이다."

맥클레오드의 이러한 혹평은 신중하게 생각해 보아야 합니다.

그 혹평들 중 첫 번째 것은 목회 소명에 대한 로이드 존스 목사 자신의 개념과 대조될 수 있습니다.

"내가 설교자로서 가지는 그 어떠한 권위도 내가 설정한 어떤 결심의 결과가 아닙니다. 그것을 내게 주신 것은 하나님의 손이고, 그 하나님의 손이 나를 이끌어 나를 구별시켜 이 일에 들어서게 한 것입니다. 나의 나 된 것은 하나님의 은혜로 말미암은 것입니다. 그래서 나는 하나님께 모든 영광을 돌립니다."12

그런 사건들을 의심의 눈초리로 볼 필요는 전혀 없습니다. 런던 장로회가 '박사'를 목사 후보생으로 인정하였다는 사실을 상기할 필요가 있습니다.

두 번째 맥클레오드의 비난은 근본적으로 성경의 원리를 무시한 것입니다. 곧 하나님의 부르심에는 하나님께서 시키시는 일을 위해서 친히 필요한 무장(武裝)을 부여하신다는 원리를 무시한 처사입니다.

세 번째로, '박사를 숭앙하는 집단'이라고 부르는 것에 대한 문제입니다. '숭앙하는 집단'이라는 말을 선택한 것은 잘못된 일입니다. 로이드 존스 목사가 복음주의 내에서 '특별한' 위치를 차지한 것은 부인할 수 없습니다. 그 일은 점차적으로 진행되다가 그가 웨스트민스터 채플로 사역지를 옮긴 이후

---

12. *Ephesians 1:1-23 God's Ultimate Purpose*(Banner of Truth Trust, 1978), p.92.

에 빠르게 진행되었습니다. 그러나 그 일은 명백하고도 온전히 편파심 없는 객관적인 사람들이 그를 겪으면서 이뤄진 결과요, 전적으로 그들의 자연적인 과정과 반응이었습니다. 즉, 그만큼 로이드 존스 목사는 뛰어나고도 보기 드문 품격을 가진 권위 있는 인물이었다는 것입니다.

맥클레오드가, '박사'가 마땅히 처신했어야 할 일로 제안한 내용은 전적으로 정확성이 결여된 것입니다.

"그는 목사들의 가치가 모두 동등하다는 것을 증거하는 모범을 보여 주었어야 했다. 그는 다른 사람들에게 지도적인 능력, 예를 들어서 웨스트민스터 협의회의 회의를 이끌어 나가는 일과 같은 능력들을 개발하도록 기회를 주었어야 했다. 또한 복음주의가 자신을 의존하는 정도를 축소시키기 위하여 적극적인 조치를 취했어야 했다.

이런 일들에 대해서 아무 일도 하지 않은 것은 아마 역설적으로 그 자신의 의도였을지도 모른다. 그는 사람들과 충돌하기보다는 사람들의 바람에 맞추어 나가는 것이 더 쉽다는 것을 발견했을 수도 있다."

맥클레오드의 견해에 따르면, 로이드 존스의 개인주의와 성품의 힘이 그가 어떤 사람인지를 알기 어렵게 만들었고, 결국 그로 하여금 그릇된 지도력을 행사하게 만들었다는 것입니다.

그러나 그는 어떤 일이든지 자신을 억지로 강요하는 사람이 아니었습니다. 실상은, 의문의 여지 없는 영적인 품격들과 설교, 역사적 기독교를 강해하고 변증하는 그의 담대함에 힘입어 그가 자연스럽게 지도자로 부상하게 된 것입니다.

콜린스 교수는 그것을 간명하게 표현하였습니다. "우리 모두는 암묵적으로 로이드 존스 박사가 교회 연합에 관련된 문제들에 대해 지도력을 가지고 있음을 인정하는 것 같았다."[13]

인격적 유산

노골적으로 인습 타파주의적(iconoclasitc) 관점을 지닌 맥클레오드의 평가는, 사람들로 하여금 로이드 존스 박사가 우리에게 물려준 유산에 관하여 더욱 진지하게 생각하도록 할 목적에 있어서는 성공을 거두었습니다.

이러한 발설이 어느 정도의 가치를 지니는지를 평가하는 데에는 적어도 두 가지 요인들, 곧 인격적인 요인과 저작물(著作物)의 가치를 계산해 보는 일이 반드시 있어야 합니다.

첫 번째 유산인 인격적인 부분을 살펴보기 위해서는, 로이드 존스 목사의 설교를 들었거나 그분과 상담을 하였거나, 혹은 그의 신학적인 견해들이나 주장들을 통해서 보편적인 방식으로 영향을 받은 사람들의 '기억을 모으는 일'이 있어야 할 것입니다.

그러한 사람들의 기억을 모으는 일에 대한 전형적인 내용이 헐(Hull)의 세인트 아디안(St. Adian)의 교구 목사인 도날드 엘코트(Donald Elcoat)가 로이드 존스 목사에게 드리는 찬사입니다.

"내가 기억하기에 웨스트민스터 채플에서 '박사'의 설교를 처음 들은 것은 1957년 11월 8일 주일의 첫 번째 오전 예배였습니다. 그때 설교 본문이 무엇이었는지는 기억이 나지를 않습니다. 다만 에베소서 본문이라는 것만 기억날 뿐입니다. 그러나 내가 그 설교를 듣고 감동을 받아 눈물을 흘렸던 것이 생각납니다. 당시 그리스도인이 된 지 5년이 지났을 때였지만, 나는 다시 회심한다는 느낌을 받았습니다. 나는 대학 기독교 연맹의 회원으로서 많은 사람들로부터 훌륭한 강연을 들어왔습니다. 그러나 그 어떠한 강연도 '박사'

---

13. 콜린스 교수의 관점을 완전하게 나타내는 대목이 5장에 있습니다.

의 설교만큼 나를 감동시키지는 못했습니다.

그해에 출판사 '진리의 깃발사' 사무실에서 일하면서 점점 더 기독교 신앙에 대한 나의 지식이 자라났습니다. 그리고 '박사'가 참된 신앙고백의 외적인 표증들이라고 애써 강조하였던 기독교 은혜의 방편들에서 더 자라 갔다고 믿습니다.

많은 사람들이 그의 균형 잡힌 영적 진단을 통해서 도움을 입었다는 소리를 들었기에 나도 그렇게 되기를 갈망하였습니다. 그러나 막상 개인적으로 그분을 뵐 기회가 여러 번 있었는데도, 나의 수줍음 때문에 그러한 기회를 많이 활용하지 못하였습니다.

몇 년 후 1966년에 국제 광부 선교회(International Miner's Mission) 80주년 기념 예배에 참석하고 나서, 그 이튿날 주일에 웨스트민스터 채플의 오전 예배에 참석하기 위하여 북서 웨일즈로 돌아가는 것을 뒤로 미루었습니다. 나는 웨스트민스터 채플의 사무장에게 '박사'와의 대담을 주선해 달라고 요청하였습니다.

나는 박사의 서재로 안내되었습니다. 그는 잘 달여진 차를 조금씩 마시면서 문을 등지고 있었습니다. 나는 박사가 차를 마시는 것을 방해하지 않으려고 조용히 서 있었습니다. 잠시 후에 나는 나직이 입을 열었습니다. 그는 등을 돌려 나를 바라보면서 아주 미안해하였습니다. 박사께 내가 런던에 온 이유를 설명하였습니다.

그는 나보다 그 선교회의 역사를 더 잘 알고 있었습니다. 그 선교회는 그륀 비비안 광부 선교회(Glynn Vivian Miners' Mission)로서 남웨일즈에서 처음으로 태동된 것이었습니다. 나는 그 선교회의 태동에 박사가 어떤 작용을 했는지에 대해서는 알지 못합니다. 그러나 그 다음 해에 그 선교회의 영국지회(A.G.M.)가 웨스트민스터 채플에서 열렸습니다.

나는 로이드 존스 박사의 삶과 교훈으로 인하여 하나님께 감사하고 있습니다."14

로이드 존스 목사의 목회 사역은 웨스트민스터 채플에 간헐적으로 참석하는 사람들에게뿐 아니라 정기적으로 참석하는 일반 회중의 지체들에게도 동일하게 유익을 끼쳤습니다.

제가 받은 한 통의 편지에 쓰여 있는 그대로를 발췌한 다음의 내용을 보면, 그 점이 분명하게 드러납니다.

"나는 로이드 존스 박사의 생애에 관해서 많은 것을 알지는 못했습니다. 오래전 어느 주일 아침에, 남편이 그리로 가서 예배를 드리자고 해서 거기에 갔던 것이 기억날 뿐입니다. 남편과 나는 오순절 계통의 사람들이었습니다. 처음에는 그분의 설교를 듣고 만족할 수 없었습니다. 그러나 일단 '로이드 존스 박사, 그는 무엇인가를 가지고 있어'라고 말했습니다. 우리는 그 예배에 계속 참석하다가 결국 감동을 받고, 언제나 만족할 수 있게 되었습니다."15

와익셔(Warwickshire)의 존 데이비스(John Daives) 같은 사람들은 50년 이상이나 지난 일을 기억해 냅니다.

"아버지는 '박사'를 알고 있었습니다. 박사는 스완시(Swansea)에서 가까운 고르세이논(Gorseinon)에 있는 우리 집에 여러 번 찾아왔습니다. 로이드 존스 박사께서 애버라본의 샌드필즈에서 목사로 섬길 때의 일이었습니다. 나는 박사가 웨일즈어로 설교하시는 것을 여러 번 듣는 특권을 누렸습니다.

---

14. 이 편지는 1984년 8월에 저에게 보낸 것입니다.
15. 1984년 7월에 하스팅스의 헬렌 브래드베리(Helen Bradbury) 부인이 저에게 보낸 편지의 일부입니다.

카마르덴에서 가까운 텀블(Tumble)에서 그가 마지막으로 웨일즈어로 설교한 본문은 '그러므로 너희도 온전하라' 라는 말씀이었습니다. 그분이 목회직에서 물러난 후에, 스완시에 있는 어느 복음주의 교회에 가득 찬 청중 앞에서 영어로 설교하는 것을 듣기도 하였습니다."[16]

그러나 어떤 사람들의 경우에는 그를 생각하면 논쟁이 연상되고 심지어 신랄한 역설(力說)이 떠오르기도 합니다. 이는 우선적으로 1966년에 복음주의자들을 향하여 함께 뭉치자고 촉구했던 발언과 연관된 일입니다. 저와 편지를 주고받던 한 사람은 저에게 다음과 같은 말을 하였습니다.

"나는 성공회 교도로서 '저희 중에서 나와라' 라는 그의 설교에 실망하였습니다. 내가 믿기로는 그 본문은 문맥상 선교를 말하는 것이었습니다. 나는 그 본문에는 복음주의적인 그리스도인들에게 역사적 교단들을 떠나라고 주장할 만한 정당한 근거가 하나도 없다고 생각합니다. 오히려 그 역사적 교단들 내에서 갱신과 개혁을 위해 일하라고 촉구하는 근거가 있을 뿐입니다. 나는 그의 그러한 메시지가 잘못되었다고 확신합니다. 그리고 주도적인 전통들 속에 개혁을 위한 기초가 있으며, 함께 일하고 협력하기 위해서 필요한 여지가 아직도 많다는 것이 나의 신념입니다."[17]

이 사람에게 그러한 인상을 주었던 바로 그 모임에 대해, 보다 극단적인 반응을 보이는 어떤 사람이 제가 이 책을 쓰고 있음을 알고 저에게 편지를 보내왔습니다. 그는 편지에서 이렇게 말합니다.

"로이드 존스가 영국 성공회에 속한 복음주의자들을 가리켜 '연못 낚시터

---

16. 1984년 7월 3일에 존 데이비스가 저에게 보낸 편지의 일부입니다.
17. 케이스 뉴엘이 저에게 보낸 편지의 일부입니다.

(Fishing pool)' 정책을 추구하는 교회론으로 풍자한 일로 인하여 깊은 상처를 받은 존 스토트는 품위를 지키면서 면박할 수 없는 논리로 그 분위기를 조정하였습니다.

로이드 존스가 모든 복음주의자들에게 자신들의 교회를 떠나라고 공식적으로 촉구하는 것을 보고서, 내 마음은 아연실색하였습니다. 그는 분명히 그곳에 참석한 대부분의 사람들이 받아들이는 복음주의, 신령한 생활을 깊게 하기 위한 여러 컨퍼런스들과의 동조를 깨고 이탈하고 있었습니다.

또한 런던 바이블 칼리지(London Bible College)에 있는 한 친구에게서 들은 바에 의하면, 거기서 로이드 존스 박사가 변증학이나 성경 개론이나 역사 신학에 대해 이상한 모습을 보였다는 것입니다.

내가 1977년에 런던으로 돌아왔을 때, 존 스토트와 로이드 존스 목사는 섬기던 도시 교회에서 다 물러나 있었습니다. 존 스토트는 평신도 훈련과 지역 전도 활성화를 위한 교회를 세웠습니다. 반면에 웨스트민스터 채플은 모이는 수가 200명 이하로 격감하였습니다. 로이드 존스는 설교를 듣는 회중은 가지고 있었지만 교회는 가지고 있지 않았다는 말입니다."[18]

이러한 논평은 성공회 교도들을 비롯하여 박사를 신랄하게 비판하는 쪽에서 나오는 것이지만, 그럼에도 불구하고 그 논평들은 로이드 존스 목사의 생애를 균형 있게 평가하기 위해서는 결코 무시할 수 없는 대표적인 견해들입니다. 그러한 요점들 중에 한두 가지는 특별히 주목해야 합니다.

첫째, 누구나 어려운 회합이라고 본 그때의 모임을 존 스토트가 잘 조정한 것은 인정한다고 할지라도, 그러한 그의 논평은 고작해야 개인적인 견해에 속한 것이라는 점입니다. 저와 대화를 나누었던 많은 사람들은 그와는 전혀

---

18. 이섹스 크로췌스터의 노만 클리프(Norman Cliff)가 제시한 내용입니다.

다른 관점을 보여 주었습니다.

둘째, 이 논평은 너무 개괄적이고 부정확합니다. '박사'가 복음주의와의 동맹을 이탈했다는 주장은 억측입니다. 무엇보다도 그는 자기의 삶의 상당히 많은 부분을 바쳐서라도 사람들로 하여금 복음의 진리와 기이함을 확신하게 하기 위하여 애를 썼습니다. 그래서 그는 의학계에서 얻을 수 있는 많은 돈을 포기하였습니다.

그가 반대했던 것은 광대한 미디어를 통한 여론(輿論) 몰이 식의 복음 전도였습니다. 그가 두려워했던 것은 그러한 운동들 속에는 하나님 중심이라기보다는 사람 중심의 경향을 띤 복음 전도가 나타난다는 것입니다. 바로 이 점이야말로 주의 깊고 정밀하게 관찰한 결과였습니다.

그는 '영적 생활을 깊어지게 하는 모임들'에 관한 한, 소위 '성결 집회(holiness meetings)'에는 호의적이지 않습니다. 그는 성결에 이르는 길이 쉽고 신속하게 달려갈 수 있다는 식의 개념에 반대하였습니다.

에베소서 4장 5-17절을 강해한 그의 강론집에서 그는 이렇게 말합니다.

"성결은 우리가 어떤 집회에서 받는 체험이 아닙니다. 성결은 거룩하신 하나님께서 죄와 사람들에게 정욕과 욕심을 갖게 하는 속임수를 미워하신다는 것을 이해하고 아는 것입니다. 또한 그것을 진정으로 아는 사람, 그래서 옛사람을 벗어 버리고 하나님의 형상을 따라서 새사람을 입는 사람은 의와 거룩 안에서 지으심을 받은 사람뿐입니다."[19]

그처럼 로이드 존스 목사에게 성결은, 하나님의 말씀이 중추적인 위치를 차지하는 가운데서 매일 연단함으로써만 나올 수 있는 것이었습니다. 분명

---

19. *Ephesians 4:17-5:17 Darkness and Light* (Banner of Truth Trust, 1982), p.186.

히 그가 피상적이고도 성의없이 그저 간단하게 성결에 접근한다는 개념을 반대한 것은 옳은 일입니다. 그의 그러한 논증은 영성의 본질을 깨달음으로 인한 필연적인 결과였습니다.

"영성의 특성은 입심 좋음이 아닙니다. 그것은 경외하는 것이며, 거룩한 외경심을 갖는 것이며 하나님을 아는 것입니다. 그러므로 만일 우리가 하나님을 안다면, 하나님께서 거룩히 높임을 받으시기에 합당한 거룩한 아버지 이심을 아는 것입니다."[20]

로이드 존스 박사의 개성(personality)을 함축적으로 표현하고 있는 클리프(Cliff)의 글의 마지막 문단은 무시될 수 없습니다. 만일 누군가가 로이드 존스 목사에게는 잘못이 없다는 것을 밝혀낸다고 할지라도, 2,000여 명의 회중을 가진 웨스트민스터 채플에 가기 위해서 중간에 있는 많은 텅 빈 교회들을 지나쳐 와서 로이드 존스 목사의 발밑에 앉아 있었던 이들을 용납하는 일은 그리 쉽지 않을 것입니다. 이런 의미에서는 그의 목회 사역이 달갑지 않은 어떤 영향을 미칠 수도 있지 않은가에 대한 의문이 남아 있습니다.

지금까지 살펴보았던 로이드 존스를 강하게 비판하는 사람들의 어조는, '박사'를 회상할 때마다 황홀하고도 비상한 느낌을 가지는 엘리자베스 브라운드(Elisabeth Braund)의 관점과는 완전히 대조적입니다.

그녀는 런던의 중심가에서 젊은 사람들과 20년간 함께 일한 사람으로서, 한때 소년들로 구성된 단체를 이끌고 북웨일즈로 간 적이 있습니다. 거기서 그 소년들은 '박사'와 박사의 부인 베단이 그 농장에 함께 있는 것을 발견하게 되었습니다. 박사가 그 근처 가까운 한 교회에서 예배를 인도하게 되어

---

20. Ibid., p.185.

그곳에 와 있었던 것입니다. 그 교회당은 50명밖에 수용할 수 없는 작은 교회당이었습니다. 이 거칠고도 완고한 소년들이 '지성인'으로 널리 알려진 이 사람에게 어떻게 반응했을까요? 엘리자베스 브라운드의 이야기를 통해서 그 대답을 들어보겠습니다.[21]

"지혜롭게도, '박사'는 그 소년들에게 잠시만 자신이 사람들에게 웨일즈어로 말할 것이라고 말해 주었습니다. 그런 다음에 예배는 영어로 진행되었습니다. 박사가 웨일즈어로 인사를 하자 그 소년들은 한 번도 들어 보지 못한 이상한 말에 온통 마음을 빼앗겨 잠잠히 앉아 있었습니다. 박사는 그 예배에 참석한 웨일즈 사람들과 함께 예배를 드리게 되어 감사하다는 말을 하였습니다. 아울러 여기에 있는 소년들이 어디서 왔는지를 상기시켜 주었습니다. 그 집회는 좋은 분위기 속에서 진행되었습니다.

그날 밤의 그 예배에는 영적 능력이 있었습니다. '박사'는 바울이 아레오바고 언덕에서 설교한 것이 기록된 본문을 중심으로 설교해 나갔습니다. 그리고 일상적인 용어로 바울의 말을 청종하는 사람들이 어떠하였는지를 설명하였습니다. 오늘날에도 그런 사람들이 있다고 하였습니다. 그러하기에 자신은 그것이 바로 우리에게도 해당된다는 것을 말하지 않을 수 없다고 하였습니다. 설교 속에 길거나 복잡한 단어나 문장은 없었습니다. 물론 그 예배에 참석했던 소년들은 다른 곳에서 그러했듯이 가만히 앉아만 있지는 않았지만, 비교적 잘 듣고 있었습니다.

예배가 끝난 후 소년들은 밖으로 몰려 나가면서 '참 좋았어!' 라는 말을 서로 주고받았습니다. 두 아이가 나를 따라서 농장에까지 함께 걸어왔습니다.

---

21. 이 이야기는 엘리자베스 브라운드의 책 『신발 한 짝만 신고 사는 젊은 여자』(The Young Woman Who Lived In a Shoe, Marshall Pickering, 1984)에 수록되어 있습니다.

그중의 한 아이가 자신의 생각을 밝혔습니다. '그분의 말이 옳았어요. 나는 그분이 무엇을 말하는지를 알 수 있었어요.' 그러자 다른 한 아이가 그 말에 이렇게 대꾸하였습니다. '정말 종교에 대해서 그렇게 의미 있게 말하는 것을 처음 들어 보았어요.' 그때 또 한 아이가 달려와서 이렇게 말했습니다. '그분이 말하는 것을 또 들었으면 좋겠어요. 재미있었어요. 그분은 우리를 얕잡아 보지 않았어요.'"

그 다음에 일어난 일의 추이를 주목할 필요가 있습니다.

"그 일이 있고 나서 얼마 후에 그 지역과 아무런 연고가 없는 복음 전도 팀이 클라팜 장션(Clapham Junction) 가까이에서 선교회를 열면서 한 주 동안 그 지역에서 집집마다 방문을 하였습니다.

어느 날 나는 교회당 문 밖에서 언쟁하는 소리를 들었습니다. 그 선교회 회장이 소년들에게 접근하여 광고지를 나눠 주면서 집회에 참석하라고 독려하고 있었습니다.

내게 이런 말이 들렸습니다. '우리도 나름대로 집회가 있어요.'

그 말을 들은 선교회 회장은 '여기에는 목사님이 안 계시지 않니?' 라고 말했습니다. '아, 우리에겐 그 늙은 양반(bloke)이 있어요.' 소년들이 한목소리로 외쳐 댔습니다.

회장은 못 믿겠다는 듯이 '그가 누구니?' 라고 물었습니다. '로이드 존스 박사요. 그분은 정말 대단해요.'

그때 나는 밖으로 나왔고, 선교회 회장의 얼굴에서 깜짝 놀라는 표정을 읽을 수 있었습니다. 그가 복음 전도를 위해서 자신이 들은 것이 무엇을 함축하는지를 자세하게 생각하였더라면 더 좋을 뻔하였습니다."

영광의 기록 유산

두 번째 유산으로는 박사가 책이나 팸플릿, 강좌 형태로 우리에게 남긴 '영광의 기록 유산'이 있습니다. 그것들은 길고도 능력 있는 목회 사역의 독특성들을 보존하고 있습니다.

- 성경의 권위에 관한 강조[22]
- 기독교회의 생활 속에서, 또한 그 생활을 위하여 설교가 중요하다는 흔들리지 않는 그의 신념[23]
- 그리스도인 연합에 관한 그의 개념과 이해[24]
- 가장 깊은 차원에서 인간의 필요를 충족시키는 복음의 충분성에 대한 그의 절대적인 확신[25]
- 역사와 구원과 은혜 안에서의 그리스도인의 성장,[26] 성령의 세례,[27] 성령의 은사[28] 등에 있어서 하나님의 주권을 강조한 일
- 복음 전도와 부흥을 명확하게 구분한 일과, 교회를 위한 '오직 유일한 소망'이 부흥이라고 볼 정도로 부흥이 절실하게 필요하다는 강조[29]
- 그리스도인들은 세상에서 '소금'과 '빛'의 역할을 감당하도록 사명이 주어져 있다는 주장[30]

---

22. *Expository Sermons on 2 Peter* (Banner of Truth Trust, 1983), p.212.
23. *Studies In The Sermon On The Mount* (I.V.F., 1959), vol.1, p.vii.
24. *Ephesians 4:1-16 Christian Unity* (Banner of Truth Trust, 1980).
25. *The Doctor Himself and the Human Condition* (Christian Medical Fellowship Publications), p.14.
26. *From Fear to Faith* (I.V.F., 1965), p.22.
27. *Joy Unspeakable: The Baptism with the Holy Spirit* (Kingsway Publications, 1984).
28. *Prove All Things: The Sovereign Work of the Holy Spirit* (Kingsway Publications, 1985).
29. *Foreword to The Welsh Revival of 1904* (Evangelical Press of Wales, 1984), by Eifion Evans, p.5.

- 그리스도인의 내세의 소망에 대한 절대적인 확신[31]

그의 책들은 수백만 부가 판매되었습니다. 그 책들이 발매되어 많은 사람들에게 팔려 나가게 될 때, 그 책들을 통하여 '불의 논리'와 같은 절대적인 효력을 가지고 있는 목회 사역을 감당했던 한 사람의 기억과 설교를 영구히 보존시킬 것입니다.[32]

비록 도날드 맥클레오드 목사에게서 시작된 비판적인 여론도 있었지만, 그것 역시 캔달 박사의 다음과 같은 평가를 더욱 확고하게 만드는 것임에는 틀림이 없습니다.

"박사야말로 기독교 역사상 가장 위대한 사람 중의 한 사람이며, 의심할 여지 없이 20세기의 가장 위대한 설교자이다."[33]

---

30. *Studies In The Sermon On The Mount*, vol.1, p.148.
31. *Ephesians 1*, p.445.
32. Christopher Catherwood, *Five Evangelical Leaders* (Hodder & Stoughton, 1984), pp. 51-109.
33. 1984년 5월 16일에 저에게 보낸 편지의 일부입니다.

부록 1
영어로 된 로이드 존스 목사의 저작 목록[1]

A. 1984년 이전에 출판된 저작들(가나다 순으로)[2]

1. 『1662-1692 청교도에서 비국교도에 이르기까지』(1662-1692 from Puritanism to Nonconformity, Evangelical Library, 1962)[3]

2. 『경종을 울려라』(Sound an Alarm, Westminster Chapel Bookroom, 1957)

3. 『과거에도 현재에도 변하지 않는 진리』(Truth Unchanged, Unchanging, Evangelical Press, 1951)

4. 『국가의 상태』(The State of the Nation, B.E.C. and the Evangelical Press, 1971)

5. 『권위』(Authority, Inter-Varsity Press, 1958)[4]

6. 『기독교 연합의 초석』(The Basis of Christian Unity, Inter-Vasity Fellowship, 1962)

---

1. 웨일즈어로 된 로이드 존스 목사의 저작 목록을 원하는 이들은 Y Cylchgrawn Efengvlaidd, 제 19권 5항 40면을 참고하십시오.
2. 여기 목록 순번에서 1, 2, 5, 10, 20, 22, 40은 이 책을 집필할 때 참고하지 않았습니다. 『우리의 성화이신 그리스도』(Christ our Sanctification)가 의미심장한 것은 그 당시 복음주의적인 학생들 사이에서 크게 유행하였던 '케스윅(Keswick)' 교훈을 전적으로 받아들이는 태도에 대해서 제동을 거는 책이기 때문입니다. 그러나 말년에 (『성령 세례』(Unspeakable : The Baptism with the Holy Spirit)에서) 로이드 존스 목사는 『우리의 성화이신 그리스도』에서 주장한 자기의 교훈이 잘못되었음을 시인하였습니다.
  영향력을 끼쳤던 다른 책은 1966년에 발행된 『권위』(Authority)인데, 이 책은 그리스도인들로 하여금 예수 그리스도와 성경과 성령의 권위를 인식하도록 촉구하고 있습니다. 이 책 또한 학생들, 특히 성경의 권위에 대한 여러 도전에 직면하고 있었던 학생들에게 참으로 가치 있는 책이었습니다. 그 책의 주제는 본서의 내용 중에서 언급되었습니다.
3. 이 책들의 출판 일시는 최초 발행본을 기준으로 하였습니다.
4. 1979년 '진리의 깃발사(Banner of Truth)'에서 재발행되었습니다.

7. 『내가 자랑하는 복음』(I am not Ashamed, Advice to Timothy Hodder & Stoughton, 1986)
8. 『두려움에서 신앙으로』(From Fear to Faith, Inter-Varsity Fellowship, 1965)
9. 『런던 신학교 개교식 연설』(Inaugural Address at opening of London Theological Seminary, 6th October 1977)
10. 『로마 가톨릭 사상 평가』(Roman Catholicism, Evangelical Press, 1965)
11. 『로마서 강해 1』(Romans - An Exposition of Chapter 3:20-4:25 Atonement and Justification, Banner of Truth, 1970)
12. 『로마서 강해 2』(Romans - An Exposition of Chapter 5 Assurance, Banner of Truth, 1971)
13. 『로마서 강해 3』(Romans - An Exposition of Chapter 6 The New Man, Banner of Truth, 1972)
14. 『로마서 강해 4』(Romans - An Exposition of Chapter 7:1-8:4 The Law: its Functions and Limits, Banner of Truth, 1973)
15. 『로마서 강해 5』(Romans - An Exposition of Chapter 8:5-17 The Sons of God, Banner of Truth, 1974)
16. 『로마서 강해 6』(Romans - An Exposition of Chapter 8:17-39 The Final Perseverance of the Saints, Banner of Truth, 1975)
17. 『로마서 강해 7』(Romans - An Exposition of Chapter 1 The Gospel of God, Banner of Truth, 1985)
18. 『루터와 이 시대를 향한 그의 메시지』(Luther and his Message for Today, Evangelical Press, 1968)
19. 『목사와 설교』(Preaching and Preachers, Hodder & Stoughton, 1971)
20. 『믿음에 접근하는 방식』(The Approach to Faith: Scientific and Religious, Tyndale Press, 1963)

21. 『믿음을 위한 전투』(Contending for the Faith, Inter-Varsity Press, 1979)
22. 『믿음의 시련』(Faith on Trial: Studies in Psalm 73, Inter-Varsity Fellowship, 1973)
23. 『베드로후서 강해』(Expository Sermons on 2 Peter, Banner of Truth, 1983)
24. 『복음을 제시하는 길』(The Presentation of the Gospel, Inter-Varsity Fellowship, 1949)
25. 『산상설교 상』(Studies in the Sermon on the Mount 1, Inter-Varsity Fellowship, 1959)
26. 『산상설교 하』(Studies in the Sermon on the Mount 2, Inter-Varsity Fellowship, 1960)
27. 『성령 세례』(Joy Unspeakable : The Baptism with the Holy Spirit, Kingway Publications, 1984)
28. 『성령의 주권적 사역』(Prove All Things : The Sovereign Work of the Holy Spirit, Kingsway Publications, 1985)
29. 『십자가』(The Cross: God's Way of Salvation, Kingsway Publications, 1986)
30. 『에베소서 강해 1』(God's Ultimate Purpose : An Exposition of Ephesians 1, Banner of Truth, 1978)
31. 『에베소서 강해 2』(God's Way of Reconciliation : Studies in Ephesians 2, Evangelical Press, 1972)[5]
32. 『에베소서 강해 3』(The Unsearchable Riches of Christ : An Exposition of Ephesians 3, Banner of Truth, 1979)
33. 『에베소서 강해 4』(Christian Unity : An Exposition of Ephesians 4:1-16,

---

5. 1979년에 '진리의 깃발사(Banner of Truth)'에서 재발행되었습니다.

Banner of Truth, 1980)

34. 『에베소서 강해 5』(Darkness and Light : An Exposition of Ephesians 4:17-5:17, Banner of Truth, 1982)

35. 『에베소서 강해 6』(Life in the Spirit : in Marriage, Home and Work : An Exposition of Ephesians 5:18-6:9, Banner of Truth, 1974)

36. 『에베소서 강해 7』(The Christian Warfare : An Exposition of Ephesians 6:10-13, Banner of Truth, 1976)

37. 『에베소서 강해 8』(The Christian Soldier : An Exposition of Ephesians 6:10-20, Banner of Truth, 1977)

38. 『영적 침체』(Spiritual Depression: its Causes and Cure, Pickering and Inglis, 1965)

39. 『오늘날 복음주의 신앙을 유지하기』(Maintaining the Evangelical Faith Today, Inter-Varsity Fellowship, 1952)

40. 『우리의 성화이신 그리스도』(Christ our Sanctification, Inter-Varsity Fellowship, 1948)

41. 『우리의 싸우는 병기』(The Weapons of our Warfare, Campbell Morgan Memorial Lecture, 1964)

42. 『의학에서 나타나는 초자연』(The Supernatural in Medicine, Christian Medical Fellowship, 1971)

43. 『인간 조건』(The Doctor Himself and the Human Condition, Christian Medical Fellowship Publications, 1982)

44. 『인생의 곤경과 하나님』(The Plight of Man and the Power of God, Oliphants, 1942)

45. 『인생의 예비학교』(Life's Preparatory School, Westminster Chapel, ca. 1947-1949)

46. 『전도 설교』(Evangelistic Sermons at Aberavon, Banner of Truth, 1983).

47. 『하나님은 왜 전쟁을 허용하실까』(Why Does God Allow War?, Hodder & Stoughton, 1939)

48. 『회심, 심리학적인 것인가, 영적인 것인가』(Conversions: Psychological and Spiritua, Inter-Varsity Fellowship, 1959)

49. 『희망이 연못이 되리라』(The Mirage shall become a Pool, Westminster Chapel, ca. 1947/49)

B. 소책자들(Papers)

1958-1978년 사이에 열렸던 '청교도', 또는 웨스트민스터 회의에서 로이드 존스 목사가 전한 내용이 담긴 소책자 목록을 원하면, 『존 번연과 여러 청교도들을 통해서 받는 빛』(Light from John Bunyan and other Puritans) 103-116 페이지를 참고하십시오.

C. 로이드 존스 목사의 저작들에서 발췌하여 출판된 책들

1. 『매일의 묵상』(Daily Readings from the Works of Martyn Lloyd-Jones, Hodder & Stoughton, 1970). 이 책은 프랭크 쿰버(Frank Cumber)가 선별하고 편집한 것으로, 정말 유익한 책이지만 로이드 존스 목사의 저작들 대다수가 출판되기 이전에 발행된 책입니다.

2. 허버트 스티븐슨(Herbert Stevenson)이 선별하고 서론을 쓴 책, 『말씀에 대한 빛, 복음적 영적 저작들에서 뽑은 선집』(Light upon the Word: an Anthology of Evangelical Spiritual Writings, Mowbrays, 1979), pp.155-164.

D. 1984년 이후에 출판된 저작들[6]

1. 『교리강해 시리즈 1,2,3』(Great Doctrines of the Bible, Vols.1, 2, 3,

---

[6]. 편집자주 - 원서에는 이 책이 출판된 1984년 이전에 출판된 저작 목록만이 나와 있습니다. 1984년 이후에 출판된 저작 목록은 지평서원 편집부에서 추가한 것입니다.

Crossway Books, 2003)

2. 『구약을 사용한 복음 설교』(Old Testament Evangelistic Sermons, Banner of Truth Trust, 1995)

3. 『귀신들림, 점술, 강신술』(Not Against Flesh and Blood, Bryntirion Press, 2001)

4. 『그리스도 안에 생명』(Alive in Christ, Crossway, 1997)

5. 『기쁨의 삶』(The Life of Joy, Hodder & Stoughton, 1989)

6. 『로마서 강해 8』(Romans an Exposition of Chapter 2:1-3:20 Righteous Judgement of God, Banner of Truth Trust, 1989)

7. 『로마서 강해 9』(Romans an Exposition of Chapter 9 Gods Sovereign Purpose, Banner of Truth Trust, 1991)

8. 『로마서 강해 10』(Romans an Exposition of Chapter 10 Saving Faith, Banner of Truth Trust, 1997)

9. 『로마서 강해 11』(Romans an Exposition of Chapter 11 To Gods Glory, Banner of Truth Trust, 1998)

10. 『로마서 강해 12』(Romans an Exposition of Chapter 12 Christian Conduct, Banner of Truth Trust, 2000)

11. 『로마서 강해 13』(Romans an Exposition of Chapter 13 in Two Kingdoms, Banner of Truth Trust, 2002)

12. 『로마서 강해 14』(Romans an Exposition of Chapter 14:1-17 Vol Set, Banner of Truth Trust, 2003)

13. 『모든 것이 충만하신 하나님』(The All Sufficient God, Banner of Truth Trust, 2005)

14. 『복음의 핵심』(The Heart of the Gospel, Crossway Books, 1991)

15. 『복음주의란 무엇인가?』(What is an Evangelical, Banner of Truth Trust, 1992)

16. 『부흥』(Revival, Crossway Books, 1987)

17. 『사도행전 강해 1』(Authentic Christianity Vol.1 : Acts 1-3, Banner of Truth Trust, 1999)

18. 『사도행전 강해 2』(Authentic Christianity Vol.2 : Acts 4-5, Banner of Truth Trust, 2001)

19. 『사도행전 강해 3』(Authentic Christianity Vol.3 : Acts 5:17-6:8, Banner of Truth Trust, 2003)

20. 『사도행전 강해 4』(Authentic Christianity Vol.4 : Acts 7:1-29, Banner of Truth Trust, 2004)

21. 『사도행전 강해 5』(Authentic Christianity Vol.5 : Acts 7:29-60, Banner of Truth Trust, 2006)

22. 『사막의 샘물』(Water in the Desert, Bryntirion Press, 1991)

23. 『세상이 모르는 그리스도인의 특별한 행복』(True Happiness, Bryntirion Press, 1997)

24. 『시대의 표적』(Knowing the Times, Edinburgh, Banner of Truth Trust, 1989)

25. 『영적 축복 : 요한복음』(Spiritual Blessing, Kingsway, 1999)

26. 『요한 일서 강해 1,2,3,4,5』(Life in Christ, Crossway Books, 1995)

27. 『요한복음 17장 강해』(The Assurance of Our Salvation, Studies in John 17, Crossway Books, 2000)

28. 『우리의 방법이 아닌 하나님의 방법』(God's Way Not Ours, Banner of Truth Trust, 2003)

29. 『은혜의 기적』(The Miracle of Grace, Baker Book House, 1986)

30. 『의학과 치유』(Healing and the Scriptures, Oliver-Belson Books, 1988)

31. 『전쟁, 테러, 그리고 그리스도인』(The Christian in an Age of Terror, New Wine Press, 2007), 지평서원 근간.

32. 『주를 노래해』(*Singing to the Lord*, Bryntirion Press, 2003)

33. 『진노 아래 놓인 민족 : 이사야 5장 강해』(*A Nation Under Wrath*, Kingsway, 1997)

35. 『진리 안에서 하나』(*Unity In Truth*, Evangelical Press, 1991)

36. 『찬양』(*Let everybody Praise the Lord*, Bryntirion Press, 1999), 지평서원 근간.

37. 『청교도 신앙 : 그 기원과 계승자들』(*The Puritans: Their Origins and Successors*, Banner of Truth Trust, 1991)

38. 『크리스마스 메시지』(*Christmas Sermons: An Exposition of the Magnificat, Bridgend*, Bryntirion Press, 1998)

39. 『하나님 앞에 사는 즐거움』(*Enjoying the Presence of God*, Crossway Books, 1991)

40. 『하나님은 아직도 역사를 주관하실까』(*Why Does God allow Suffering?*, Crossway Books, 1994)

41. 『하나님을 만나는 비결』(*Heirs of Salvation*, Bridgend, Bryntirion Press, 2000)

42. 『하나님의 나라』(*The Kingdom of God*, Crossway, 1992)

43. 『하나님의 방법으로 자녀 양육하기』(*Raising Children God's Way*, Banner of Truth Trust, 2007)

44. 『회개』(*Out of the Depths*, Bridgend, Evangelical Press of Wales, 1986)

부록 2
'박사'와 웨일즈의 국제대학생회(Inter-Varsty Fellowship)

1923년에서 1983년까지 웨일즈 내에서 일어난 복음주의 학생 증거 운동의 발원과 발전 실태를 연대별로 정리한 연혁(沿革)이 거레인트 필더(Geraint Fielder) 목사의 『실례합니다. 데이비즈 씨 – 할렐루야!』(Excuse me, Mr. Davies – Hallelujah!, Evangelical Press of Wales/Inter-Varsity Press, 1983)에 실려 있습니다. 거기에 로이드 존스 목사의 이름이 자주 등장합니다. 또한 웨일즈 내의 단과 대학들과 종합 대학들 안에 있는 복음주의 연맹들에 끼친 로이드 존스 목사의 영향은 상당하고도 다양했습니다.

첫째, 그가 끼친 '개인적 격려(personal encouragement)'가 있습니다. 그는 1927년 10월 7일, 카디프(Cadiff)의 유니버시티 칼리지(University College)를 처음으로 방문했습니다. 그때 그곳에서 고린도전서 2장 2절의 말씀을 강연했습니다. 그는 청중들에게 '우리가 그리스도를 믿지 않는다면 대학 교육은 아무 소용이 없는 것이다'라고 말하였습니다. 그 말이 더욱 인상 깊었던 것은, 그것이 고등 교육에 대한 반감을 가지고 있는 게으름뱅이의 말이 아니라, 그처럼 이른 나이에 의학박사 학위를 취득한 사람의 말이기 때문입니다. 그는 너무 이른 나이에 학위를 받게 되어서 그 학위증을 공식적으로 수여하기 위해서는 좀 더 기다려야 할 정도였습니다.

둘째, '그의 강해 설교'가 있습니다. 그 점은 아주 분명합니다. 그의 설교는 특별히 웨일즈의 I.V.F. 컨퍼런스에서 유효하였습니다. 1949년에는 보르드(Borth)의 팬티훼드웬(Pantyfedwen)에서 인간 교리(敎理)에 관해서 강연하였고, 1950년에는 뉴캐슬 엠륀(Newcastle Emlyn)의 킬그윈(Cilgwyn)에서 두 번째 강연을 하였는데 이때는 성령에 관하여 말하였습니다. 세 번째 강연은

1951년에 다시 팬티훼드웬에서 하나님의 주권에 대해서 연설한 것입니다.

더글라스 존슨 박사는 이 일련의 강연들이야말로 자기가 로이드 존스 목사에게서 들었던 강연 중에서 최고의 것이라고 말하였습니다.

한편 거레인트 필더는 이렇게 논평합니다. "많은 목회자들이 바로 이 일련의 강연들이 자신의 목회에 결정적인 영향을 미쳤다고 회고한다."

데렉 스완(Derek Swann)도 의미심장한 회고를 합니다.

"로이드 존스 박사가 하나님의 주권에 대해서 말할 때, 우리 중 많은 사람들이 은혜의 교리를 처음으로 접했습니다. 물론 나 자신도 포함해서 말입니다. 그는 구원의 주권의 교리에 대한 강연을 마지막 시간에 하기로 하고, 그 이전의 두 번의 강좌에서는 마지막 강좌에 적용할 모든 원리들을 다 설정해 놓았습니다.

나는 처음 두 강좌가 창조와 역사에 있어서 하나님의 주권에 관한 것이었다고 믿습니다. 나는 두 번의 강좌에서 선포되는 모든 것을 다 받아들였고, 급기야 세 번째 강좌에서 선포되는 내용도 모두 인정하였습니다.

내 기억으로는 그원 월터스(Gwyn Walters)와 대화를 나누는 중에 선택의 진리가 나에게 여명처럼 비춰졌습니다. 이 모든 기이함에 너무 압도된 나머지, 눈물을 참기가 어려웠습니다. 그 이후 우리 중 많은 사람들에게 있어서 선택의 문제는 머리뿐만 아니라 마음의 일이 되었습니다. 나는 언제나 그 일에 대하여 '박사'에게 감사하고 있습니다. 그 선택의 진리를 통하여 우리의 마음이 뜨거워지는 데 대하여, 그분에게 우리가 인식하는 것보다 더 큰 빚을 졌습니다."

회심의 차원과 기독교에 대한 더욱 성숙한 이해를 향하여 진보하는 차원에서 열린 이러한 컨퍼런스들에서 나타난 즉각적인 효력을 제외하고라도, '오랫동안 지속된 효력들'이 있습니다. 곧 목회 사역에 있어서 복음주의를 활성화시켰고, 웨일즈 내에서 복음주의 활동이 보편적으로 어떤 방향으로 나아가야 하는지에 대해 새로운 지표를 설정해 주었습니다. 또한 흥미로운 사실은 웨일즈 복음주의 목사들의 컨퍼런스도 이러한 학생 컨퍼런스에서 시작된 것이고, 급기야 그 컨퍼런스가 웨일즈 복음주의 운동(Evangelical Movement of Wales)을 형성하게 한 것입니다.

셋째, 로이드 존스 목사의 설교를 넘어서는 '더 광범위한 은사들'이 있습니다. 1920년대 카디프의 복음주의 연맹에 속한 유니버시티 칼리지의 일원이었던 모간(R.L. Morgan)은, 처음으로 박사가 강연을 하는 대신 누가 질문을 하면 그 질문에 대답하는 방식을 취했던 때를 기억하고 있습니다. "그 밤은 유익한 밤이었고, 그 모임은 자신감을 가지거나, 아니면 능히 그것을 감당할 만하도록 선뜻 나설 사람이 거의 없는 모임이었다."

그곳에 참석했던 다른 사람은 이렇게 말합니다. "그런 모임은 모임이 시작되면 금방 너도나도 마구잡이로 난제들을 들고 나와서 제기하는 일이 되어버리기 십상이다! 그러나 로이드 존스 박사는 예리하면서도 마음을 꿰뚫는 통찰력으로써 던져진 질문에 어떤 난제가 함축되어 있는지를 능히 파악해 나가면서 그 토론을 적절하게 인도했다."

YMCA에서 아주 많은 청중이 모인 모임에 대해 상세히 기록한 의사록을 보십시오. "우리는 이 하나님의 사람의 증거의 면밀함을 더욱더 인식하게 되었다."

세계 곳곳에 있는 학생들은 긴장 어리고도 엄격한 '박사'의 생각과 방식을 맛보았을 것입니다. 그 집회를 상세하게 기록하고 있는 그 의사록에 나타난 것처럼, 아주 독특하면서도 전형적으로, 그 집회에 대하여 '그는 우리 모두에게 아주 편안한 마음을 갖게 하였다'라고 두 번이나 논평하고 있습니다.

필더의 책을 읽어 보면 로이드 존스 목사가 웨일즈 복음주의 학생들에게 의지할 만한 큰 힘이었다는 것이 분명하게 드러납니다. 특히 1920년대에 그는 복음주의 학생에게 지식과 계몽의 확장을 위해서 종교 개혁자들, 청교도들, 칼빈주의 메소디스트 조상들, 스펄젼, 구 프리스턴 신학대학의 장로교도들(Princeton Presbyterians)을 돌아보도록 촉구하였습니다.

1930년대와 1940년대 그의 영향력은 웨일즈에서보다 잉글랜드의 국제대학생회(I.V.F.)에서 더욱 강해졌습니다. 필더가 말하듯이, 웨일즈의 I.V.F.의 역사 속에서 가장 의미심장한 일은 '1940년대와 1950년대에 그리스도께로 회심했던 젊은 남녀들의 세대'에 대한 것인데, 그들이 바로 '박사'의 지도력과 영향력 아래 있던 자들입니다. 이런 의미에서 로이드 존스가 웨일즈에 미친 영향은 지금도 계속되고 있는 것입니다.

부록 3
성령의 인치심(The Sealing of the Spirit)

로이드 존스 목사는 로마서 8장 5-17절의 강해(『로마서 강해 6 : 하나님의 자녀들』)에서 그 논증을 펼쳐 가면서 많은 권위자들의 말을 인용함으로써 그 논증을 증명합니다. 청교도들, 곧 존 프레스톤(John Preston), 존 오웬, 토마스 홀턴(Thomas Horton), 리챠드 십스(Richard Sibbes), 그리고 다음 세대의 조지 휫필드(George Whitefield), 존 웨슬리(John Wesley), 18세기 메소디스트인 하웰 해리스(Howell Harris), 죠나단 에드워즈(Jonathan Edwards), 찰스 휘니(Charles Finney), 드와이트 무디(Dwight L. Moody), 찰스 시므온(Charles Simeon), 그리고 엄격한 침례교도인 찰스 스펄젼(C. H. Spurgeon), 플리머스 형제단(Plymouth Brethren)에 속한 위대한 세 명의 교사들, 다비(J.N. Darby)와 매킨토쉬(C.H. Mackintosh), 윌리엄 켈리(William Kelly) 등의 말을 인용합니다.

그가 인용한 증거는 참으로 방대합니다. 또한 그 논증에서 추론되고 인용되는 논평이 너무 상세해서 그 갈피를 잃어버리기가 쉽기 때문에 그 자체가 하나의 문제를 일으키고 있습니다.

본문[7]이 함축하는 정확한 의미를 살펴보기 전에, 로이드 존스가 인용한 증거 중 한 사람의 관점들을 더욱 상세하게 살펴보겠습니다.

다비(J.N. Darby, 1800-1882)는 의심할 여지 없이 형제단 교회의 역사가 시작되면서 참으로 은사를 받은 교사였습니다. 물론 그의 문체가 혼란을 불러

---

7. 에베소서 1장 13절은 흠정역 성경에서 다음과 같이 번역되어 있습니다. "In whom ye also trusted, after that ye heard the word of truth, the gospel of your salvation: in whom also after that ye believed, ye were sealed with that Holy Spirit of promise."

일으키고 있지만 말입니다. 로이드 존스는 다비의 말을 정확하게 인용하였습니다. 또한 인용된 책자 외에 다른 곳에서는 다비가 어떻게 가르치는지를 알아보기 위해서 다비가 쓴 편지들을 더 살펴봄으로써 그의 관점과 교훈에 관한 더 큰 조명을 얻으려고 하였습니다. 그 편지들은 곳곳에는 성령의 인치심을 언급하고 있습니다.

다비는 1879년에 다시 성령의 인치심의 본질과 효력에 관하여 주장하였는데, 로이드 존스도 그와 동일한 확신을 가지고 있었습니다.

"성령이 우리에게 주어졌다는 것은 위대한 진리요 위대한 사실이다. 우리가 성령으로 말미암아 거듭났을 뿐만 아니라, 그리스도의 피의 효력을 믿고 성령의 인치심을 받아 '아바 아버지'라고 부르짖을 수 있으며, 성령으로 말미암아 '하나님의 사랑이 우리의 마음에 부은 바 되고', 성령으로 말미암아 우리가 그리스도 안에 있으며 그리스도께서 우리 안에 계시다는 것을 알게 되다니, 이는 정말 위대한 진리요 위대한 사실이다.

그리스도께서 하신 일이 기초가 된다. 그러나 성령의 임재는 그리스도께서 하신 일의 효력을 향유하게 하는 능력이다. 성령은 우리가 하나님의 자녀요 후사라는 것을 인식하게 하시며, 그리스도께서 우리를 위하여 확보하신 그 소유를 누리기까지 우리의 기업을 보존하시고, 우리로 하여금 그리스도를 기다리도록 하신다.

개인적인 문제로서의 구속(救贖)이 일단 알려지면, 말씀이 제시하는 두 가지 위대한 진리가 있다. 그것은 우리가 '그의 아들이 하늘로부터 강림하심을 기다리는' 쪽으로 돌아서게 되었다는 것이고(살전 1:10 참고), 또 다른 진리는 성령께서 계신 곳에는 자유함이 있다는 것이다."

그는 1981년에 쓴 편지에서 거듭남과 성령의 인치심을 분명하게 구분하고 있습니다.

"거듭날 때 성령의 인치심을 받는다는 것은 잘못된 원리이다. 성령의 인치심은 죄 사함을 위한 그리스도의 피 뿌림과는 별개의 일이다. 이것 외에는 지체할 다른 어떠한 근거도 나는 알지 못한다(행 2:38,43,44 참고)."

그는 몇 년 동안 그렇게 구별되는 성질을 주장하였습니다. 1871년에 그는 이렇게 말합니다.

"우리가 믿은 후에 성령의 인치심을 받는다는 것은 사실이다. 그러나 성령의 인치심이 거듭나는 것을 의미하지는 않는다. 만일 하나님의 성령의 임재가 생명이라면, 모든 그리스도인은 성령의 성육신이 되는 셈이다. 우리의 몸은 우리가 하나님께로 받은 바 성령의 전이다. 거듭난다는 것은 그것과는 별개의 문제이다."

그러나 다비는 로이드 존스 목사와는 달리 참된 그리스도인이 인치심을 받지 않은 상태에 계속 머물러 있을 수도 있다는 것을 믿지는 않았습니다. 1873년에 그는 이렇게 말하였습니다.

"그러나 만일 어떤 사람이 성령의 인치심을 받지 않았다면, 그는 그리스도인이 아니다. '누구든지 그리스도의 영이 없으면 그리스도의 사람이 아니라'(롬 8:9). 주의 용서하심으로 말미암아 평강을 얻었다는 것은 그리스도께서 행하신 일에 대한 문제로서, 그리스도께서 행하신 일을 믿는다는 증거이다. 믿음으로써 받은 그리스도의 공로는 인치심의 근거이다. 그런 다음에 사람이 구원을 받는 것이다.

그러나 그것을 지성적으로 이해하는 것은 또 다른 문제이다. 애굽에서 벗어난 이스라엘은 하나님의 인도함을 받았다. 구원함을 받은 것이다. 이스라엘은 요단강을 건너 가나안 땅에 들어갔고 할례를 받았으며 땅의 곡식을 먹었다. 그러나 인치심을 받은 사람만이 참된 그리스도인의 신분를 가진 사람이다. 이 일은 그리스도의 피 뿌림을 근거로 한 것이다. 다시 말하면 그리스도께서 행하신 일을 믿음으로 말미암아 우리가 구속함을 받는 것이지, 구원 받았음을 아는 지식으로 인하여 구속함을 받는 것이 아니다. 그것을 아는 것은, 그 구속함을 받았을 때 나타나는 효력이다."

그보다 한 해 전인 1872년에는 이렇게 말했습니다.

"하나님은 불신자, 거듭나지 아니한 죄인을 인치지 않으신다. 그런 일은 불가능하다. 하나님은 그러한 불신자를 은혜로 받아들이신 다음에 그 사람을 인치시는 것이다. 성령이 아니고서는 거듭나지 못한다. 그러나 거듭나게 하시는 성령의 역사와 내주하시는 일은 별개의 일이다."

1880년에, 그는 솔직하게 진술하였습니다. "인치심을 받지 않은 그리스도인은 성경에 소개된 적이 없다."

다음의 논평은 그 문제에 대해서 약간의 변화가 왔음을 시사합니다.

"나는 그 인치심을 한순간에 받는 것에 특별한 중요성을 부여하지는 않는다. 단지 성경이 그 점을 확신시킨다면, 그것을 아는 것은 항상 유익하다. 나는 정말 그러하다고 생각한다. 다른 사람들이 이미 내게 제시한 여러 성경 대목들이 그 문제에 대해서 어떤 난점을 제기한다고 생각하지는 않는다.

분명히 성령께서 우리에게 주어져 우리로 하여금 아바 아버지라고 부르짖게 하시는 것은 우리가 하나님의 자녀들이기 때문이다. 우리는 예수 그리스도를 믿음으로 말미암아 하나님의 자녀가 된다. 그러나 나는 이것이 우리가 성령의 인치심을 받는 어떤 '순간'을 말한다고 생각하지는 않는다. 다만 이 대목은 그 사실을 진술할 뿐이다. 에베소서 1장도 역시 마찬가지이다."

그러나 이 마지막 호소에서 진정으로 염두해야 할 것은 로이드 존스의 문법적이고도 신학적인 논증입니다. 왜냐하면 로이드 존스 목사는 에베소서 1장 13절을 특별하게 바라보는 입장이기 때문입니다. 특히 '그 안에서 또한 믿어(after that ye believed)'라는 대목에 대한 문제입니다. 그는 그 문장의 기초가 되는 동사가 과거 시제라고 주장합니다.

"에베소서가 '그 안에서 또한 믿음과 함께 성령의 인침을 받는다(In whom also believing ye are sealed with the Holy Spirit)'라고 말하지 않는다는 것은 보편적으로 인정됩니다. '믿는다'라는 단어는 과거 시제로 되어 있습니다. '너희가 믿은 바에 따라(as you believed)', 또는 '너희가 믿었을 때(when you believed)'라고 되어 있지 않습니다. 적어도 그 표현은 '너희가 믿었고 (having believed)'라고 되어 있습니다. 개정역(Revised Version)은 과거의 일을 암시해 줍니다. 'having also believed, ye were sealed with the Holy Spirit of promise(너희가 믿고 나서 약속의 성령으로 인치심을 받았다).'

저는 '믿고 나서'라는 대목이, 두 가지가 같은 사건이 아니라는 것을 암시한다고 주장합니다. 또한 성령의 인치심이 믿음의 행위 뒤에 즉시 따라오는 것이 아니라고 주장하는 바입니다. 이 점이 그렇게 중요한 이유는, 성령의 인치심과 성령 세례를 모든 그리스도인이 반드시 체험했을 것으로 단정하고 있다는 점 때문입니다. 그들은 이 성령의 인치심의 역사가 의식의 세계, 또는 체험의 세계에서만 일어나는 것이 아니라 모든 신자에게서 무의식적으로 일어나는 것이라고, 주장하고 있습니다. 결국 모든 신자들이 그것을 추구하지 않게 되고, 그것을 추구하지 않게 되면 그 성령의 인치심을 체험하지 못하게 되는 것입니다.

그 결과 그들은 신앙주의(believe-ism)의 상태 속에 살게 되며, 스스로 성령의 인치심을 받았음에 틀림없다고 말합니다. 그래서 그들은 지금 그 성령의 인치심을 가지고 있다고 말하는 것입니다. 그리하여 그들은 신약의 그리스도인들, 기독교회사의 흐름 속에서 발견되는 다른 많은 그리스도인들이 체험했던 것을 체험하지 못한 채 삶을 영위하고 있는 것입니다."[8]

성령의 인치심에 관하여 로이드 존스 목사와 복음주의자들 사이의 불일치는 세 가지 요점으로 집약됩니다. 첫 번째 논쟁은 문법적인 것입니다. 에베소서 1장 13절을 문자적으로 번역하면 이러합니다. '그 안에서 너희로 또한 진리의 말씀을 너희의 구원의 복음으로 들었고, 또한 그 안에서 믿었고, 우리의 기업의 보증이신 약속의 성령으로 인치심을 받았도다(In whom you also, having heard the word of truth the gospel of your salvation in whom also having trusted, you were sealed with that Holy Spirit of promise which is the earnest of our inheritance).'

문법적으로 '들었고(having heard)'와 '믿었고(having trusted)'는 정확하게 병행구입니다. 둘 다 부정 과거분사입니다. 그러므로 둘은 같은 방식으로 취급되어야 합니다.

헬라어는 흔히 영어로 현재 동사를 써야 할 곳에 부정 과거를 쓰는 경우가 많습니다. 그래서 번역할 때는 시제가 달라지는 것입니다. 그러므로 분사 구문은 문맥 밖에서는, 'after you believed(너희가 믿은 후에)', 'because you believed(너희가 믿었기 때문에)', 'although you believed(너희가 믿었을지라도)'로 다르게 번역될 수도 있습니다. 엄격하게 말해서 그 분사는 소극적이든 적극적이든 시차(時差)를 지시하는 것이 아닐 수도 있는 것입니다.

그래서 로이드 존스의 관점에 반대하는 이들은 매우 정당하게 결론을 내렸습니다. 곧, 지금 논란이 되는 그 주장은 '너희가 믿은 후에(after that ye believed)'라는 소절의 기초 동사에 입각한 것이기에 인정될 수 없다는 것입니다. 브루스는 그의 책 『에베소서 강해』(*Ephesians*, London, 1961)에서 그 동사를 '동시적(同時的)' 부정 과거형(coincident aorist)이라고 불렀습니다. 왜

---

8. 『영적 선택』 그의 에베소서 1장 강해 중에서 에베소서 1장 13절의 강해 부분입니다.

냐하면 그 동사는 주동사의 시각과 함께 동시적으로 일어난 행동을 지시하기 때문입니다.

두 번째 논쟁은 신학적인 것인데, 에베소서 1장 1-14절의 '전체' 논증을 고려해야 할 문제라는 것입니다. 로이드 존스 목사의 논증에 문제를 제기하는 사람들은 중심적 명제(central proposition)가 3절에 포함되어 있음을 시사합니다.

곧, 그리스도 안에 있는 '성도들'과 '신실한 자'들은 그리스도 예수 안에서 '모든' 신령한 복을 받은 자들이라는 것입니다. 그리고 믿는 자는 '그리스도 예수 안에서 선택되고' 하나님의 자녀들로 받아들여지기로 예정되었고, '그 사랑하시는 자 안에서 받아들여졌고', '그의 뜻의 비밀'이 믿는 자에게 계시되었으며, 그 믿는 자는 기업을 얻었고 내세에 대한 확실하고도 분명한 소망을 받게 되었다는 것입니다.

아마 이 문제에 대한 로이드 존스의 가르침과 의견에 이의를 제기하는 사람들은 구원이 아주 명료하게 삼위일체론적이라는 사실에 집중하고 있을 것입니다. 성부께서 우리를 선택하셨고(엡 1:4 참고), 성자께서 우리를 위하여 보배피를 흘리셨으며(엡 1:7 참고), 성령께서 우리를 인치셨다(엡 1:13 참고)는 것입니다.

또한 바울이 바로 이 대목에서 '이중적' 시스템, 곧 어떤 사람들은 인치심을 받고 어떤 사람들은 인치심을 받지 않은 신자로 존재한다는 식의 체계를 암시하는 말을 한 적이 없다는 사실에 주목합니다. 이 대목은 하늘에 있는 신자들 중에 이 세상에서 인치심을 받지 않았던 자들도 있을 것임을 암시하는 것이 아닙니다. 왜냐하면 하늘에 관한 신자의 확신의 오직 유일한 근거는 '약속의 성령'을 소유하는 것이기 때문입니다.

또한 바울이 다른 대목에서 가르친 것에 관심을 보입니다. 로마서 8장에서 바울은 신자가 하나님의 자녀라는 반박할 수 없는 증거로서 '하나님의 성령'의 인도하심을 받는다는 사실을 제시하고, '양자의 영(Adoption of the Spirit)'을 강조합니다.

"너희는 다시 무서워하는 종의 영을 받지 아니하였고 양자의 영을 받았으므로 아바 아버지라 부르짖느니라. 성령이 친히 우리 영으로 더불어 우리가 하나님의 자녀인 것을 증거하시나니, 자녀이면 또한 후사, 곧 하나님의 후사요 그리스도와 함께한 후사니, 우리가 그와 함께 영광을 받기 위하여 고난도 함께 받아야 될 것이니라"(롬 8:15-17).

세 번째 논쟁은 다음과 같이 진행됩니다. 만일 어떤 사람이 '성령'이 아니고서는 '아바 아버지'라고 부르짖을 수 없다면, 그래서 성령이 아니고서는 자기가 하나님의 아들 되었음에 대한 어떤 확신도 할 수 없다면, 더 나아가 성령이 아니고서는 거듭날 수 없다면, 다음과 같은 결론은 합당할 것입니다. 곧 사람이 그리스도인이 될 때, 자기가 그리스도 예수 안에서 소유하는 새생명의 진정성의 증거로 성령을 받게 되는 것입니다(곧 인치심을 받게 된다는 말입니다). 또한 그것은 예수 그리스도 안에서 새로 구축된 영적 안전에 대한 증거가 되기도 합니다.

이 세 번째 논증을 부가적으로 지원하는 증거는 다음의 말씀들에서 발견됩니다. 곧, 요한복음 4장 14절, 사도행전 2장 38절, 고린도후서 1장 21, 22절, 5장 5-8절, 골로새서 3장 9절입니다(여기서 바울은 우리가 '그 안에서 온전해진다'고 말하고 있습니다).

보수주의적 복음주의 진영에서 성령의 역사처럼 뜨거운 논란을 불러 일으키는 주제는 별로 없습니다. 로이드 존스 목사의 역설(力說)들도 결코 예외는 아니었습니다.

부록 4
영국 국교회에서 이탈한 한 사람의 증언

영국 국교회인 성공회를 떠난 몇 사람의 성직자들 중 한 사람이 있는데, 마이클 이튼(Michael Eaton) 목사입니다. 그는 그렇게 행동한 이유를 다음과 같이 설명합니다.

"저는 성공회의 청년 그룹의 목회 사역을 통해서 1957년에 그리스도인이 되었습니다. 그리하여 자연스럽게 새로 사귄 성공회 친구들과 함께 예배를 드리게 되었고, 나 자신도 성공회 교구에 등록하게 되었습니다.

1959년에 목회 사역의 소명감을 가지게 되었는데, 그때는 성공회 이외의 다른 교단에서 사역한다는 것은 전혀 생각해 보지 않았습니다. 따라서 저는 1960년부터 1965년까지 틴데일 하우스(Tyndale House)에서 학생으로 생활했고, 1965년에서 1966년에는 틴데일 하우스에서 부가적인 공부를 하였으며, 1966년 서덧크(Southwark) 성공회 성당에서 장립을 받았습니다.

그러나 이 기간에 저는 점차 영국 국교회의 특징들에 대하여 진지한 의문을 가지게 되었습니다. 저는 10대에 상당히 많은 책을 읽었는데, 그러다가 1962년의 사건들을 알게 되었고, 특히 1962년 이후에 영국에서 여러 교단들이 발생된 사실을 알게 되었습니다. 또한 장로교도들과 형제단에 속한 저술가들, 청교도 존 오웬이 쓴 반(反) 성공회적 저작들을 여러 권 읽었습니다. 그 책들은 모두 제가 논박할 수 없었던 성공회주의의 독특성들을 공격하는 많은 논증들을 보여 주었습니다.

1961년에 토마스 후커(Thomas Hooker)와 청교도들에 대한 대학 평론을 쓴 일을 지금도 기억하고 있습니다. 저는 그 글에서 청교도들은 옳고 후커는 그르다고 주장하였습니다.

저는 1965년에 틴데일 홀(Tyndale Hall) 학생 잡지에 기고할 서평을 썼는데, 이안 머레이가 역사물들을 모아서 편집한 『교회의 개혁』(Reformation of the Church)이라는 책에 대한 서평이었습니다. 그 책은 반 성공회적인 책이었습니다. 저는 그 책에 대해 '호의적인' 서평을 썼습니다.

바로 그때 제가 가지고 있던 또 다른 주된 생각이자 가장 큰 요소는 마틴 로이드 존스 박사의 목회 사역에 대한 것이었습니다. 1959년, 제가 10대였을 때 어떤 사람이 저에게 그 교회에 가서 그분의 설교를 한 번 들어 보라고 추천하였고, 그래서 저는 그분의 설교를 듣기 위해 그곳으로 갔습니다.

출애굽기 33장을 본문으로 삼은 그분의 메시지는 정말 감동적이었고, 그 메시지의 요점은 25년 동안 제 마음에 각인(刻印)되었습니다. 급기야 박사의 카세트 테이프를 통해서 그 설교를 다시 들었습니다. 그 후부터 저는 가능하면 가끔씩이라도 그 설교를 듣기 위해서 웨스트민스터 채플에 가려고 했습니다. 특히 1962년 3월 이후에는 금요일 밤마다 기회가 되는 대로 '로마서 강해'를 들으려고 애를 쓰곤 하였습니다.

로이드 존스 박사의 목회 사역 속에는 영국 국교회주의와 교회 연합 운동(Ecumenical Movement)에 대한 혐오가 서려 있었습니다. 그가 말하는 것을 유심히 듣고 그 많은 대목을 통해서 그런 확신을 가지게 되었습니다.

저는 1962년에 발행된 그의 강좌 『1962 – 1992 : 청교도에서 비국교도에 이르기까지』(1662-1692: From Puritanism to Non-Conformity)를 읽었습니다. 또한 그의 『기독교 연합의 초석』(The Basis of Christian Unity, 1962)도 읽었습니다. 저는 그가 지적했던 요점들을 주목하였습니다. '영국 국교회는 부흥에 대한 많은 것을 알지 못하였다(Puritan Studies Conference, 1959, p.39).'

청교도 내에 있는 분열들에 관한 그의 지적, 청교도 주의가 현대에 가지는 관련성에 대한 지적 등도 읽었습니다(Puritan Studies Conference, 1962). 그의 '존 오웬과 교회 분열주의'(John Owen and Schism, 1936)라는 강좌는 옛 청교도의 논증을 되돌아보도록 인도했습니다.

1965년에 저는 틴데일 홀에서의 공부를 마치고 그 다음 해 10월에 장립을 받기 위해 준비 중에 있었습니다. 1966년 봄에 로이드 존스의 『교회 안에 있는 작은 교회들』(Ecclesiola in Ecclesia)이 출판되었습니다(Puritan Conference papers 중에 있는 한 내용입니다). 저는 그의 논증, 복음주의자들이 교회의 '한 파당'을 형성하거나 '교회 안에 교회'를 형성하는 것은 비성경적이라는 주장을 주목하였습니다.

1966년 11월에 복음주의 연맹이 회집되었을 때, 저는 장립을 받은 지 얼마 안 된 상태였고 영국 국교회에 자리 잡은 것에 대해서 매우 불확실한 느낌을 가지게 되었습니다.

저는 로이드 존스 목사가 웨스트민스터 센트럴 홀(Westminster Central Hall)의 모임에서 연설할 예정이라는 것을 알고, 서레이의 영국 국교회 교구에 있는 한 모임의 젊은이들을 이끌고 가서 그의 연설을 듣게 하였습니다.

1966년에 로이드 존스는 금요일 저녁마다 로마서 12장 3-8절의 본문을 강해해 나갔고, 저는 그 강해 중에 교회 예배에 관해 강론하는 것을 들었습니다. 그런 다음 1967년, 그가 로마서 13장 1-7절의 강해하는 것을 들었고, 교회와 국가 사이의 구별에 관한 그의 견해를 알게 되었습니다. 저는 교회와 국가의 구별을 믿게 되었고, 1964년 이후 영국 국교회의 비(非)국교화의 필요성을 믿게 되었습니다. 허버트 카슨(Herbert Carson)이 틴데일 홀에서 그 주제에 관한 강좌를 열었던 해가 1964년이었던 것 같습니다.

바로 그때쯤 저를 매우 무겁게 짓누르는 세 가지 문제들이 있었습니다. 그것들은 저로 하여금 1967년 8월에 영국 국교회를 떠나게 만들었습니다.

첫째, 저는 오랜 생각 끝에 '국가 교회(state church)'의 개념이 진정으로 성경적이지 않다는 결론에 이르게 되었습니다. 장립을 받기 전에도 그런 확신을 가지고 있었습니다. 그러나 그때만 해도 어느 날 영국 국교회가 비국교화될 수 있을 것이라는 작은 희망을 가지고 있었습니다.

이러한 제 생각은 대부분 10대와 20대 초에 형성된 것이었습니다. 그때에는 영국 국교회의 성직제도(聖職制度)에 대한 개념을 정확하게 파악하지 못했습니다. 제 생각의 거의 대부분은 오히려 그 당시의 교주주의적 틀에 얽매여 있었습니다. 저는 그때 비국교화가 이루어질 것이라는 부질없는 희망을 가지고 있었던 것입니다.

1966년 10월 이후 실질적인 교구 생활은 브리스톨과 캠브리지에서의 학생 생활과는 전혀 다른 세계로 저를 이끌었습니다. 그리고 이론적으로만 생각했던 문제들과 매일 부딪히게 되었습니다. 영국 성공회의 '국가 교회' 측면이 이제 저를 정말로 괴롭혔습니다.

저는 그리스도인으로서의 신앙을 전혀 가지고 있지 않은 것처럼 보이는 여러 커플들의 결혼 주례를 맡아야만 했습니다. 그럴 때면 때로는 신랑들이 결혼식에 오는 도중에 술을 너무 많이 마시고 그 예배에 참석하기도 했습니다. 장례식 예배에서는 어떤 사람의 장례이든지 모든 사람들이 '확실하고도 분명한 소망을 가지고 죽었다'고 선언해야 했습니다. 그 사람이 이전에 믿음을 가졌었는지 가지지 않았었는지에 상관없이 말입니다. 유아 세례를 베풀 때에는 어린아이들이 거듭났다고 선언해야 했습니다. 딱 한 번 마틴 루터가 첫 번째 미사에서 겪었던 것과 같은 그러한 경험을 하였습니다!

이 모든 일이 '국가 교회'와의 관계 속에 얽혀 있었으며, 로마서 13장에 대한 로이드 존스 목사의 강해를 듣던 바로 그 시절에도 일어나고 있었습니다. 영국 연방(聯邦)에 속한 모든 나라의 백성은 영국 국교회의 일원이라는 리차드 후커(Richard Hooker)의 진술을 기억하고 있었고, 그러한 것을 생각하니 더 이상 가만히 있다가는 숨이 막혀 죽을 것같이 여겨졌습니다. 왜냐하면 저는 근본적으로 후커의 관점에 찬동하지 않았기 때문입니다.

둘째, 영국 국교회가 '강압적인 교회 연합 운동(enforced ecumenism)'을 해 나가는 방식이 매우 못마땅했습니다. 저는 복음주의자들이 교회의 '한 파당'을 형성하는 일이 있어서는 안 된다는 로이드 존스의 논증을 여러 번 들었습니다. 또한 복음주의자들이 눈에 보이게 연합해야 할 필요성에 대해서도 자주 들었고, '교회 안에 있는 작은 교회'라는 개념이 약하다는 것에 대해서도 여러 번 들었습니다.

영국 국교회의 거의 대부분이 다른 관점을 가지고 있다는 것을 알면서도 저 자신의 관점을 자유롭게 피력할 수만 있다면 그렇게 많은 생각을 하지는 않았을 것입니다.

저에게 실질적인 압박을 주었던 것은, 제가 믿지 않는 신조를 고백하는 것처럼 보이는 그런 상황에 강제적으로 끌려 들어가고 있다는 사실이었습니다. 예를 들어서 저는 서덧크 관구 성직학교(Clergy School of Southwark diocese)의 '미사(Mass)'에서 한 역할을 감당해야 했습니다. 지방 성공회 미션 학교에서 종교를 가르치는 교목(chaplain)은 전혀 기독교 신앙을 가지고 있지 않은 것처럼 보였습니다. 그러나 하는 수 없이 그와 똑같은 교단(敎壇)에 함께 설 수밖에 없었고, 젊은 사람들은 저와 그 사람이 너무도 철저하게 다른 복음을 설교하는 일에 대해서 의아하게 생각하였습니다.

저는 제가 믿지 않는 종류의 복음을 계속 전하라는 '강압'을 받았습니다. 그때 부주교는 존 로빈슨(John Robinson)이었는데, 기독교에 대한 그의 이해는 영국 성공회 젊은 목사들에게 인기가 있었습니다. 그러나 저는 그들과 똑같은 하나님을 경배하고 똑같은 믿음을 가지고 있다고 생각할 수 없었습니다. 그럼에도 불구하고 저는 그들과 동일한 교단에 있었으며, 제가 믿는 복음을 더럽혔다고 생각되는 여러 모순들로 이어지게 된 것입니다.

셋째, 저는 영국 국교회의 '공예배서'도 못마땅하였습니다. 저는 설교는 누리고 있었지만, 기도서를 가지고 예배드리는 것은 누리지 못했습니다. 이것이 수년 동안 저에게 난제가 되었습니다. 저는 틴데일 홀을 사랑했고, 그 대학에서의 시절은, 채플 시간을 제외하고는 모든 면에서 복을 받은 행복한 시절이었습니다.

'매일의 공기도서(Daily Prayer Book)'로 예배하는 일은 저에게 하나의 고문과도 같았습니다. 저는 자주 그 부분을 건너뛰곤 하였습니다. 그래서 저는 실제로 그 기도서를 원하는 대로 사용할 수 있는 권한이 주어지기를 바랐습니다. 그러나 그러한 자유는 오지 않았습니다.

저는 존 오웬과 로이드 존스의 주장, 곧 공예배서를 가지고 예배드리도록 규정하는 것은 퇴보하는 것이라는 주장의 힘을 느꼈습니다(로이드 존스가 자유로운 예배와 공예배서를 가지고 예배드리는 것을 대조시킨 것은 아닙니다. 그가 대조시킨 것은 성령 안에서 기도하는 것과 '그저' 아무 생각 없이 따라서 기도하는 것입니다).

이상의 각 문제들에 있어서 로이드 존스 박사는 저에게 상당한 영향을 미쳤습니다. 물론 그는 저에게 영국 국교회를 떠나라는 어떠한 압력도 가한 적이 없습니다. 그러나 1967년 10월에 그 문제 때문에 그분을 만났을때, 그는 저의 말에 진심으로 찬동하였고, 제가 결심한 대로 실행하라고 격려하였습니다. 그리하여 영국 국교회에서의 저의 날은 그것으로 끝나게 되었습니다.

제가 영국 국교회를 떠나는 일에 '촉매 작용을 한 것'은 머빈 스톡우드(Mervyn Stockwood)와의 갈등이었습니다. 만일 그런 일이 일어나지 않았다면, 저는 명목상으로라도 여전히 성공회 교도로 남아 있었을 것입니다. 그러나 그렇다고 하더라도 결국은 저도 알지 못하는 사이에 더 자유롭게 교파를 초월한 목회 사역 쪽으로 나아갔을 것이지만 말입니다.

저는 사제로서의 일을 감당하면서 겪은 머빈 스톡우드와의 갈등으로 영국 국교회에는 더 이상 나를 위한 장래가 없다는 생각을 굳혔고, 로이드 존스 목사를 찾아갔습니다. 그리고 다시는 영국 국교회인 성공회에서 목회하지 않을 것을 결심하였습니다.

1960년대에는 그 교단에서 이탈해 나오는 문제가 대두되었으며, 저와 비슷한 또래의 많은 사람들도 그 교단을 떠나는 것에 대해서 많은 말을 하였습니다. 그러나 실제로 그 일을 행하기는 어려웠습니다. 누구든지 많은 친구들이 있고, 여러 사람과의 정서적인 연대가 있는 교단을 쉽게 떠나기는 힘들었던 것입니다. 이는 누가 생각해도 당연한 일입니다.

그러하기에 저도, 머빈 스톡우드가 저에게 그런 특별한 압박을 가하지만 않았다면, 영국 국교회를 떠날 결심을 하는 것이 옳은가에 대해서 의문을 가졌을 것입니다. 사실 저와 같은 관점을 가진 제 또래의 많은 성직자들도 그런 일을 실행하지 못했습니다. 그렇게 하는 문제에 대해서 그처럼 간절하게 많은 말을 했던 사람들조차 그러하였습니다. 어떤 압박이나 예기치 않은 기회를 만들어 주는 어떤 일이 일어나기 전에는, 자신이 영적으로 자라난 교단을 떠나는 사람은 아주 극소수에 불과합니다.

그런데 저에게 그런 일이 일어났습니다. 로이드 존스는 자유 교회 정신을 위한 이론적인 합리성을 저에게 갖게 해 주었습니다. 머빈 스톡우드는 사실상 저를 영국 국교회 밖으로 내던졌습니다. 그러나 그렇게 되어서 저는 행복합니다. 제 또래의 많은 사람들도 저와 비슷한 생각들을 가지고 있었지만, 그들은 그런 특별한 기회를 얻지 못했던 것입니다.

부록 5
인명 색인

ㄱ

가이우스 데이비즈(Gaious Davies) 75
거레인트 필더(Geraint Fielder) 229, 230, 231
그레함 해리슨(Graham Harrison) 19, 71, 164
그윈 월터스(Gwyn Walters) 230

ㄴ

노만 클리프(Norman Cliff) 213, 215

ㄷ

다비(J.N. Darby) 148, 233, 234, 235
더글라스 존슨(Douglas Johnson) 115, 116, 230
데렉 문(Derek Moon) 155, 156, 157, 158, 183
데렉 스완(Derek Swann) 230
데이비드 왓슨(David Watson) 146, 147
데이비드 제임스(David James) 140
데이비즈(D.R. Daives) 116

도날드 맥클레오드(Donald Macleod) 204, 205, 206, 207, 208, 209, 219
도날드 엘코트(Donald Elcoat) 209
드와이트 무디(Dwight L. Moody) 233

ㄹ

라일(J. C. Ryle) 196
람세이 맥도날드(Ramsay McDonald) 26, 47
레이먼드 노만(Raymond Norman) 104
루이스(C.S. Lewis) 8
리챠드 십스(Richard Sibbes) 233

ㅁ

마이클라이트(M.J. Micklewright) 75
마이클 이튼(Michael Eaton) 241
마이클 하퍼(Michael Harper) 189
마크 맥칸(Mark McCann) 41
막달렌(Magdalene) 27
말콤(Malcom) 171, 172, 173, 174, 184

매킨토쉬(C.H. Mackintosh) 233
머빈 스톡우드(Mervyn Stockwood) 246, 247
메리 신딘(Mary Sinden) 171, 172, 173, 174, 184
모간(R.L. Morgan) 231
미들톤 머레이(Middleton Murray) 85

ㅂ

버논 하이암(Vernon Higham) 68, 69, 71, 161, 162, 163, 164, 165, 183, 197
베단 로이드 존스(Bethan Lloyd-Jones) 33, 34, 39, 50, 51, 192, 215
베단 필립스(Bethan Phillips) 33
브루스(F.F. Bruce) 148, 149, 159, 238
빌리 그레함(Billy Graham) 128, 130, 156

ㅅ

사무엘 데이비스(Samuel Davies) 105
섀프츠베리(Shaftesbury) 101
스태포드쉬 빌(Staffordshire Bill) 41
스탠리 볼드윈(Stanley Baldwin) 26

ㅇ

아놀드 댈리도어(Arnold Dallimore) 21
앤(Ann) 34, 190, 195
어뉴린 베반(Aneurin Bevan) 47
에드워드 7세(Edward Ⅶ) 26
에드워드 8세(Edward Ⅷ) 25, 47
에드윈 킹(Edwin King) 112
에반 필립스(Evan Phillips) 34
에반스(Eifion Evans) 152
에벤에셀 모리스(Ebenezer Morris) 20
엘 그레코(El Greco) 105
엘륀 데이비즈(Elwyn Davies) 69
엘리엇(T.S. Eliot) 85
엘리자베스(Elizabeth) 34, 188, 190
엘리자베스 2세(Elizabeth Ⅱ) 26, 29
엘리자베스 브라운드(Elisabeth Braund) 215, 216
올리버 바클레이(Oliver Barclay) 118
옴리 젠킨스(Omri Jenkins) 71
월터 스코트(Walter Scott) 106
윈스턴 처칠(Winston Churchill) 26
윌리엄 맥밀란(William McMillan) 168, 169, 170, 171, 184, 169
윌리엄 윌버포스(William Wilberforce) 101
윌리엄 토마스(William Thomas) 41

윌리암 켈리(William Kelly) 233
이안 머레이(Iain H. Murray) 6, 20, 22, 26, 28, 41, 45, 51, 68, 75, 148, 176, 189, 204, 205, 242

ㅈ

쟌 후스(Jan Huss) 204
조드(C.E.M. Joad) 120
조지 5세(Georgie V) 26, 29
조지 6세(Georgie VI) 26, 29
조지 설리반(Georgie Sullivan) 40
조지 휫필드(G. Whitefield) 19, 20, 205, 233
조프리 에반스(Geoffery Evans) 33
조프리 윌리암스(Geoffrey Williams) 196
존 데이비스(John Daives) 211, 212
존 로빈슨(John Robinson) 245
존 번연(John Bunyan) 75, 76
존 스토트(John Stott) 143, 144, 213
존 웨슬리(John Wesley) 19, 233
존 카이저(John Caiger) 114
존 프레스톤(John Preston) 233
존 휴턴(John Hutton) 52
죠나단 에드워즈(Jonathan Edwards) 233

존 오웬(John Owen) 131, 233, 241, 243, 246

ㅊ

찰머스(Chalmers) 205
찰스 마틴(Charles Martin) 165, 166, 168, 184
찰스 스펄젼(C.H. Spurgeon) 205, 232, 233
찰스 시므온(Charles Simeon) 131, 233
찰스 웨슬리(Charles Wesley) 69, 105, 108
찰스 핫지(Charles Hodge) 133
찰스 휘니(Charles Finney) 233
척 스미스(Chuck Smith) 102

ㅋ

칼빈(Calvin) 103
캠벨 모간(Campbell Morgan) 42, 50, 51, 52, 113
케리 에반스(Keri Evans) 197
케이스 뉴엘(Keith Newell) 203, 213
켄달(R.T. Kendall) 75, 190, 191
콜린스(G.N.M. Collins) 74, 75, 178, 181, 182, 184, 208, 209

클레멘트 코넬(Clement Connel) 158, 159, 160, 183
키네드(Kinnaird) 115

ㅌ

테리 캠벨(Terry Campbell) 72
토마스 굿윈(Thomas Goodwin) 131
토마스 호더(Thomas Horder) 29, 187
토마스 홀턴(Thomas Horton) 233
토마스 후커(Thomas Hooker) 241
톰 알란(Tom Allan) 169
톰 필립스(Tom Phillips) 34
트레베리안(G.M. Trevelyan) 116

ㅍ

풀 코너(Poole Conner) 147
프란시스 톰슨(Francis Tompson) 31
프랭크 쿰버(Frank Cumber) 224
프레드릭 캐더우드(Frederic Catherwood) 67, 85, 102, 188
피터 루이스(Peter Lewis) 75
피터 커진스(Peter Cousins) 9

ㅎ

하웰 해리스(Howell Harris) 233
하윌 존스(Hywel Jones) 69
해롤드 로드웰(Harold J. Rodwell) 174, 175, 176, 177, 184
해롤드 윌슨(Harold Wilson) 26
허버트 스티븐슨(Herbert Stevenson) 225
허버트 카슨(Herbert Carson) 128, 243
헨델(Handel) 105
헨리 로이드 존스(Henly Lloyd-jones) 27
헬렌 브레드배리(Helen Bradbury) 211
휴 고흐(Hugh Gough) 117
휴그 모간(Hugh Morgan) 68
휴그 존스(D. Hughes Jones) 72

옮긴이의 글

죽었으나 그 믿음으로써 오히려 말하고 있는 마틴 로이드 존스 목사

서문강 목사

먼저 모든 영광을 하늘에 계신 우리의 하나님 아버지께 돌립니다.

우리는 교회사에서 각 시대마다 하나님께서 자신의 교회와 그 나라를 위해서 말씀의 종들을 세우시는 그 거룩하신 행사로 인하여 감사하고 행복해 해야 합니다. 이런 의미에서 하나님께서는 마틴 로이드 존스 목사님을 20세기 이후 교회사에 가장 줄기차게 영향력을 행사하는 말씀의 종으로 세우셨습니다. 물론 지금 목사님은 하늘에서 주님의 품 안에 계시지만, 그가 외치고 선포한 것이 자기 시대에만 국한되는 어떤 단견적인 인생 해법이 아니라 영원하신 하나님의 말씀이었기에, '저가 죽었으나 그 믿음으로써 오히려 말하고' 있습니다(히 11:4).

그러므로 그가 강단에서 외친 것들을 묶어 놓은 책들이나, 그의 생애, 그의 사역 전반이 단순한 한 개인의 일로 그치지 않습니다. 그를 통해서 역사하시는 하나님의 행사의 일환입니다. 그래서 그의 '말'이나 '행사'나 '사역'이나

'생애'에 대해서 주목하는 것은 참으로 가치 있는 일입니다.

로이드 존스 목사님처럼 그 생애와 사역과 행사가 거룩하신 하나님의 사람들의 주목의 대상이 되는 경우가 매우 희소한 것은 지나친 일이 아닙니다. 그래서 전 세계의 영적인 통찰력을 가진 신실한 하나님의 사람들은 하나님께서 주신 그 보배로운 선물을 놓치지 않습니다.

이 책은 로이드 존스 목사님에 대해서 쓴 일종의 인물평전(人物評傳)이라고 할 수 있습니다. 우리의 일반적인 의식 속에서 '인물평전'이라고 하면 별 의미가 없는 것처럼 여겨질 수도 있습니다. 흔히 인물평전이 그 사람의 생애나 업적을 소개하는 수준에 그치기 때문입니다. 또 인물평전의 주인공이 되는 인물이 별로 대단한 것도 아닌데 과장되고 허구적으로 높이기 일쑤입니다.

그러나 이 책은 그런 식의 인물평전이 아닙니다. 저자는 그 관점과 통찰력에 있어서 로이드 존스 목사님과 동종(同種)이면서도 객관적인 성실성을 바탕으로 하여 바른 평전을 쓰고 있습니다. 또한 그의 생애에 대한 개요와 사역과 활동과 그 영향력의 파장과 의미를 개혁주의적인 시각으로 기술하고 있습니다. 그래서 이 작은 책 한 권만으로도 독자가 로이드 존스 목사님에 대한 윤곽적인 이해를 할 수 있게 하였습니다. 그리고 저자의 개인적인 안목에만 의존하지 않고 로이드 존스 목사님을 아는 권위자들이나 지인들의 정보를 종합하고 분석하는 방법을 사용하고 있습니다.

오늘날은 영적으로 혼란하여 무엇이 기준이고, 무엇이 정말 하나님께 속한 것이며 무엇이 사람에게서 나온 것인지를 분간하기 힘든 상황입니다. 그 세력이 대단해 보이면 진리 여부에 관계없이 일단 '좋을 것임에 분명하다'는 전제로 시작하는 교회 세력 성장주의적인 사상의 조류가 판을 치고 있는 현실 속에서는 더욱 그러합니다. 이런 때에 이 책은 우리에게 바른 방향이 어디인지를 가늠하는 중요한 척도, 또는 나침반과 같은 시각을 제공하기에 적절합니다.

어떤 책은 읽으면서 '참 좋은 책이다. 잘 샀다'라는 생각을 하게 하고, 어떤 책은 '정말 기대 이하이네. 잘못 샀네. 손해 보았네'라는 생각을 갖게 하기도 합니다. 저는 이 책이 전자에 속한다고 힘 있게 말하고 싶습니다. 이 책은, 이안 머레이의 『로이드 존스의 초기 40년』과 『로이드 존스의 중기』(청교도신앙사 간) 등과 함께, 로이드 존스 목사님에 대해서 쓴 책 중에서 아주 좋은 책임에 분명합니다.

이 책을 발행한 '지평서원'의 거룩한 헌신을 높이 말하고 싶습니다. 눈에 보이는 손익계산으로는 손해되는 장사일 수도 있습니다. 그러나 눈에 보이지 않는 영적인 손익계산으로는 정말 손실이 아니라 유익임을 항상 알고 있기에 이러한 헌신이 가능한 일이지요. 앞으로 지평서원의 진로에 하나님께서 복을 주시고 함께하여 주실 것을 믿습니다.

저는 이와 같은 책을 읽는 독자의 관심과 기도를 늘 크게 생각하여 감사하고 있습니다.

주님께서 이 책을 통해서 하나님의 마음을 헤아리는 혜안을 독자들에게 주옵소서. 부족하고 어눌한 표현이 있더라도 독자로 하여금 내용에 더 주목하게 하시어 주님의 뜻을 기리게 하옵소서. 모든 영광과 감사를 성 삼위 하나님께 돌리옵니다. 아멘.

가을이 깊어져 겨울의 전령이 오는 소리가 아스라이 들리는 때에
녹번동 중심교회 서재에서.

옮긴이 서문강 목사는 고려대 신문방송학과를 거쳐 총신대 신학대학원을 졸업하였으며, 1978년에 목사로 장립 받아 안암제일교회에서 9년 동안 부목사로 섬겼고, 1987년부터 현재까지 중심교회 담임목사로 섬기고 있습니다. 2007년 5월에 미국 Reformed Theological Seminary에서 「강해설교의 회중반응과 그에 대한 목회적 대응」이라는 논제로 D. MIn 학위를 취득하였으며, 현재 칼빈대학에 전임대우로 출강하고 있습니다. 대표적인 번역서로는 로이드 존스의 「로마서 강해」시리즈, 「목사와 설교」, 제임스 패커의 「하나님을 아는 지식」, 아더 핑크의 「히브리서 강해」, 죠나단 에드워즈의 「신앙과 정서」, 「그리스도를 아는 지식」, 존 오웬의 「그리스도의 영광」 등이 있으며, 그 밖에도 거의 백여 권에 이르는 개혁주의적이고 청교도적인 저작들을 번역하였습니다. 저서로는 요한계시록 강해서인 「그 이김의 넉넉한 보장」, 빌립보서 강해서인 「내가 다시 말하노니 기뻐하라」, 신앙입문서인 「신앙의 초석」이 있습니다.

교회사의 영적 거성 7

마틴 로이드 존스 평전

지은이/ 존 피터스
옮긴이/ 서문강
펴낸곳/ 지평서원
펴낸이/ 박명규

펴낸날/ 2007년 12월 15일 초판

서울 강남구 역삼동 684-26 지평빌딩 135-916
☎ 538-9640,1 / Fax. 538-9642
등 록 / 1978. 3. 22. 제 1-129

값 9,500원
ISBN 978-89-86681-67-3-94230
ISBN 978-89-86681-17-X (세트)

메일 주소 jipyung@jpbook.kr